VERS LA COMPÉTENCE DE COMMUNICATION

© HATIER-PARIS NOVEMBRE 1984
Toute représentation, traduction, adaptation, même partielle, par tous procédés, en tous pays, faite sans autorisation préalable est illicite et exposerait le contrevenant à des poursuites judiciaires : Réf. *loi du 11 mars 1957.*

Le chapitre 8 de l'essai de 1973 *(Toward Linguistic Competence)* a été publié en 1974, dans son original anglais et sous le titre « Ways of speaking » par R. Bauman et J. F. Sherzer, dans le recueil *Explorations in the Ethnography of Speaking*, publié par Cambridge University Press. Nous remercions C.U.P. et Bauman et Sherzer d'avoir donné leur accord pour la traduction en français de ce chapitre.

ISSN 0292-7101   **ISBN** 2-218-05877-4

LANGUES ET APPRENTISSAGE DES LANGUES
Collection dirigée par H. Besse et E. Papo
École normale supérieure de Saint-Cloud
CREDIF

VERS LA COMPÉTENCE DE COMMUNICATION

Dell H. HYMES
University of Pennsylvania

Traduction de France Mugler
Franklin and Marshall College, Pennsylvania

Note liminaire de Daniel Coste

HATIER - CREDIF

Sommaire

Note liminaire (D. Coste) 7
Préface générale (Dell Hymes — 1982) 11

VERS LA COMPÉTENCE LINGUISTIQUE (1973) 15

Préambule 17
Chapitre 1 22
Chapitre 2 31
Chapitre 3 41
Chapitre 4 52
Chapitre 5 74
Chapitre 6 82
Chapitre 7 103
Chapitre 8 111

POSTFACE (1982) 119

1. **Origines du problème** 120
2. **Choix terminologiques** 123
   — L'origine de l'expression « compétence de communication » 123
   — Autres termes 125
   — Types de compétence 126

3. L'objection de Chomsky 130
4. **Lieux et lignes d'objection : portée et variation** 140
   — Une dichotomie préjudiciable est rejetée 141
   — Autres aspects des objections et révisions : la psycholinguistique 142
   — Autres dimensions : le style 144
   — Lieux d'objection : la variation et le changement linguistique 145
   — Lignes d'objection : communauté et individu 153

5. **Lieux et lignes d'objection : types de savoir et sources du savoir** 160
   — Communauté et individu, encore une fois 160
   — Lieux d'objection : le savoir même 164
   — Lignes d'objection : types de savoir et source du savoir 172
   — Le savoir tout court 175

6. **Utilisations et modèles** 177
   — L'acquisition de la langue maternelle 180
   — L'enseignement des langues et l'acquisition d'une langue seconde 182

RÉFÉRENCES BIBLIOGRAPHIQUES 197

Note liminaire

Ce volume a une déjà longue et quelque peu curieuse histoire. Dès l'origine de la collection LAL, le projet avait été formé d'y traduire des textes intéressant la didactique des langues et non encore disponibles en français. Comme la notion de compétence de communication avait eu le succès que l'on sait et que, phénomène fréquent, ce succès n'allait pas sans gauchissements et déformations multiples, il paraissait souhaitable d'en revenir à l'une des sources les plus autorisées, à savoir Dell Hymes, dont le texte intitulé On Communicative Competence, paru en 1972 dans le recueil Sociolinguistics réuni par Pride et Holmes pour Penguin, passait généralement pour le plus accessible et le plus fécond de ceux mettant en place la notion. Les pages de Hymes figurant dans Pride et Holmes 1972 y sont présentées comme extraites d'un ouvrage publié en 1971 par Pennsylvania University Press et c'est ce volume qu'on aurait pu se proposer de traduire en français... s'il avait effectivement existé ; car, comme le rappelle lui-même Hymes, le livre en question, même si, sur la foi de Pride et Holmes, il a figuré en bonne place dans bien des bibliographies de références, est demeuré à l'état de projet et n'est jamais sorti des Presses de l'Université de Pennsylvanie.

Pour autant, suivant une habitude de travail familière et chère à Dell Hymes, plusieurs versions de textes relatifs à la compétence de communication (et à l'examen critique du couple compétence/performance chez Chomsky) avaient déjà été mises en circulation sous des formes elles-mêmes diverses (conférences, papiers de travail, publications partielles) et ce depuis 1966 (année suivant la parution de Aspects où Chomsky posait son « locuteur-auditeur idéal »). Quand France Mugler, enseignante au Franklin and Marshall College (Lancaster, Pennsylvanie) et auteur de la présente traduction, prit, sur notre conseil, contact avec lui, c'est un manuscrit de 1973 (n° 16 dans la série, non éditée, des Texas Working Papers in Linguistics) que Dell Hymes nous proposa pour une publication en français. Sous cette forme, seul le chapitre 8 avait, en 1974, été imprimé en anglais dans l'ouvrage rassemblé par Bauman et Sherzer (Explorations in the ethnography of speaking). Il fut convenu que Hymes préparerait, pour cette édition en français, une présentation lui permettant de se situer par rapport aux développements intervenus depuis 1973, dans les champs linguistique et didactique, à propos ou à partir de la notion de compétence de communication. Finalement rédigée en 1982, cette « présentation » avait pris des proportions telles que, d'accord avec l'auteur, nous décidâmes d'y voir plutôt une substantielle postface au texte de 1973, dont elle a quasiment la taille. En outre, Hymes écrivait alors les quelques pages de la préface générale qui suit la présente note liminaire.

Ce bref historique permet de mieux comprendre le pourquoi de la construction clivée du volume : entre la préface d'ensemble et la bibliographie finale, deux inédits* que séparent dans leur rédaction une dizaine d'années : le texte principal de 1973 (lui-même remaniement de versions antérieures) et la postface de 1982. Cette dernière non seulement reprend et commente plus avant certaines des idées-forces du premier, mais encore interroge les aléas de la notion de compétence de communication depuis son invention et poursuit la mise en cause critique des positions chomskyennes.

Mais l'historique éditorial renvoie aussi à une histoire conceptuelle et terminologique mouvementée. L'expression et la notion de compétence de communication, qu'on voit surtout s'affirmer en réaction au document « déclencheur » que constitue Aspects en 1965, parcourent les deux dernières décennies. Le propos d'une telle note liminaire n'est pas d'ajouter des commentaires aux riches réflexions et analyses de Hymes, qui prennent en compte tout un ensemble de travaux parfois mal connus en France. Mais on peut du moins souligner un ou deux paradoxes. Le plus net, flagrant dans le titre même de 1973 (Toward linguistic competence), reste que Hymes, au moment même où la didactique s'empare, si l'on peut dire, de la compétence **de communication,** modifie le terme (sinon ce qu'il est censé recouvrir) et passe à compétence **linguistique,** avec deux raisons affichées (voir ici p. 17, n. 1) : on a de la peine à traiter adéquatement de la communication et, comme il s'agit avant tout de transformer le champ linguistique, mieux vaut, par l'intitulé même des notions qu'on s'efforce d'y introduire, essayer de convaincre les linguistes qu'ils sont directement concernés. Il est clair que les deux arguments ne sont pas tout à fait du même ordre. Ni l'un ni l'autre ne sont d'ailleurs repris dans la postface et la préface générale de 1982 puisque aussi bien la compétence de communication a continué à faire son chemin depuis 1973, sans que, pour autant, la notion sorte du statut marginal qui reste sien pour les linguistes « purs et durs » (et pour quelques autres). Ce qui permet à Hymes, autre paradoxe apparent, d'estimer que son appel et ses propositions de la fin des années 60 gardent tout leur sens : malgré le succès rencontré dans certains cercles par son souci de construire une « linguistique socialement constituée », le moins qu'on puisse dire est que beaucoup reste à faire. Hymes lui-même paraîtra à plus d'un lecteur moins optimiste et moins résolu dans

---

* Au chapitre 8 près.

les pages rédigées en 1982 qu'il ne semblait l'être dans le préambule ou dans la conclusion du texte de 1973. La grammaire génératrice a fortement évolué depuis 1965, dans ses principes, ses modèles, ses courants, et elle est loin d'avoir encore aujourd'hui la position dominante dont Dell Hymes entendait dénoncer certaines conséquences néfastes. Mais en face, si l'on peut dire, la linguistique révisée et étendue prenant en compte pleinement les variétés et les styles dans les « façons de parler » (les manières de parole) des communautés linguistiques réelles (posées non seulement comme différentes les unes des autres, mais aussi comme chacune constitutivement hétérogène), cette linguistique nouvelle ne s'est pas vraiment affirmée scientifiquement comme intégrative, et on a plus assisté à un éclatement ou à un émiettement du champ qu'à des convergences ou à des regroupements sur des bases plus larges. Paradoxe encore, mais bien symptomatique, un des signes du « succès » de la notion de compétence de communication est la prolifération — que note Hymes dans sa postface — d'expressions dérivées mais parcellisantes (compétence discursive, compétence narrative, compétence rhétorique, etc.) alors même que la notion la plus englobante (et qu'on pourrait presque dire « valise ») ne donne lieu qu'à d'épisodiques et insuffisants efforts d'élaboration conceptuelle. D'où se dégage l'impression, provisoire peut-être, que cette longue marche (vers la compétence de communication, si elle a indéniablement mobilisé et « fait bouger » des foules (mais pas toujours celles que Hymes entendait d'abord ébranler), si elle a transformé à coup sûr bien des perspectives et bien des paysages, en est aujourd'hui ou bien — au mieux — à se diviser pour progresser, sans perdre de vue son objectif, ou bien — au pis — à s'effilocher sans plus trop voir où elle va. En tout état de cause, et quel que soit l'avenir épistémologique de telle ou telle notion phare, les enjeux scientifiques et sociaux de l'entreprise restent clairs. Hymes est de ceux qui nous le rappellent.

D. Coste

Préface générale (1982)

Je tiens tout d'abord à remercier vivement tous ceux qui ont participé à la préparation et à la publication du présent ouvrage. Grâce à eux, les idées qui y sont exposées sont, pour la première fois et dans leur intégralité, à la disposition d'un public qui dépasse le cercle réduit de personnes qui avaient reçu, il y a une dizaine d'années, sous forme de papier de travail, une copie de l'étude originelle.

Il s'est passé beaucoup de choses dans le domaine de l'étude du langage au cours de cette dernière décennie et on pourrait estimer que la position défendue ici n'a plus vraiment à l'être. Les linguistes n'étudient-ils pas bien des objets au-delà de la phrase isolée et de la grammaire formelle ? Le terme « compétence » lui-même ne connaît-il pas un usage relativement étendu ?

Si l'on examine de près toutefois la situation actuelle, on se rendra compte, me semble-t-il, que l'argumentation présentée alors reste aujourd'hui bien nécessaire. Certes, elle porte la marque du moment où elle fut conçue et l'on pourrait y ajouter beaucoup aujourd'hui. Pourtant, la notion de « compétence de communication » est loin d'avoir rencontré une adhésion générale et ceux qui l'acceptent diffèrent quant à leur compréhension du terme et à l'usage qu'ils en font. De plus, une grande partie des travaux linguistiques dominants continuent à adopter une démarche qui rend difficile, sinon impossible, d'intégrer l'analyse des moyens linguistiques à l'analyse de leur utilisation, tout comme d'intégrer ces deux types d'analyse à celle des réalités de la vie sociale. Nous sommes encore bien loin de disposer du genre de linguistique dont nous aurions besoin pour les tâches relatives à l'enseignement des langues et pour une description des contextes dans lesquels s'effectue cet enseignement. Et la même remarque vaut dans tous les secteurs où l'intérêt pour le langage résulte d'un projet d'intervention et de transformation dans le champ personnel ou social.

Depuis l'époque de mes premiers écrits sur la « compétence », il m'a été possible de lancer des travaux d'ordre linguistique ayant trait à des problèmes éducatifs. En tant que doyen, depuis 1975, de la « Graduate School of Education » de l'Université de Pennsylvanie, j'ai pu encourager un programme relativement modeste en linguistique éducative, ainsi qu'une étude culturelle de l'acquisition du langage et une approche ethnographique de la scolarisation. Ce rôle m'a amené à écrire plusieurs essais qui ont été rassemblés récemment, avec un ou deux plus anciens, dans le volume *Language in Education : Ethnolinguistic Essays* (Washington, D.C. : Center for Applied Linguistics, 1980). Dans ces essais, je traite d'un certain nombre de points qui ont à voir avec la notion de compétence, mais pas de cette notion elle-même. C'est donc avec plaisir que je saisis l'occasion qui m'est donnée ici d'examiner ce qu'il est advenu de cette notion depuis la composition du texte qui est proposé dans les pages qui suivent. Il a semblé préférable de faire figurer cet examen après le texte original, sous la forme d'une postface. Mais je voudrais, dans cet avant-propos, restituer le tout dans un contexte général.

La thèse centrale est qu'il ne saurait suffire d'étendre le domaine de la linguistique à la pragmatique, au discours, au texte, etc., aussi longtemps que les orientations et les bases de la linguistique elle-même demeurent inchangées. Tant que l'objet d'analyse sera considéré comme une langue non située, telle, par exemple, « le français » ou « l'anglais », tant que l'objectif de l'analyse sera considéré comme ce que j'appelle dans cet ouvrage le « potentiel systémique » d'une langue, plutôt que comme les capacités de groupes et de personnes spécifiques, tant que cette analyse ne sera fondée que sur l'une des fonctions fondamentales que servent les moyens linguistiques, celle qu'on associe à des termes tels que « idéationnel », « cognitif », « référentiel », etc., tant que la construction de modèles formels comptera plus que l'adéquation aux données d'expérience et, surtout, tant que l'on continuera à considérer la grammaire comme le cadre de référence à l'intérieur duquel les moyens linguistiques sont censés être organisés, plutôt que de considérer qu'ils s'organisent, ces moyens, en styles et en répertoires liés à des situations, alors, l'expansion du domaine de la linguistique sera à l'image d'un voyage autour du monde : on peut s'arrêter dans chaque port, sans pour autant parvenir à saisir, dans aucun d'entre eux, la saveur et la chaleur de la vie.

Certains chercheurs reconnaissent que la linguistique en est à un point où il est possible qu'interviennent des choix décisifs au regard de l'histoire. Au début de ce siècle, l'étude du langage se distribuait entre un certain nombre de disciplines légitimes, qui portaient sur la philologie romane, l'indo-européen, la psychophysique, mais il n'y avait pas d'étude générale des sons du point de vue de leur pertinence fonctionnelle dans la structure du langage. C'est ensuite sur ces bases nouvelles que toute une génération de chercheurs s'engagea avec assurance dans la discussion et l'élaboration d'une méthodologie d'analyse de la structure du langage en général. Peut-être la phonologie fut-elle la première parce qu'elle constituait le maillon le plus faible dans la chaîne des disciplines qui existaient alors. Quoi qu'il en soit, la séquence de développement en linguistique est allée de la phonologie, et de la morphologie, à la syntaxe et, plus récemment, à la sémantique et à la pragmatique. Cette séquence peut se décrire comme un arc : la linguistique, dans un premier temps, et sur le thème d'une étude de la langue en soi et pour soi, s'est séparée des autres disciplines ; elle en est désormais à les rejoindre, sur un terrain sensiblement plus vaste. Aujourd'hui, la linguistique n'est qu'une parmi les disciplines qui contribuent à ce que l'on appelle l'analyse du « discours ».

Un résumé tout à fait pertinent (et qui nous vient de l'intérieur même du courant américain dominant l'étude de la syntaxe et des questions connexes) est celui que fait Givon au début de son livre (1979 : XIII) :

« *au cours des dix ou quinze dernières années, il est devenu de plus en plus évident pour un nombre croissant de linguistes que l'étude de la syntaxe de phrases isolées, sorties de leur contexte naturel et des constructions délibérées de leurs locuteurs, relevait d'une méthodologie qui a eu son utilité mais a fait son temps. Tout d'abord, les phrases isolées et leur syntaxe sont souvent tout à fait différentes de la syntaxe de phrases ou de propositions du discours naturel non provoqué ; à tel point que l'on peut émettre de sérieux doutes quant à leur légitimité et, en fin de compte, quant à leur réalité même, si ce n'est comme artefacts curieux d'une certaine méthode d'élicitation. De plus, l'étude de la syntaxe, limitée au niveau de la proposition ou de la phrase et privée de son contexte communicatif-fonctionnel, tend à ignorer et même à obscurcir le rôle considérable que jouent, dans la détermination des règles dites syntaxiques, les facteurs communicatifs qui affectent la structure du discours. Enfin, le dogme d'une syntaxe autonome empêche également qu'on aborde les questions les plus intéressantes à poser sur la grammaire du langage humain, à savoir, pourquoi elle est comme elle est, comment elle en est arrivée là, quelles fonctions elle remplit, et comment elle est liée à l'utilisation du langage humain comme instrument de traitement, de stockage, de restitution de l'information et — surtout — de communication* ».

Trois options semblent aujourd'hui offertes à la linguistique. La première est de considérer qu'elle reste ce que, d'une certaine manière, elle a toujours été : l'étude spécialisée de la structure et de l'histoire de langues particulières, de familles de langues et de groupes de langues. Une seconde possibilité consiste à accepter l'élargissement du champ intervenu au cours des dix dernières années, sur les bases que Chomsky a essayé de lui donner : la psychologie cognitive et la nature psychologique de l'être humain. Une troisième possibilité revient à poser que cette expansion des dernières années exige des bases plus profondes que celles que Chomsky est prêt à admettre, des bases qui incluent les sciences sociales et la vie sociale. De ce troisième point de vue, l'expansion du domaine de la linguistique relèverait moins d'une extension que d'un approfondissement. Ce que l'on atteint ainsi, ce n'est ni une périphérie ni une zone d'application, mais une assise plus profonde.

13

Le champ de la linguistique, prise dans une conception large, peut en fait réunir ces trois options. La linguistique apporterait alors son analyse spécialisée des moyens linguistiques à l'étude de problèmes auxquels s'intéressent également beaucoup d'autres disciplines. Elle se trouverait au centre même des travaux de tous ceux qui cherchent à analyser et à comprendre la vie moderne, dans la mesure où celle-ci s'actualise dans des conduites de communication. Les sociologues, psychologues, anthropologues, éducateurs, spécialistes du folklore et autres chercheurs qui s'intéressent à l'interaction dans les familles, les lieux publics, les institutions telles que les hôpitaux, tribunaux et écoles, doivent être à même de reconnaître et d'identifier les moyens de communication qui sont choisis et réunis pour accomplir et pour exprimer ce qui se passe. Mais une linguistique qui fait abstraction de l'intonation et des capacités individuelles et qui ne peut mettre les éléments linguistiques en relation les uns avec les autres que dans le cadre de modèles formels de la grammaire et de la cognition ne répond pas à ce genre de demande et reste inadéquate. Ce qu'il faut, c'est une linguistique qui puisse décrire tout trait de parole qui s'avère pertinent dans un cas donné, et qui puisse mettre les éléments linguistiques en relation les uns avec les autres en termes de rapports de rôles, de statuts, de tâches, etc. Une telle linguistique doit se fonder sur une théorie sociale et une pratique ethnographique (Hymes 1964 a, 1974), tout autant que sur la phonétique pratique et la grammaire.

Le texte qui suit a jeté les bases d'une conception de ce type à un moment où presque toute la linguistique paraissait s'engager dans la voie tracée par Chomsky. La position que j'avançais alors conserve peut-être quelque pertinence, dans la mesure où nombre de ceux qui, aujourd'hui, sont en désaccord avec Chomsky, semblent toutefois rejoindre son manque de compréhension de la vie sociale comme assise nécessaire pour la compréhension du langage.

VERS LA COMPÉTENCE LINGUISTIQUE
(1973)

« ... il s'en tient au domaine de la théorie et ne perçoit pas les hommes dans leurs réseaux sociaux, dans les conditions de vie réelles qui les ont faits ce qu'ils sont. Il ne parvient jamais jusqu'aux hommes véritables, vivants et actifs ; il en reste à l'abstraction « L'Homme »... »

Marx, L'idéologie allemande

« *La langue leur fait défaut*
et ils meurent
incomunicado.
La langue, la langue
Leur manque
Ils ne trouvent pas les mots
ou n'ont pas
le courage de s'en servir... »

Williams, Paterson*

---

* Le premier épigraphe est extrait de Easton et Guddat 1967 : 418-9. *L'Idéologie allemande* a pour auteurs Marx et Engels, mais c'est Marx qui en a établi la version définitive. Le second épigraphe vient de Williams 1963 : 20-1.

Préambule

La première conception du présent essai remonte au printemps 1966 ; une version développée, comprenant une analyse plus détaillée des notions de « compétence » et de « performance » en linguistique fut établie au cours de l'été 1967 et enrichie de quelques pages au printemps 1969. Le présent état, révisé, résulte de diverses extensions et coupures (voir ci-dessous la note 1 pour un historique plus précis). Ce texte est proposé ici d'abord en tant que document significatif, lu dans l'une ou l'autre de ses versions par nombre de spécialistes de sociolinguistique ; ensuite parce que la position qui y est défendue garde sa pertinence.

1. La première version de cet essai fut présentée en 1966 à l'Université Yeshiva (lors du colloque organisé par le Département de psychologie de l'éducation et portant sur la planification des recherches en matière de développement du langage chez les enfants de milieux défavorisés). Elle fut intégrée dans le compte rendu que le Département établit de cette rencontre. Une version révisée (Hymes 1971) a été publiée dans Wax et al (1971 f). Enfin le chapitre 8 du présent essai est publié sous le titre « Ways of speaking » dans le volume *Explorations in the Ethnography of Speaking*, rassemblé par Richard Bauman et Joel Sherzer, et publié par Cambridge University Press[*].
Ceux qui disposent d'exemplaires de la version précédente pourront noter que le premier chapitre a été quelque peu révisé, que le second, profondément modifié, a été développé ici en trois chapitres (2, 3 et 4), dont le dernier est entièrement nouveau dans ce contexte ; le chapitre 5 reprend, presque à l'identique, l'ancien chapitre 3 ; le chapitre 6 résulte d'importantes transformations apportées à l'ancien chapitre 4. Les chapitres 5, 6, 7 et 8 de l'original n'ont pas été repris parce que considérés comme marginaux par rapport à mon propos ici. Pour ce qui concerne le chapitre 9, il a été quelque peu développé et révisé pour devenir ici les chapitres 7 et 8. Quant à son titre, la présente étude diffère de la version antérieure sur deux points : « Vers la compétence linguistique » a remplacé « A propos de la compétence de communication », d'abord parce qu'il n'a pas été possible de traiter de la communication de façon adéquate, ensuite parce que l'emploi du terme communication, de plus large portée, risquait de dispenser les linguistes d'y prêter attention. Un livre sur la compétence de communication a été projeté en vue d'une publication par les Presses de l'Université de Pennsylvanie et j'espère encore mener ce projet à son terme. « Vers » a remplacé « A propos de » pour exprimer ce qu'on pourrait appeler une ambiguïté systématique : la compétence linguistique est ce vers quoi la recherche doit continuer à travailler mais aussi ce vers quoi tout un chacun travaille. Nous sommes tous concernés par ces réalités que sont les différences entre les compétences individuelles, tant pour ce qui est des moyens de la parole que pour les significations attachées à ces moyens.
[*] N.D.T. : Pour la traduction en français, ce paragraphe a été quelque peu réduit par rapport à l'original de Hymes. On s'en est tenu à la mention de versions publiées et on a omis les remerciements et indications relatives à d'autres colloques où, notamment en 1968, d'autres états du texte original ont été présentés. Notons que la principale source de références est longtemps restée le texte publié dans le recueil de Pride et Holmes (Hymes 1972 d).

Dans le courant linguistique aujourd'hui dominant, les opinions et attitudes ne sont plus tout à fait celles qui, autour des notions de compétence et de performance, avaient pris quasiment l'allure d'un dogme aux Etats-Unis, dans les années 60 ; mais le glissement s'est opéré surtout au coup par coup, au hasard des interrogations et des extensions et non pas sur la base d'une analyse générale de la méthodologie, des objectifs et de l'échelle des valeurs, dans le sens d'une autre conception d'ensemble de la linguistique. L'atmosphère paraît de nouveau quelque peu dégagée, comme elle pouvait l'être au moment où Chomsky a d'abord secoué l'hégémonie des dogmes antérieurs, mais le point de vue, si l'on peut dire, reste en gros le même. Mon intention est de convaincre les linguistes qu'un autre angle de vision est possible, complémentaire à certains égards de celui que Chomsky avait retenu, mais, à d'autres égards, inéluctablement et conflictuellement différent.

Puisque aussi bien l'essentiel de cet essai est une critique de la position de Chomsky, qu'il me soit permis d'affirmer clairement que cette critique présuppose et reconnaît l'importance de la position mise en cause. Certains des postulats combattus ici, déjà anciens en linguistique, ne sont d'ailleurs pas propres à Chomsky. Et en vérité, la première chose à faire est de remercier Chomsky ; par un double ban. Bien que ses travaux complètent et parachèvent le mouvement qui, à l'intérieur de la linguistique du XXe siècle, vise à une étude du langage comme structure entièrement autonome, il a étendu les termes de cette étude à un cadre de référence plus vaste. Et, dans la perspective que j'adopte, c'est là — comme on dit — son principal mérite, son apport historique. Pour Chomsky, le cadre de référence élargi, c'est la psychologie cognitive comme étude de l'esprit humain. Pour moi, c'est la vie en société, dont font l'expérience, qu'interprètent (et que modifient) les historiens, les spécialistes de sciences sociales et d'abord les communautés humaines elles-mêmes. Mais l'un et l'autre nous considérons que ce qu'importe à la recherche linguistique va bien au-delà de la linguistique même.

Voilà pour le premier ban. Quant au second, il applaudit le fait que Chomsky ait eu recours aux notions de compétence et performance. Certains linguistes sont d'avis que ce recours est à rejeter. Tel n'est pas mon sentiment. L'autorité dont dispose Chomsky dans le champ linguistique a établi ces notions en tant que termes de référence disponibles et de cela aussi nous lui sommes redevables.

Pourquoi pas un triple ban ? Parce que le traitement que fait Chomsky de ces notions tourne court. Il a introduit les termes mais il ne s'est pas colleté avec les réalités qu'ils dénomment. De fait, on pourrait résumer les analyses de l'essai qui suit en disant que Chomsky propose non une théorie de la compétence, de la performance et de l'usage créatif de la langue mais une rhétorique sur ces termes. C'est une rhétorique de la métonymie, de la partie pour le tout. Dire « compétence » mais entendre « grammaire » ; dire « performance » mais entendre « réalisation psychologique » ; dire « créativité » mais entendre « productivité syntaxique ». A quoi on peut ajouter : dire « appropriété » mais ne pas l'analyser du tout, car l'appropriété est une relation et l'autre terme de cette relation c'est le contexte social, dont Chomsky évite l'analyse. Le dégoût pour certaines formes des sciences sociales, telles que le béhaviorisme skinnerien ou la science politique et les méthodes de gouvernement au service des camps de concentration et presque du génocide, a peut-être été une des raisons du dédain que manifeste Chomsky à l'égard des sciences sociales dans leur ensemble. Quelle qu'en soit l'origine, ce dédain a oblitéré non seulement les sciences sociales mais aussi l'objet d'étude de ces dernières, à savoir les vies des hommes dans l'histoire. Le propos du présent essai n'est pas d'attaquer Chomsky mais de contribuer à rétablir une prise en compte des réalités humaines dans l'étude du langage. J'ai l'assurance que le type de considérations ici proposées et le type de linguistique vers quoi ces considérations orientent se trouvent en cohérence avec les convictions humanistes de la plupart des linguistes.

Une linguistique de ce type s'inscrira dans la ligne majeure du développement de la discipline au cours de ce siècle, depuis la découverte d'une structuration qualitative en phonologie jusqu'aux recherches en morphologie, syntaxe et, aujourd'hui, dans le domaine de la sémantique et des actes de parole. Elle aboutira, comme chacune des étapes précédentes, à la mise au jour de nouveaux aspects de la structuration du langage. Mais une telle linguistique ne constitue un développement nouveau que dans la mesure où elle place au centre de son propos l'organisation sociale des moyens langagiers et les problèmes pratiques qui se trouvent ainsi mis en lumière. Ces zones de questionnement ont déjà été explorées par le passé, même si elles ne sont jamais apparues comme un lieu focal d'avancées théoriques et méthodologiques. A mon sens, ce genre de linguistique est une mise en œuvre de la dynamique contenue dans les derniers écrits de Sapir, des efforts de l'Ecole de Prague pour concevoir un modèle mettant en relation fins et moyens, ou encore des hypothèses de J. R. Firth ou de Kenneth Pike. Les précédents pertinents ne manquent pas en effet dans la linguistique récente ; et il n'est guère besoin de faire un bond de plus de deux siècles en arrière jusqu'au temps du cartésianisme (sauf, bien entendu, si l'on tient à éviter les précédents utiles de l'histoire récente)[2]. Les domaines voisins offrent eux aussi bien des références pertinentes, notamment l'étude de la littérature. Pour beaucoup parmi nous, Kenneth Burke a été une source d'inspiration féconde. Et, pour quelques-uns d'entre nous, ce type de linguistique répond en outre à une certaine idée de notre situation dans le monde, idée que j'ai essayé d'exprimer à propos d'éducation et d'anthropologie dans deux introductions récentes (1972 b, 1973 a) et dans une autre étude (1973 b).

Chez les linguistes d'obédiences fort diverses, on se soucie beaucoup aujourd'hui de la portée sociale de la linguistique et une étape déterminante a été franchie avec l'affirmation de ce qui semble bien être

---

2. A propos de Sapir, voir Hymes 1970 : 258-69, 310, 1971 : 229-39, 261-4, 1973 b ; sur l'Ecole de Prague, voir la dédicace de Hymes 1962 à Roman Jakobson ; sur Pike : Hymes 1969, 1970 d.

un nouveau paradigme pour l'étude de la variation linguistique. Parfois, il est vrai, cette analyse de la variation peut paraître aussi abstraite de la vie sociale, aussi « superorganique » que la linguistique à base logique face à quoi elle se pose, mais, dans la pratique de ses meilleurs représentants, elle donne lieu à ce qu'on peut nommer une linguistique socialement réaliste. Ce qui toutefois marque le présent essai comme différent, c'est que j'y plaide en faveur d'une linguistique socialement constituée. La conséquence d'une telle option est de ne plus s'en tenir à la grammaire comme cadre de la description, de l'organisation des traits linguistiques, mais de prendre en compte les styles de parole, les façons de parler des personnes et des communautés (cf. Hymes 1973 b). Ceci est à mes yeux fondamental. Et depuis une dizaine d'années, mes travaux s'ordonnent autour d'une conception des phénomènes langagiers comme situés, comme radicalement sociaux et personnels [3].

Ce point de vue peut passer pour une garantie méthodologique : les jugements d'acceptabilité supposent un contrôle de la situation sociale et ceux-là même qui continuent à faire de l'intuition la base de leur linguistique prennent cependant un intérêt d'ordre méthodologique au développement de la sociolinguistique. Mais, plus profondément, un tel point de vue est de nature à subvertir la linguistique ordinaire. Il implique que, lorsque nous serons suffisamment avancés dans le contexte social des traits linguistiques, ce n'est plus une grammaire que nous verrons en nous retournant pour regarder en arrière. Ou plutôt, ce que nous avons l'habitude de considérer comme une grammaire nous semblera alors un mode d'organisation parmi d'autres — et non le plus fondamental — mais fort relatif, produit d'un héritage culturel et décidément bien normatif.

D'aucuns parmi vous, lecteurs, devez grommeler que tout ceci est bel et bon, mais qu'on voudrait bien savoir à quoi ressemble ce type de linguistique et comment on s'y prend pour la pratiquer. Disons déjà qu'une revue (*Language in Society*) a été créée pour publier des exemples de travaux orientés dans cette direction. Par le présent texte, je m'efforce de justifier ce qui se présente à mes yeux comme le prolongement d'un principe méthodologique fondamental, susceptible d'être mis en application par quiconque est déjà familiarisé avec son origine et sa lignée : je veux parler du principe d'opposition (commutation) et de répétition qu'on peut étendre de la fonction référentielle à la

---

3. Voir Avineri 1968, ch. 3, pour une présentation du concept d'homme social, qui sous-tend l'épigraphe de Marx et qui traite du social et du personnel non comme disjoints mais comme interdépendants.
4. Sur le niveau des actes de parole, de l'appropriété, de la relation au contexte situationnel, voir 1964 a et 1964 b ; une construction ethnographique détaillée des dimensions culturelles des façons de parler a été élaborée dans la dernière section de 1966 : les dimensions sociolinguistiques et une approche ethnologique sont esquissées dans 1967 a et mieux affirmées dans 1972 c ; un guide analytique des fondements ethnographiques d'une recherche comparative est suggéré dans 1970 b ; des analyses particulières illustrant la pertinence des significations sociales (fonction stylistique) ont été proposées dans 1965 a, 1968 d, 1970 d, 1973 c, 1973 d ; une discussion générale et des exemples sont à trouver dans 1971 c, 1971 d, 1971 e, 1972 a.

fonction stylistique et ceci aussi bien pour les traits linguistiques que pour les traits sociolinguistiques. Je suis aussi en mesure de mentionner plusieurs publications où j'ai tenté de construire et d'exemplifier telle ou telle notion[4]. Mais on trouve aujourd'hui de plus en plus d'indications substantielles sur ce qui peut et doit être accompli, singulièrement dans le recueil préparé par Bauman et Sherzer (1974). Je me réjouis qu'une partie du présent essai ait trouvé place dans ce recueil. L' « ethnographie de la parole » a déjà parcouru un bon bout de chemin, de réponse qu'elle fut d'abord à une impasse théorique en anthropologie (1962), jusqu'à la mise en œuvre, par plusieurs disciplines, d'une approche nouvelle des phénomènes langagiers. Que telle ou telle des notions en jeu importe pour l'avenir dépend désormais des chercheurs engagés dans le champ, tels ceux qui ont apporté leur contribution aux papiers de travail de l'Université d'Austin ou à l'ouvrage de Bauman et Sherzer. J'aimerais dédier cet essai (même sans leur permission !) à tous ceux dont le travail fait que de telles idées paraissent réalisables.

Chapitre 1

"On communicative competence". in sociolinguistics (Pride/Holmes, 1972)

Cet essai est théorique. L'une des connotations du mot « théorique » est celle de « programmatique » ; une autre est que l'auteur s'y connaît trop peu à propos d'un sujet donné pour en dire quoi que ce soit de pratique. Les deux connotations sont valables dans le cas présent. La genèse de cet essai date du jour où l'on m'invita à traiter de problèmes relatifs à l'éducation et aux chances dans la vie des enfants « désavantagés », moi qui n'avais aucune expérience professionnelle particulière en la matière, mais seulement une certaine réputation d' « expert » en linguistique. Ceci m'amena à examiner des questions qui concernent ces enfants désavantagés, qui concernent, en fait, chacun d'entre nous, où que nous vivions dans le monde, dans la mesure où nous avons affaire à l'aspect linguistique de ce monde. Et bien que cette tentative pour dessiner une linguistique utile, une linguistique de l'utilisation relève du domaine de la théorie, disons que toute pratique ne doit pas perdre de vue la théorie ; elle peut être guidée, bien ou mal, encouragée ou découragée par l'image qu'elle se fait de l'état contemporain de la théorie. Disons aussi que les problèmes de pratique ont une pertinence particulière pour la théorie. L'un des thèmes fondamentaux de cet essai est que, en matière de langage, les problèmes théoriques et pratiques convergent.

Non qu'il existe un corps de théorie linguistique vers lequel les recherches pratiques puissent se tourner et qu'elles puissent se contenter d'appliquer. C'est plutôt que tout travail motivé par des nécessités pratiques peut contribuer à construire la théorie dont nous avons besoin. Dans une large mesure, les entreprises qui visent à modifier certaines situations linguistiques constituent une tentative d'application d'une science de base qui n'existe pas encore. A considérer l'état présent de la théorie linguistique, on voit mieux pourquoi il en est ainsi.

Examinons une affirmation récente qui énonce de façon très explicite certaines des options sur lesquelles repose une grande partie de la linguistique moderne :

> « *L'objet premier de la théorie linguistique est un locuteur-auditeur idéal, appartenant à une communauté linguistique complètement homogène, qui connaît parfaitement sa langue et qui, lorsqu'il applique en une performance effective sa connaissance de la langue, n'est pas affecté par des conditions grammaticalement non pertinentes, telles que limitation de mémoire, distractions, déplacement d'intérêt ou d'attention, erreurs (fortuites ou caractéristiques).* »
> (Chomsky, 1965 : 3. Trad. ici reprise de J.-C. Milner, 1971).

Du point de vue de ceux que nous cherchons à comprendre et avec lesquels nous voulons travailler, une telle affirmation pourrait quasiment apparaître comme une déclaration d'in-convenance. Toutes les difficultés qu'ils rencontrent — et que nous rencontrons nous-mêmes — semblent être écartées.

Une réponse possible à une telle affirmation serait de ne tenir aucun compte de la théorie fondamentale et de simplement faire un tri parmi ses produits. Les modèles de structure du langage, après tout, peuvent être mis à profit selon des voies que leurs auteurs n'avaient pas envisagées. Certains linguistes utilisent des versions revues et corrigées de grammaires génératives transformationnelles afin d'étudier quels types de variation existent au sein d'une communauté linguistique et comment les locuteurs-auditeurs diffèrent entre eux quant à leur connaissance de la langue. Peut-être devrait-on n'attacher aucune importance à la façon dont les linguistes les plus influents définissent le domaine de la théorie « linguistique ». On pourrait aller jusqu'à faire remarquer qu'il existe plusieurs modèles linguistiques disponibles ; noter qu'il y a des spécialistes distingués qui utilisent chacun de ces modèles, pour analyser l'anglais, par exemple ; regretter que les linguistes soient incapables de se mettre d'accord sur une analyse de l'anglais et faire des choix circonstanciels selon le problème particulier et la situation locale auxquels on a affaire, en abandonnant pour le reste les grammairiens à leurs travaux.

Procéder de la sorte serait une erreur et ceci pour deux raisons : premièrement, le type de perspective théorique cité plus haut est tout à fait pertinent, de différents points de vue qu'on aurait tort d'oublier ; ensuite, il existe un ensemble de données et de problèmes linguistiques qui resterait à l'écart de toute analyse théorique, si une telle conception de la théorie linguistique n'était pas remise en question.

L'importance particulière de cette perspective théorique est manifeste dans son « anecdote représentative » — pour utiliser le mot de Burke (1945 : 59-61, 323-5) — et dans l'image qu'elle fait apparaître devant nos yeux. C'est celle d'un enfant, doté dès la naissance d'une capacité d'apprendre n'importe quelle langue avec une facilité et une rapidité quasi-miraculeuses ; un enfant qui n'est pas seulement façonné par le conditionnement et les renforcements mais qui fait subir de façon active une interprétation théorique inconsciente à toutes les productions langagières qui se présentent à lui, si bien qu'au bout de quelques années et avec une expérience limitée, il est maître d'une capacité infinie, celle de produire et de comprendre en principe toute phrase grammaticale de la langue. Cette image — ou cette perspective théorique — exprime l'égalité essentielle entre tous les enfants, en tant simplement qu'êtres humains. Elle est noble en ce qu'elle inspire la conviction que même les conditions les plus décourageantes peuvent être transformées. Et c'est une arme indispensable contre ceux qui voudraient expliquer par la race les différences constatées, pour ce qui est de communiquer, entre différents groupes d'enfants.

23

Mais les limites de cette même perspective apparaissent lorsque l'image de l'enfant déployant une maîtrise aisée de la langue est mise en regard de celle des enfants en chair et en os de nos écoles. La théorie doit sembler alors, sinon inutile, du moins et dans le meilleur des cas, une doctrine de l'angoisse. Angoisse, à cause de la différence entre ce que l'on imagine et ce que l'on voit ; angoisse aussi parce que la théorie, si puissante dans son propre domaine, ne peut pas en elle-même rendre compte de cette différence. Une analyse adéquate de ce qu'on observe chez les enfants en tant qu'êtres communiquants demande une théorie où les facteurs socio-culturels aient un rôle explicite et constitutif. Or, en la circonstance, tel n'est pas le cas. J'aborde maintenant ce problème, avant d'en venir à une analyse plus détaillée.

Dans la perspective où s'inscrit la grammaire générative transformationnelle, le monde de la théorie linguistique comprend deux parties : la **compétence** et la **performance** linguistiques. La compétence est définie comme ayant pour objet la connaissance tacite de la structure de la langue, c'est-à-dire un savoir qui n'est généralement ni conscient ni susceptible de description spontanée, mais nécessairement implicite dans ce que le locuteur-auditeur — idéal — peut exprimer. La tâche première de la théorie est de rendre compte de manière explicite de ce savoir, en particulier pour ce qui touche à la structure innée dont il doit dépendre. C'est à cause de ce savoir que le locuteur peut produire et comprendre une série infinie de phrases et que l'on peut dire que le langage est « créatif », est *energeia*.

Quant à la performance, elle est définie de la façon la plus explicite comme ayant à voir avec les processus que l'on nomme souvent encodage et décodage.

Une telle conception de la compétence pose des objets idéaux, en faisant abstraction des traits socio-culturels qui pourraient entrer dans leur description. L'acquisition de la compétence est considérée comme essentiellement indépendante des facteurs socio-culturels et comme exigeant seulement, pour se développer, la présence de productions langagières adéquates dans l'environnement de l'enfant. Il est possible que la notion de performance ait un contenu socio-culturel spécifique, mais, alors qu'on l'assimile à une théorie de l'utilisation de la langue, elle s'intéresse essentiellement aux sous-produits psychologiques de l'analyse de la grammaire et non pas à l'interaction sociale. Quant à un rôle constitutif des facteurs socio-culturels dans l'acquisition ou l'exécution de la performance, il ne semble guère qu'on l'envisage. Rien n'en est dit ou presque et, si l'on en disait quelque chose, il faudrait s'attendre à ce que ce soit péjoratif. Certains aspects de la performance, il est vrai, sont considérés comme ayant un rôle positif, par exemple les règles cycliques qui aident à placer correctement l'accent dans une phrase. Toutefois, si le lecteur se souvient du passage cité plus haut et s'il se reporte aux illustrations de phénomènes de performance dans le chapitre d'où est tiré cette citation, il verra que le thème dominant est celui de la limitation, voire de l'insuffisance. Lorsque la notion de performance est présentée comme « *l'utilisation de la langue dans des situations concrètes* », on affirme aussitôt que ce n'est que sous condition de l'idéalisation déjà citée que la performance pourrait refléter directement la compétence et qu'en réalité il est évident qu'elle ne le peut pas. « *Un échantillon de discours naturel présentera de nombreux faux départs, déviations par rapport aux règles, changements d'intention en cours de route, etc.* » On dit des données linguistiques primaires qu'elles sont « *de qualité plutôt dégénérée* » (Chomsky, 1965 : 31) ou même que la performance linguistique est une « *adultération* » de la compétence idéale (Katz 1967 : 144). Si la « *performance* » est une catégorie plutôt résiduelle pour la théorie, il est clair que la connotation la plus évidente qui y est attachée est celle de manifestation imparfaite d'un système sous-jacent.

Je ne pense pas que cette incapacité à assigner une place explicite aux caractéristiques socio-culturelles soit accidentelle. Définir la compétence en termes de communauté homogène et de connaissance parfaite ne semble pas être une pure construction simplificatrice, comme toute théorie scientifique est obligée d'en opérer. Si c'était le cas, cela aurait été signalé et la nécessité d'inclure une dimension socio-culturelle dans une théorie plus complète aurait été mentionnée ; on aurait même pu suggérer quelle forme prendrait une telle inclusion. De même, l'association établie entre performance et imperfection ne semble pas non plus accidentelle. Certes, n'importe quelle séquence de discours n'est qu'une indication incomplète de l'intention qui la sous-tend. Mais, pour des utilisateurs qui possèdent un savoir sous-jacent en commun, l'incomplétude pourrait bien ressortir à l'efficacité. Et si l'on attribue une valeur à l'intuition pour ce qui est du discours, ainsi qu'on le fait pour la grammaire, on pourra constater que ce qui est incomplet ou inexplicable du point de vue de la grammaire peut être l'accomplissement ingénieux d'un acte social (Garfinkel, 1972), la marque structurée, spontanée, de la résolution de problèmes et de la pensée conceptuelle (John, 1967 : 5) ou le développement d'une nouvelle vie de la poésie (Williams, 1963 : 222)[1]. Autant de pistes qui, à défaut d'être résolument explorées, auraient pu, à tout le moins, être mentionnées.

Il y a une sorte de contradiction dans une telle analyse du discours. Lorsqu'il s'agit de discours pour le linguiste, d'ensemble de données soumises à une analyse structurelle, le discours est réduit à un comportement et on le méprise. Quand il s'agit de discours pour le locuteur, moyen de fonctionner dans la vie, le discours est réduit à une intention et on en fait l'éloge. Dans un cas il est imparfait au point d'être incompréhensible, du moins inutilisable, dans l'autre, il est parfait au point d'être indiciblement riche, mais aussi au point de n'être pas pertinent. Tout ceci révèle une dimension idéologique à l'intérieur même du point de vue théorique. Il y a là, si je puis m'exprimer ainsi, une vision édénique. La vie humaine semble divisée entre la compé-

---

1. *Le passage en prose du poème est le suivant :*
« *Tuer la phrase explicite, non ? et déployer notre sens — par des séquences verbales. Des phrases, mais pas des phrases grammaticales, pièges tendus par les gens des écoles. Pensez-vous qu'il y ait quelque vertu à cela ? Mieux que le sommeil ? pour nous faire revivre ?* »

tence grammaticale, sorte de pouvoir inné, idéal, et la performance, sorte de mal nécessaire, comme l'acte de manger la pomme, qui chasse le locuteur-auditeur idéal du paradis terrestre pour le rejeter dans un monde déchu. De ce monde, où l'on gagne le sens à la sueur de son front, et où la communication est accomplie dans le labeur (cf. Bonhoeffer 1967 : 365, Hampshire 1967 : 67, Poirier 1971 : Préface), on ne dit pas grand-chose. On n'examine ni la tension ni l'interaction entre ces deux sphères. L'image de référence est celle d'un individu abstrait, isolé, et non pas, sauf incidemment, celle d'une personne réelle existant dans un monde social[2].

A l'image de l'enfant qui crée et à celle de l'individu abstrait, isolé, doit s'en ajouter une troisième, celle d'un mécanisme cognitif presque dépourvu de motivation, sans visées ni aptitudes esthétiques. Image qui se dégage aussi bien de certaines discussions théoriques que des exemples qui figurent dans les analyses. Généralement, ces exemples relèvent de ce que Weinreich (1966 : 399) a appelé « *les cas spéciaux de discours, c'est-à-dire la prose banale, prosaïque, sans humour* ». Certes, les exemples des linguistes sont souvent plutôt spirituels depuis quelques années, mais ils n'ont pas été utilisés comme tels pour une étude sur l'esprit (Comme exemple d'erreur d'interprétation syntaxique due à la non prise en compte d'un éventuel mot d'esprit, voir Hymes 1973 d). Le locuteur-auditeur analysé dans les exemples des linguistes, qu'il soit enfant ou adulte, n'est pas quelqu'un qui utilise la langue pour se lamenter, se réjouir, supplier, admonester, invectiver (Burke 1966 : XIII), ni faire aucune des autres choses que font les gens qu'Erving Goffman croise tous les jours dans la rue (Goffman 1956 et al.).

Si les linguistes ne pensent pas que le langage ait sa base aussi bien dans la fonction « stylistique » que dans la fonction « référentielle », c'est à cause de ce que Veblen appelait une « incapacité apprise » et non à cause de la nature du langage. Il est vrai que l'emploi stylistique d'éléments « référentiels » donne lieu à diverses mentions, particulièrement pour des auteurs pris individuellement, mais le style n'est ni un épiphénomène de la grammaire ni simplement un fait individuel. Il est radicalement constitutif et social (voir Hymes 1970 d et la discussion du chapitre IV de cet essai). Dans une langue, les traits et structures intermédiaires entre son et sens relèvent non d'une, mais de deux fonctions diacritiques élémentaires. La dimension « référentielle » et la dimension « stylistique » sont en effet interdépendantes et déterminent ensemble le domaine d'une théorie des propriétés universelles du

---

2. *Certains reconnaîtront le parallèle avec un postulat de la théorie économique classique et néo-classique. L'idéalisation des individus, abstraits de leur contexte social et agissant avec une connaissance parfaite, semble être la contrepartie en économie des postulats « cartésiens » en linguistique. Mon intention dans cet essai est de présenter un autre point de vue qui serait la contrepartie linguistique d'une critique marxiste de la théorie économique (voir, par exemple Hunt 1973 : 53-4 et Avineri 1968 : 17, n. 2). Cette critique s'appuie bien entendu sur la conception générale de l'interdépendance entre l'individu et la vie sociale, exprimée pleinement pour la première fois par Marx dans son analyse de la contradiction qui clive la théorie de Hegel sur l'état (voir Avinerie 1968, ch. 1).*

langage. Et pourtant, le fait d'ignorer la fonction « stylistique » a longtemps été une option marquante des courants majeurs de la linguistique aux Etats-Unis. Il est tout à fait révélateur que, dans la caractérisation, par ailleurs fort explicite, qu'opère Chomsky de l'objet, ou des limites, de la théorie linguistique, il n'aille pas jusqu'à spécifier : « principalement en termes de fonction référentielle ». La diversité à l'intérieur des communautés et entre les compétences langagières est apparemment assez notable pour être exclue explicitement du champ de la théorie linguistique, mais il n'en va pas ainsi de la diversité des fonctions.

J'ai parlé d'images implicites, limitantes, et on pourrait avec raison me demander de faire mieux. Pour le meilleur ou pour le pire, l'image la plus vive que j'aie, quant à moi, d'individus en train de parler est celle de certains conteurs indiens que j'ai connus en « performance ». Je mentionnerai ici Mme Blanche Tohet qui, au cours de l'été 1951, nous fit attendre, David et Kay French et moi-même, avant de nous raconter une histoire, qu'elle ait fini de préparer des anguilles. On en avait attrapé un plein baquet la nuit précédente près d'Oregon City. Chacune d'entre elles devait être ouverte, vidée, et la peau, une fois étalée, devait être coupée aux quatre coins et tendue sur des bouts de bois. On enfilait ensuite le tout sur une corde entre deux poteaux pour que les peaux sèchent comme autant de salopettes d'enfants. Mme Tohet recula, les mains sur les hanches, regarda l'enfilée d'anguilles et s'écria : « C'est pas beau, ça ? » (Depuis ce jour-là, cette phrase, dans son contexte, est pour moi une pierre de touche de la théorie esthétique !) Tout le monde rentra et elle nous raconta alors l'histoire de Skunk la mouffette, quand on lui vola son sac à musc, comment elle fit un long voyage le long de la rivière pour retrouver sa « chose d'or », comment elle alla interrogeant chaque buisson, chaque plante et chaque arbre, et comme on lui répondit de façon plus ou moins civile ; comment, en aval de la rivière, elle rencontra des petits garçons en train de jouer à la balle avec son sac, comment elle entra dans le jeu, regagna la « balle », la remit en place d'un coup et remonta la rivière ; comment, sur le chemin du retour, elle octroya récompenses et punitions à tous, donnant à ceux qui avaient été gentils un rôle utile pour les gens qui allaient bientôt arriver dans le pays, et refusant toute utilité à ceux qui avaient été impolis. Tout ceci conté par le menu, avec une voix différente pour chaque personnage, des gestes pour les actions, et toujours avec beaucoup d'animation. Car c'est cela, comme les gens seront heureux de vous le dire, qui fait le bon narrateur : le pouvoir de faire vivre l'histoire, de vous y faire participer comme à une pièce de théâtre. Malgré les efforts des écoles et des églises des blancs, il y a encore aujourd'hui des gens chez qui ce style continue à vivre. Quand on les connaît, il est impossible de ne voir en eux que des grammairiens tacites. Chacun est une voix.

Toute image choisie, toute position théorique, y compris la mienne, a un aspect idéologique, et cet aspect de la théorie linguistique de Chomsky, dans une grande mesure, n'est pas de son fait. La linguistique moderne a généralement considéré la structure — référentielle — de la langue comme une fin en soi, négligeant les fins de ses utilisateurs et les structures de son utilisation ; et pourtant cette linguistique n'a abandonné aucune de ses prétentions à être la science du langage et à participer ainsi des hautes valeurs humaines associées au langage. (Comparez à l'antiquité classique, où la structure était un moyen au service d'utilisations et où le grammairien était subordonné au rhéteur.) Il est permis de penser que cette situation ne manque pas d'agrément, du moins pour les linguistes : en réduisant l'objet de la linguistique à des données facilement isolées et structurées, on jouit du prestige de construire une science avancée, tout en conservant celui de s'intéresser à une activité humaine fondamentale.

Chomsky lui-même écrit, de façon tout à fait juste, que sa conception du champ de la théorie linguistique semble avoir été également celle des fondateurs de la linguistique générale moderne. Il pense au mentalisme, en cela notamment que l'objet de la linguistique y est considéré comme une réalité mentale sous-jacente au comportement. Chomsky compare spécifiquement les notions de compétence et de performance aux concepts de langue et parole dans le *Cours de linguistique générale* de Ferdinand de Saussure publié de façon posthume en 1916, œuvre emblématique des débuts de la linguistique structurale en Europe. L'effet des idées de Saussure, telles qu'elles sont interprétées à partir du *Cours,* fut, il est vrai, de faire de la langue le terrain privilégié de la structure, et de la parole un domaine résiduel de liberté et de variation non structurées.

Chomsky considère que ses propres notions sont supérieures à celles de Saussure et des autres linguistes modernes, parce qu'elles vont au-delà d'une conception du langage comme inventaire systématique d'éléments, et renouvellent l'idée humboldtienne des processus sous-jacents. Il n'est pas besoin en fait de retourner un siècle et demi en arrière jusqu'à Wilhelm von Humboldt pour retrouver une conception des processus sous-jacents ; il suffit de remonter d'une génération : jusqu'à Sapir. Mais il est vrai que la conception de Chomsky est supérieure, tant par l'apport de moyens précis d'analyse de ces processus que par l'introduction d'une terminologie qui la distingue des courants antérieurs. Les concepts de « compétence » et de « performance » déplacent le centre d'attention de la linguistique : un objet externe aux individus est remplacé par des actions et aptitudes humaines, et ces termes peuvent suggérer une « *recherche du concret* » (Moore 1957 : 123) chez les individus, dans les situations et les actions, recherche que le mot « langage » seul ne suggère pas. (Notons que, dans les années trente, Malinowski (1937) et Sapir (1934) eurent tous deux recours à l'expression de « *discours vivant* » (*living speech*) pour désigner leur objet.)

La conception chomskyenne marque à la fois un renouvellement et le point culminant de la tradition structuraliste moderne en linguistique.

Dans ses fondements et ses choix implicites, elle présente une remarquable continuité avec les travaux antérieurs [3].

Chomsky porte à la perfection le désir de n'examiner que ce qui est interne au langage et pourtant de trouver dans cette « internalité » ce qui est de l'importance humaine la plus haute. Aucune autre théorie linguistique n'a abordé de façon aussi pénétrante les questions de la structure interne du langage et de sa valeur intrinsèque pour l'homme.

Cette revitalisation fleurit, tandis qu'alentour apparaissent les bourgeons d'une conception qui peut-être lui succédera. Si une telle succession se fait, ce sera parce que, tout comme l'analyse transformationnelle a pu expliquer des rapports dont les théories antérieures n'étaient pas à même de rendre compte, un nouveau mode d'analyse pourra expliquer des relations — comprenant une composante sociale inéluctable — qui sont hors de portée de la linguistique formelle que nous connaissons aujourd'hui.

---

3. *Ainsi, pendant la plus grande partie de sa carrière linguistique proprement dite, Sapir s'en tint à l'autonomie de la forme linguistique en tant que produit historique, tout comme Chomsky s'en tient à l'autonomie de la forme linguistique en tant qu'objet formel inné (à propos d'un autre point de vue auquel en vint Sapir au cours de ses dernières années, voir Hymes 1970 a.) Bien qu'il ait remarqué l'existence de la variabilité et se soit intéressé aux moyens que les membres d'une communauté utilisent pour interagir, Bloomfield (1933) ramène la notion de communauté linguistique à une équivalence avec la notion de langue unique et il renonce à la description de la variabilité comme à une impossible tâche d'ordre statistique. Bloch (1949 a) est encore plus explicite en ce qui concerne l'équation : une langue = une communauté. Malgré son intérêt pour les styles de parole, Pike (1967) ne les invoque que pour préserver l'homogénéité de la structure référentielle (voir Hymes 1970 d). Parfois, la continuité est manifeste dans le souci de préciser explicitement ce que la linguistique n'est pas, attitude qui perdure sous une certaine évolution quant à la nature de ce qui est rejeté. A l'apogée de la linguistique bloomfieldienne, après la deuxième guerre mondiale, c'était le sens (« meaning ») et tout ce que ce terme implique ; pour beaucoup, récemment, c'est devenu le comportement (« behavior ») et tout ce que ce terme implique. Dans les deux cas, le domaine indésirable est considéré comme une vaste région amorphe et inanalysable, et tout intérêt qu'on peut y porter passe pour séquelle d'un âge révolu.*

Encore un mot à propos de la continuité suggérée ci-dessus entre Humboldt et Sapir. On peut tracer un véritable lien entre les deux, en la personne de Franz Boas (voir Hymes 1963). Ce lien est évident dans les travaux de Sapir, s'agissant notamment de l'attention qu'il porte aux catégories grammaticales dans leurs rapports avec la pensée, avec une typologie des langues fondée sur la sémantique et avec les universaux sémantiques. Cette tradition, éclipsée après la deuxième guerre mondiale, a une origine qui est différente de celle du structuralisme européen. Le Sapir qui, en 1909, avait achevé sa prodigieuse grammaire du takelma n'avait pas besoin d'un livre de 1916 pour lui inspirer une description synchronique systématique des langues ; en 1916, il avait déjà posé les premières fondations pour la grammaire de plusieurs langues. Une conception exacte de la linguistique du vingtième siècle aux Etats-Unis doit reconnaître l'existence de trois traditions distinctes de l'analyse grammaticale : la tradition indo-européenne, la tradition descriptiviste américaine et la tradition structuraliste européenne, (je dois cette remarque à Michael Silverstein.)

Ces trois traditions s'entrelacent, et les grands chercheurs sont influencés par plus d'une, mais non pas simultanément ni à forces égales. Il existe, de nos jours, une tendance à tout simplement placer Saussure et 1916 à la tête de toute la linguistique structurale de ce siècle. C'est une erreur grave. Il existe aussi une tendance à commenter Sapir et Bloomfield en s'en tenant à certains essais et livres généraux et sans prendre en compte la pratique descriptive exemplifiée dans leurs grammaires, ni la tradition de travail dans laquelle s'inscrit cette pratique. C'est une erreur tout aussi grave (A propos de la place de Bloomfield au sein de la tradition qui mène de Boas à l'ethnographie de la parole, voir Bloomfield 1972 et Teeter 1970). Nous avons tendance à découper notre histoire en périodes différentes et à la réduire à des noms et à des écrits qui occupent le devant de la scène, mais les continuités et discontinuités réelles de nos traditions n'ont pas encore été clairement identifiées ni décrites dans leur ensemble. Quant à moi, mon propos dans cet essai est bien sûr sélectif et répond à une intention précise.

Ce n'est pas que Chomsky ait une vue « isolationniste » de la linguistique ; au contraire. Il rejette un point de vue séparatiste et cherche à unir de nouveau la linguistique à la psychologie et à la philosophie (1966b : 76, n. 4). Il partage le souci de Sapir (1949 (1939) : 578-81), souci intellectuel et politique, de transcender « *les nombreux types de chercheurs qui étudient fragmentairement l'homme* », de transcender cette fragmentation qui aliène l'homme. La différence est que Chomsky cherche le remède dans une théorie générale adéquate de l'esprit humain, tandis que Sapir en vint à prendre « *l'unité d'expérience de l'individu* », « *la personnalité totale comme point de référence central* » (1949 (1939) : 581, 579, n. 1). Puisqu'il faut faire en sorte que la linguistique s'intègre à un domaine de recherches plus vaste, il serait arbitraire de ne considérer que le secteur de la linguistique qui fait partie de la psychologie et de la philosophie de l'esprit, et d'ignorer le secteur qui fait partie d'une science de l'homme comme être social. Ces deux secteurs devraient être complémentaires et même interdépendants, si l'on retient l'idée de Sapir selon laquelle la psychologie sociale serait le creuset dont les différentes sciences fragmentaires ont besoin. Ce que je voudrais souligner et prédire, c'est que l'on se rendra compte que ce second partenaire est nécessaire et que son développement entraînera une nouvelle formulation pour une linguistique aujourd'hui liée seulement au premier. Je me hasarderai à formuler la prévision qu'une linguistique fondée sur la logique et la psychologie cognitive s'avérera être en relation avec une linguistique fondée sur l'ethnographie et la sociologie, un peu comme une linguistique reposant sur la phonologie s'est révélée être en relation avec une linguistique centrée sur la syntaxe et la sémantique.

Je reviendrai à des conjectures historiques à la fin de cet essai. J'aimerais à présent développer de façon plus détaillée les considérations qui justifient un élargissement de la théorie. Et pour en arriver là, commençons par une autre sorte d'anecdote représentative.

Chapitre 2

Pour faire pièce à quelque locuteur-auditeur idéal que ce soit, voici ce que rapporte Leonard Bloomfield d'un Indien ménomini qu'il connaissait :

« *Tonnerre Blanc, un homme d'une quarantaine d'années, parle moins bien l'anglais que le ménomini et c'est là une accusation grave car son ménomini est atroce ; son vocabulaire est pauvre ; ses inflexions sont souvent barbares ; il construit ses phrases à partir de quelques modèles des plus sommaires. On peut affirmer qu'il ne parle aucune langue de façon passable.* » *(1964 (1927) :394-5)*

Du point de vue de la démarche actuelle de la linguistique, ce cas serait probablement écarté comme constat peut-être intéressant, mais isolé, et non pas considéré comme utile à une réflexion théorique. Et pourtant, nous devons nous demander si une étude du langage qui pose implicitement qu'un cas de ce genre n'est pas pertinent reste vraiment viable à long terme [4].

Nous pourrions bien sûr ne voir dans ce témoignage que le rapport biaisé d'un individu étranger à la communauté. Les erreurs de jugement concernant les aptitudes réelles, erreurs dues au rapport social à l'intérieur duquel ce jugement est porté, sont assez courantes dans notre propre société, par exemple en ce qui concerne les enfants. Toutefois, aucun linguiste qui connaît la carrière de Bloomfield ne serait facilement tenté de l'accuser ici de partialité, car c'était un champion de « l'autre bord » [5]. Mais en fait, l'article cité montre clairement qu'il ne s'attendait pas du tout à trouver une discrimination sociale entre une « mauvaise » et une « bonne » langue chez les Ménomini, puisqu'il pensait que de telles distinctions sont la conséquence de la promotion de langues standard et d'une éducation par le médium de l'écrit. Ce qu'il découvrit était donc pour lui surprenant. Et ce n'était pas matière à sa propre

---

4. *Dans ce paragraphe, j'adapte des phrases de Sapir (1938). Pour une adaptation plus complète, voir Hymes 1967c, que je reprends en partie ici. Sapir utilise l'exemple d'un Indien omaha, Deux-Corbeaux, pour montrer qu'il est nécessaire de dépasser un mode d'analyse qui fait abstraction de la diversité dans une communauté et des « réalités vécues de la communication... (des) rapports réels entre les êtres humains » (1949 (1938) : 575). Je pense que mes observations concernant la linguistique sont implicites dans celles de Sapir concernant les sciences culturelles en général.*

5. « *On ne doit pas faire exception ici des peuples que nous sommes tentés de décrire comme sauvages ou primitifs ; car les sciences ou l'invention mécanique, domaines dans lesquels nous les surpassons, ne représentent qu'une phase de la culture, et la sensibilité de ces peuples, bien que différente de la nôtre, n'est pas moins grande. La profonde expérience qu'ils ont eue de telles cultures peut en partie rendre compte de la personnalité noble et riche d'hommes tels que John Eliot, Roger Williams, James Schoolcraft ou, à notre époque, Franz Boas* » *(Bloomfield 1945 : 625). Cf. Jeeter 1970 : 525.*

appréciation subjective mais bien à jugements portés par les Ménomini eux-mêmes. Il découvrit que :

> « *Pour inventorier les traits caractéristiques du bon et du mauvais ménomini, il faudrait annoter pratiquement chaque élément de la grammaire et une grande partie du lexique* »,

que :

> « *Il est fréquent pour les Ménomini de dire de telle personne qu'elle parle bien et de telle autre qu'elle parle mal* »,

et que :

> « *Dans une très grande mesure et de façon étonnante si l'on considère mon peu de connaissance de leur langue, j'ai pu partager ces jugements des Ménomini* » *(1964 (1927) : 394-5).*

En fait, Bloomfield vécut avec un couple ménomini pendant plusieurs saisons et il avait de leur langue une connaissance plus intime qu'il n'est courant pour un linguiste travaillant sur le terrain. Ses portraits de locuteurs autres que Tonnerre Blanc et ses commentaires détaillés dans cet article le montrent bien, ainsi que les textes et la grammaire qu'il publia.

Si nous acceptons les faits cités ci-dessus, nous pourrions encore écarter ce cas comme par trop particulier. On pourrait envisager l'hypothèse de troubles de la personnalité ou d'une histoire individuelle exceptionnelle, comme d'avoir vécu enfant dans des conditions quasi animales. Et la situation serait dès lors analogue à celle d'un individu sourd ou muet dont les aptitudes linguistiques ont été affectées par son handicap. De telles considérations reviendraient à tenir pour accidentelles les caractéristiques du ménomini parlé par Tonnerre Blanc, dans la mesure où le langage lui-même serait alors en cause. Les limitations langagières de Tonnerre Blanc, bien que regrettables, résulteraient d'une malchance personnelle qui n'aurait rien à voir avec la langue ou la communauté nénomini en tant que telles. Et ce n'est pas Tonnerre Blanc que l'on choisirait comme informateur, mais plutôt, si possible, quelqu'un comme Petit-Jérôme :

> « *Un métis qui a maintenant la cinquantaine,... un vrai bilingue. Il parle aussi bien l'anglais — dans sa variété dialectale régionale — que le ménomini, avec des expressions idiomatiques osées, qu'il réussit à ne pas perdre même lorsqu'il traduit dans un sens ou dans l'autre* » *(Bloomfield 1964 (1927) : 395).*

Mais Bloomfield dit plus loin de Petit-Jérôme :

> « *Il forme un contraste frappant avec les hommes, généralement plus jeunes que lui, qui parlent peu l'anglais et pourtant mal le ménomini.* »

Et à propos de Tonnerre Blanc lui-même, il note :

> « *Son cas n'est pas rare parmi les hommes plus jeunes, même lorsqu'ils ne parlent que peu l'anglais* ».

L'exemple de Tonnerre Blanc intéresse donc une bonne partie de la communauté et pourrait même devenir représentatif de toute une génération, une génération constituée par les seuls usagers (ou bien les seuls usagers mâles) du ménomini. Qu'est-ce que cela voudrait dire alors pour un chercheur, quelques années plus tard, de rapporter que « le ménomini est une langue qu'aucun homme ne parle passablement »? Ou, s'il n'y avait pas de femmes pour fournir un point de comparaison interne, de dire simplement que « le ménomini est une langue au vocabulaire pauvre et aux phrases construites à partir de quelques modèles des plus sommaires ? ».

Ceci ne revient pas à réduire les Ménomini de type de Tonnerre Blanc à l'inventaire de leurs productions observées. Il ne fait aucun doute que leur compétence linguistique allait bien au-delà du corpus de phrases effectivement prononcées ; aucun doute que leur vocabulaire et leurs modèles de phrases leur permettaient d'exprimer des choses nouvelles et qu'ils étaient parfaitement capables de produire des phrases dont on peut considérer que le hasard seul a fait qu'elles ne sont pas attestées. Cette sorte d'ouverture, cette composante « créative » de l'utilisation de la langue est normalement universelle. Mais il y a une ouverture, une potentialité plus grande encore, si l'on peut dire, qui comprend des choses nouvelles qu'un Ménomini du type de Tonnerre Blanc n'aurait pas pu formuler, même si les mécanismes formels du ménomini avaient permis de les exprimer. L'absence de données de cet ordre dans un corpus n'est pas affaire de hasard, mais d'incapacité. **Il y a une différence fondamentale entre ce qui n'est pas dit parce qu'il n'y a pas d'occasion de le dire et ce qui n'est pas dit parce qu'on n'a pas de moyens de le dire.** Pour pouvoir dire de telles choses, on doit changer de langue, de compétence.

Dans des communautés comme celle des Ménomini que connaissait Bloomfield, des différences de compétence peuvent être simplement mises au compte de différences d'apprentissage — bien que la linguistique chomskyenne ne s'intéresse guère à l'apprentissage. Le type de Tonnerre Blanc avait acquis moins de ménomini que d'autres, du fait de facteurs socio-culturels et non pas, sans doute, en raison de différences innées ni par suite d'un état primitif dans lequel un ménomini abominable aurait aussi été courant. La psychologie sociale des différences de compétence est plus subtile, quand il s'agit non pas de productivité grâce à des moyens limités, mais d'invention. C'est-à-dire que, si nous mettons à part le type universel d'ouverture du langage, dont nous venons de parler, en le qualifiant du terme traditionnel de **productivité**, il reste un autre type d'ouverture et de dimension créative de l'utilisation du langage en réponse à des situations nouvelles, et ce type d'ouverture est essentiel au maintien d'une productivité linguistique libre. Ce second type d'ouverture a à voir avec les expressions neuves qui changent la langue en y entrant comme moyens nouveaux. Qu'on me permette de mentionner ici les Wasco et les Wishram, deux communautés indigènes très parentes et situées à l'origine sur les rives opposées de la rivière Columbia, à quelque 300 kilomètres de l'océan

Pacifique à l'intérieur des terres. Leur langue était la même, à quelques variations près ; leurs descendants des réserves de l'Oregon et de l'état de Washington continuent à se nommer eux-mêmes « wasco ». Seule une poignée de vieillards parlent encore couramment cette langue aujourd'hui et certains constatent un déclin de leur compétence dû à un manque de pratique. Quelques adultes ne comprennent que « les mots faciles, pas les mots difficiles »[6] et d'autres n'ont qu'une compétence réceptive. Chez les jeunes enfin, ni compétence productive ni compétence réceptive.

Un homme remarquable d'origine wishram, Philip Kahclamet, servit d'informateur à Walter Dyk et aux étudiants d'un séminaire de Sapir à Yale, au début des années trente. Sa compétence ne faisait aucun doute. Quand j'ai travaillé avec lui — avant sa mort accidentelle en 1957 — il faisait parfois peuve d'une capacité d'invention joviale, créant des formes pour « éléphant », « rhinocéros », « hippopotame » et « sous-marin », fort analogues aux formations grecques et latines : « peau-dure » du grec *pachyderme*, « nez-corne », « cheval de rivière », « sous-l'eau ». Ces bases wasco étaient des inventions privées, non idiomatiques, qu'il partageait avec les collègues avec lesquels je travaillais sur le terrain mais pas avec les autres locuteurs de sa langue. Un jour où l'on posait une question à M. Kahclamet à propos d'un terme désignant un ustensile moderne, il s'arrêta un instant, déclara que sa langue ne possédait pas de mot pour cela, puis continua en disant que, dans le temps, si l'un des vieillards était sorti de sa maison et avait vu cet objet devant sa porte, il aurait trouvé un mot pour le désigner, « *comme ça* » — et il fit claquer ses doigts. Le fait est que, si cette langue présente une évolution régulière dans son adaptation aux changements culturels du dix-neuvième siècle, elle manque par contre de termes pour les choses avec lesquelles ses locuteurs ne sont entrés en contact qu'aux alentours de la Première Guerre mondiale : au mieux, on joint un préfixe wasco à un nom anglais ad hoc au cours de la conversation. Ont été évincées jusqu'à certaines métaphores traditionnelles, par exemple « hanneton » pour « automobile ». En un mot, M. Kahclamet et d'autres locuteurs encore vivants possèdent une compétence en wasco dans le sens ordinaire de **productivité**, mais, pour eux, le wasco a cessé d'être une langue d'**invention** continue. Il est tout à fait possible que, d'un point de vue grammatical, des recherches ordinaires ne découvrent aucun manque, et pourtant un aspect créatif de l'utilisation de la langue, une dimension relevant en quelque sorte de la compétence linguistique normale a disparu. A un certain moment, le wasco est devenu une langue dans laquelle des choses nouvelles pouvaient bien sûr être dites, mais seulement selon des façons anciennes.

6. *Je cite l'un des rares locuteurs qui parlent encore couramment. Au cours des préparatifs à une cérémonie de baptême, cette femme affirma qu'elle ne pouvait pas demander à un Wasco de lui servir d'interprète, justement pour cette raison. Elle pensait qu'elle devait demander à une personnalité sahaptin de Warm Springs de répéter en anglais à l'auditoire assemblé ce qu'elle lui dirait dans son autre langue indienne, le sahaptin (Il faut noter que la répétition au public par un locuteur avec une voix différente est un trait caractéristique des cérémonies formelles wasco (cf. Hymes 1966)). En la circonstance, elle fit pratiquement tout elle-même, utilisant et manœuvrant l'annonceur aussi bien que ses assistants locaux.*

Cette différence nous aide à prendre conscience qu'il existe une pluralité d'aspects « créatifs » dans l'utilisation d'une langue et que leurs différentes formulations linguistiques et les aptitudes que ces formulations impliquent ont peut-être des statuts différents, des destinées différentes. Chez les Wasco de Warm Springs, ce qui est vrai de l'invention dans le lexique semble l'être moins pour les phrases et expressions idiomatiques. Il est habituel de maintenir dans l'usage certaines formules adroites, amusantes ou simplement mémorables. Il en va toujours ainsi pour l'anglais. Pour le wasco, certaines des formules wasco dont les vieux se souviennent se rapportent à cette même période révolue d'invention lexicale, mais d'autres sont plus récentes ou même contemporaines. Le statut des principaux genres de discours est plus complexe. L'art oratoire a disparu et, en fait, nous savons très peu sur ce type de discours. La représentation de mythes ou de contes pour l'auditoire indigène n'existe plus depuis une cinquantaine d'années environ, mais il est des locuteurs qui se rappellent tout ou partie de certains mythes et des linguistes ont enregistré quelques narrations « en privé » au cours de ces dernières années.

Ceci n'est toutefois que la preuve d'une mémoire étonnante. Toute adaptation créatrice suppose une pertinence sélective de la mémoire (cf. Hymes 1968 d) ou une relation à la situation de performance (cf. Hymes 1973 g). Et pourtant, nous savons grâce à la comparaison des mythes, qu'il existait une sorte de créativité, d'ouverture de la tradition au fil du temps et que sans cesse les ressources de l'intrigue, des péripéties, des détails expressifs étaient adaptées et remodelées. Il n'y avait pas de réunion du conseil pour définir un canon, une forme orthodoxe et, même si les conteurs ne se réclamaient jamais d'une autre autorité que celle de la tradition reçue, on avait l'occasion d'entendre des versions qui variaient quant à leur structure, leur équilibre, ou dans leur détail même ; l'occasion aussi de se demander quelle avait dû ou aurait dû être la version originale et d'établir une relation entre le matériel connu et des auditoires nouveaux ou des situations nouvelles. Les répertoires individuels variaient selon les intérêts de chacun et les occasions qu'il avait d'entendre et d'apprendre des histoires. Le principal informateur wishram de Sapir, Louis Simpson, avait un frère, Tom, qui contredisait explicitement la théorie de Louis quant à la fin d'un épisode de la séquence majeure de Coyote. Dans sa version, les deux femmes qui avaient taquiné Coyote étaient transformées non pas en oiseaux, mais en rochers qui se trouvent toujours au milieu de la rivière Columbia [7]. L'adaptation créatrice des matériaux et des formes des mythes semble avoir continué après que les Wasco furent obligés de quitter la Columbia pour ce qui devint plus tard la réserve de Warm Springs, à environ 160 kilomètres plus au sud ; en effet, les vieillards connaissent une séquence d'aventures des deux partenaires, Aigle et Belette, qui les mène de la Columbia à Warm Springs, le long de la rivière qui joint les

---

7. *Sapir 1909 : 9, n. 3. Cette version se trouve être celle de mon principal collègue wasco, Hiram Smith, qui intitule ce segment « les colonnes d'Hercule ».*

deux endroits, la Deschutes, avec divers incidents survenant près des embouchures de différents affluents. En fait, la trame même de la séquence qui mène à Coyote à travers le territoire Chinook, de l'aval jusqu'à la région aboriginelle des Wasco, a été reprise et développée jusqu'à inclure l'arrivée à la réserve, à l'intérieur des terres [8]. Une telle capacité d'adaptation du discours mythique a aujourd'hui disparu en wasco. Un certain nombre de légendes, de narrations historiques et de contes continuent jusqu'à ce siècle, mais qui ont cessé de définir un monde et d'en tracer les limites. En somme, tous les genres de discours étendu, avec les règles de forme et de cohésion que cela implique, ne sont plus désormais que matière à souvenir.

Dans certaines familles et dyades, le wasco a continué à exister comme langue de conversation longtemps après avoir cessé d'être une langue de production de mythes. En même temps, certains traits communs à tout style narratif, tels que la citation directe et brève de répliques, ont survécu au remplacement de la langue d'origine par l'anglais et continuent à être utilisés de façon productive par un certain nombre de gens dans la conversation.

Il y a bien sûr de nombreux cas parmi les Indiens d'Amérique (cf. Brandt 1970) et chez d'autres, où l'état d'une communauté est un état d'hétérogénéité comprenant des différences marquées de compétence. Cet état a été façonné par des facteurs socio-culturels. De tels cas pourraient être mis entre parenthèses, comme résultant d'un changement profond de la société. Pourtant, il est difficile de prétendre que de tels changements sont rares dans notre monde ; et leurs effets ne sont pas nécessairement passagers. Certaines langues qui tombent en désuétude peuvent survivre en tant que telles. Le wasco, lui, ne survivra pas, mais il est possible que survive la langue dominante de la réserve de Warm Springs — simplement désignée localement sous le nom de « warm springs » — qui est une variété de sahaptin proche du sahaptin des réserves de Umatilla et Yakima. Les enfants les plus jeunes ne l'apprennent pas, mais on fait parfois un effort conscient pour la leur enseigner et c'est la langue que l'on préfère pour la vie cérémonielle, encore très vivante. Il est possible que le warm springs survive comme langue seconde pour la plupart ou même pour la totalité de ses locuteurs, comme l'ont fait d'autres langues, avec un rôle spécialisé et valorisé. Il est probable qu'une telle situation deviendra de plus en plus courante, car le processus dominant qui affecte les langues, de nos jours, n'est pas la séparation et par conséquent la différenciation génétique des dialectes en langues dont chacune sert ensuite quasiment toutes les fonctions à l'intérieur de la communauté concernée ; le processus

---

8. *Dans les deux séquences, on pense que les personnages principaux continuent dans la même direction. Apparemment, il existait une séquence parallèle racontée par les Chinook clackamas, le long de la rivière Willamette, qui coule également vers le nord et se jette dans la Columbia, de l'autre côté des cascades, et cela suggéra peut-être le parallèle oriental. Le témoin de Sapir, Louis Simpson, à Yakima dans l'état de Washington, au nord de la Colombia, connaissait une partie de cette séquence comme faisant partie du mythe clackamas situé dans la région de la Willamette (Sapir 1909 : 120, n. 1).*

dominant est l'intégration des communautés à l'intérieur d'unités sociales plus complexes et par conséquent la spécialisation, dans une niche particulière, de leurs formes propres de discours.

Ce n'est pas, bien sûr, que le contact, le changement et les autres facteurs sociaux n'affectent la compétence linguistique que pour l'entraver ou la limiter. D'une part, il y a effectivement des cas comme celui de Tonnerre Blanc, tels ces Indiens du Pérou qui, si l'on peut dire, laissent tomber le quechua avant d'apprendre l'espagnol (communication personnelle de John Murra) ; ou, à un niveau plus subtil, ces habitants de Surinam, qui ont une connaissance du hollandais aussi bien que du sranan tongo et pourtant pour lesquels, parce qu'ils ont

« *rejeté le sranan, la situation est désespérée, car ils n'ont pas de langue à eux... le hollandais n'est pas (leur) langue, mais (ils) ne (vont) pas jusqu'à dire que le sranan le soit* » *(Eersel 1971 : 319).*

D'autre part, il y a des exemples d'expansion du domaine de la forme interne d'une langue par expansion de son rôle, notamment dans les cas de créolisation et dans l'évolution des principales langues modernes du monde. Une conséquence de cette expansion est la possibilité d'une plus grande étendue de la compétence pour certains locuteurs, sinon pour tous (cf. l'introduction à la troisième partie in Hymes 1971 d et l'avant-propos in Hymes 1971 a). Et il y a eu parmi les Ménomini des hommes comme Petit-Jérôme et des femmes comme Nuage Rouge qui

« *parle un ménomini très beau et plein d'expression idiomatiques... (et) parle couramment ojibwa et potaxatomi... Sur le plan linguistique, elle correspondrait à une Américaine très instruite qui parlerait, disons, français, et italien, en plus d'un anglais cultivé du meilleur cru.* » *(Bloomfield 1964 (1927) : 394).*

Une compétence versatile, en effet, n'est pas rare parmi les différents groupes d'Indiens d'Amérique. Au début de ce siècle, la plupart des Wasco parlaient couramment leur dialecte chinook natif, le sahaptin des membres de leur réserve et d'anciens voisins aborigènes, l'anglais de la région et le jargon chinook. Il y a des peuples dans le nord-est de l'Amazonie chez lesquels l'étendue normale de la compétence linguistique est le contrôle d'au moins quatre langues, avec une première impulsion de maîtrise active au moment de l'adolescence et ensuite un développement continu du répertoire et de la qualité de compétence, la vie durant (Sorensen 1967). Là, comme dans une grande partie du monde, le locuteur-auditeur normal est multilingue et il n'est pas rare que les répertoires spécifiques diffèrent d'un individu à l'autre. Dans ces groupes d'Amazonie, la première langue est celle de la lignée paternelle, la seconde généralement celle de la lignée maternelle (les deux étant toujours différentes).

La nature exacte de la compétence mise en œuvre dans le cas amazonien (qu'est-ce qui est commun parmi des langues distinctes sur le plan culturel et qu'est-ce qui est différent ?) n'est pas encore connue (Sorensen continue ses recherches sur le terrain). Mais considérons un cas rapporté par Pandit (1969) :

> « Le saurashtri est une langue indo-aryenne, parlée par une petite communauté d'environ 200 000 locuteurs à Tamilnad. Le tamoul est une langue dravidienne. Tous les locuteurs adultes de saurashtri sont bilingues. Ils parlent saurashtri chez eux et entre eux et tamoul partout ailleurs. Le saurashtri est la langue maternelle d'un bilingue... »
>
> « Le stock grammatical d'un tel bilingue peut être considéré comme un système unique de règles en corrélation... Les structures constitutives du tamoul et du saurashtri sont pratiquement identiques... Nous avons là une langue indo-aryenne possédant la structure syntaxique d'une langue dravidienne. »

En d'autres termes, il n'y a pas de locuteurs monolingues de cette langue. La description la plus naturelle de la compétence linguistique de ses 200 000 locuteurs serait la suivante, si l'on admet certaines généralisations : une syntaxe unique, avec des variations mineures, et deux lexiques qui, pour l'essentiel, paraissent distincts l'un de l'autre.

Grumperz et Wilson (1971) examinent un cas plus complexe, un phénomène de convergence entre trois langues existant dans le village de Kupwar, dans le district de Sangli, au Mahārāshtra, au Nord de la frontière mysore de l'Inde. Kupwar a 3 000 habitants et quatre langues : le kannada (langue dravidienne), l'ourdou (langue indo-aryenne), le marathi (langue indo-aryenne) et, de façon marginale, le télégou (langue dravidienne). Presque tous les hommes du village sont bilingues ou multilingues ; les trois langues principales, c'est-à-dire le kannada, l'ourdou et le marathi, existent dans le village depuis plusieurs siècles, si bien qu'il ne s'agit pas d'un cas d'évolution récente ou passagère. Nous sommes en présence d'une communauté qui est hétérogène depuis longtemps, cette hétérogénéité étant maintenue principalement par une séparation stricte entre les sphères publique et privée — groupes de parenté, famille — et, dans une certaine mesure, par des rites religieux qui, tout comme la sphère privée, exigent une langue distincte propre au groupe. N'étant ni la langue de l'un ou l'autre des groupes sociaux dominants — les Jains de langue kannada, les Musulmans de langue ourdou — ni la langue parlée à la maison par la vaste majorité, le marathi est la langue la plus neutre sur le plan social et constitue le moyen principal de communication entre les différents groupes. Mais il ne s'agit pas seulement d'un cas de maintien de distinctions à l'intérieur d'une communauté ; il y a constamment des changements de code au cours de l'interaction quotidienne en dehors du foyer et des rites, ce qui mène à une inter-traductibilité extraordinaire et même à la conclusion que les différents codes linguistiques utilisés tour à tour à Kupwar ont une structure de surface unique, une phonétique identique et des différences seulement quant aux formes lexicales (Gumperz et Wilson 1971 : 155). Malgré l'hétérogénéité des langues et l'hétérogénéité des

compétences individuelles quant aux variétés standard de ces langues —
apprises au cours d'une éducation formelle et de contacts en dehors du
village — variables qui sont fonction des positions socio-économiques,
Kupwar est une communauté au sens linguistique et même au sens
grammatical du mot. Gumperz et Wilson affirment :

> « *S'il y a une chose dans la situation linguistique de Kupwar que
> tous les locuteurs partagent, c'est une syntaxe Ku(pwar) com-
> mune. C'est cette syntaxe qui est apprise pendant l'enfance et
> dans les groupes de jeu.* »

Dans cette communauté, pour beaucoup d'habitants et en particulier
les hommes :

> « *un modèle de compétence linguistique doit comprendre une
> composante sémiologique unique, une composante syntaxique
> unique, une composante phonétique unique et un ensemble de
> règles d'alternance gérant les rapports entre catégories séman-
> tiques et formes morphémiques.* »

Parfois, ce qui est commun ou bien ce qui constitue la norme, c'est
une composante phonologique, liée à des lexiques et des grammaires
distincts. Au Surinam, on considère qu'un noir qui parle hollandais se
désolidarise par là de son peuple, mais il est acceptable de parler
couramment en utilisant une grammaire et un lexique hollandais,
pourvu que l'on emploie en même temps la phonologie du sranan tongo
(Eersel 1971). La personne du « professeur Grecian Jazykoff » illustre
un cas plus complexe :

> « *Cet homme qui jouit d'une réputation internationale et dont la
> maîtrise des langues est légendaire semble n'avoir qu'un seul
> système phonologique pour toutes les langues qu'il parle, celui
> du russe.* » *(Makkai 1972 : 75-6).*

Des cas tels que tous ceux-ci infirment sans aucun doute la mise en
équation entre une langue donnée, une communauté linguistique et une
grammaire formelle. Si l'on veut arriver à formuler des généralisations
d'ordre empirique, parler ici de grammaires séparées pour des « langues » séparées ne conviendra pas, surtout si l'on entend maintenir une
correspondance entre la grammaire et la compétence linguistique des
locuteurs (ou les faits observés). Des grammaires séparées, par exemple
pour le marathi, l'ourdou et le kannada de Kupwar, seraient redondan-
tes sur le plan syntaxique pour la majorité de la communauté et pour la
plupart des discours qu'elle produit, y compris les acquisitions initiales
de l'enfance, puisqu'elles ne tiendraient pas compte de tout ce qui est
commun. A l'inverse, pour les Ménomini de Bloomfield, une grammaire
unique ne fait pas la part de tout ce qui est différent. Les phrases
ménomini de Nuage Rouge et de Tonnerre Blanc peuvent être
attribuables à une grammaire unique, mais la compétence productive de
l'un est, dans le meilleur des cas, un sous-ensemble de celle de l'autre.

Les types de compétence et le format de la grammaire susceptible d'en
rendre compte varient selon les communautés, non seulement en ce
qu'ils s'avèrent plus réduits ou plus étendus, si on se réfère à une seule

langue, qu'une grammaire ordinaire ne le laisserait supposer, mais aussi par le simple fait qu'ils sont différents. Il se trouve que les communautés se distinguent les unes des autres quant à leurs systèmes de valeurs et de croyances pour ce qui touche le langage, son rôle dans leur vie ; et elles se distinguent aussi quant au degré et aux modes de développement du potentiel de productivité inhérent aux systèmes linguistiques. Les formes du mythe, de la prière et d'autres discours très valorisés varient, tout comme les capacités que ces formes supposent. Elles peuvent impliquer la mémorisation et la répétition d'un texte fixe ; ou bien des structures fixes et un contenu ad hoc ; ou encore un usage variable d'un contenu fixe, que cet usage variable se fasse lui-même selon des formes ad hoc ou fixes. Le degré même auquel on prend en considération la forme linguistique en tant que telle, auquel on l'élabore et la structure, des sons jusqu'à l'organisation discursive, varie à l'extrême. C'est ainsi que les langues diffèrent quant au point jusqu'où leur lexique est construit selon des distinctions entre sons-symboles ou organisé par des asonances ou d'autres types d'appariement, ou bien quant au point jusqu'où le discours est « grammaticalisé » par des régularités métriques ou autres.

Ces faits nous obligent à reconnaître que, pour le locuteur aussi bien que pour la communauté à laquelle il appartient, la langue est, en un certain sens, ce que ceux qui la possèdent peuvent en faire, ce qu'ils ont eu l'occasion et quelque raison d'en faire et que, par conséquent, on peut constater des différences d'aisance et d'adéquation qui ne sont pas accidentelles, mais qui, au contraire, font partie intégrante de la langue telle qu'elle existe pour les personnes en question. Il faut établir une distinction très nette entre, d'une part, le potentiel infini et l'équivalence fonctionnelle des langues, en tant que systèmes formels, et d'autre part, le caractère fini et la non-équivalence qui peuvent les caractériser en tant que moyens possédés et utilisés en fait dans la réalité. Une théorie qui postule chez le sujet parlant une connaissance parfaite et suppose en outre l'homogénéité d'une communauté ne peut percevoir ces différences. En posant comme invariant la capacité fonctionnelle du dispositif qu'elle décrit, elle rend ce dernier empiriquement inopérant.

On pourrait évidemment décider de remettre en question ou de rejeter une conception de la théorie linguistique impuissante à rendre compte de la situation linguistique de tant de communautés existant dans le monde — non seulement des communautés soumises à des changements radicaux, mais aussi des communautés où une langue désuète (ou bien un multilinguisme avec intersection de systèmes), s'avère stable et bien durable et encore des communautés où on encourage et on acquiert divers types d'aptitude verbale dans certains genres valorisés. On pourrait aussi soutenir que ces cas, quelque nombreux qu'ils soient, sont logiquement secondaires. Pour mon compte, je pense que l'argument de l'inadéquation empirique est valable. Mais le problème de l'adéquation va bien au-delà de l'énumération de cas exemplaires. Le chapitre suivant y est entièrement consacré.

Chapitre 3

Si nous prenons la notion de communauté linguistique * au sérieux, c'est-à-dire comme une notion qui tout à la fois se réfère à la réalité et est importante pour une théorie du langage, alors la conception théorique dont il a été question jusqu'ici ne peut rendre compte d'aucun des cas cités. En présupposant un locuteur-auditeur idéal, au sein d'une communauté linguistique complètement homogène, qui connaît sa langue parfaitement, elle rend invariants et donc superflus les rapports entre individus, compétence et communauté, elle les rend, en fait, invisibles et impossibles à étudier. Dans ces conditions, la seule façon dont on puisse expliquer l'existence d'une communauté linguistique est de supposer que l'état de communauté apparaît de façon naturelle, simplement grâce à l'identité de ses membres. Il y a une langue, une connaissance parfaite de cette langue identique et interchangeable chez tous les locuteurs-auditeurs et, par conséquent, les locuteurs-auditeurs individuels peuvent communiquer entre eux grâce à cette langue et sont de ce fait membres de la même communauté. En ce sens, l'existence d'une communauté linguistique est « naturelle », automatique [9].

En réalité, aucune communauté humaine, linguistique ou autre, ne peut s'expliquer de cette manière. Une communauté formée de parties identiques et interchangeables ne pourrait ni fonctionner, ni survivre (cf. Wallace 1961). Il est inhérent à la nature d'un groupe social ou d'une communauté d'avoir une spécialisation, une diversité des rôles et, donc, des connaissances ou des compétences liées à ces rôles. Ceci est évident en ce qui concerne la compétence productive, c'est-à-dire en ce qui concerne les (types de) locuteurs. C'est ainsi que les différences de rôles

---

* Hymes reprend ici la formulation qu'utilise aussi Chomsky dans sa définition souvent citée. Mais l'anglais *Speech community*, qu'on pourrait traduire par « communauté de parole » ou « communauté de langage », permet à Hymes de créer ensuite une série homogène avec des expressions comme *means of speech, speech styles*, voire *ways of speaking* (« moyens de la parole », « styles de parole », « façons de parler » ou « manières de parole »). On a retenu ici *communauté linguistique* pour la traduction, comme expression standard mais le lecteur pourra garder à l'esprit le jeu qu'autorise la formule en anglais. (N.D.T.)

9. *Cf.* la 6ᵉ thèse de Marx sur Feuerbach. *Une critique sociolinguistique de la théorie linguistique formulée par Chomsky est remarquablement parallèle à la critique que fait Marx de Feuerbach, de qui il apprit tant, mais dont il eut à transcender les limites. Si l'on substitue* il à Feuerbach *et* linguistique à religieux, *nous avons là une déclaration tout à fait judicieuse :*
« *Il ramène l'essence linguistique à l'essence humaine. Mais l'essence de l'homme n'est pas une abstraction inhérente à chaque individu. En réalité, c'est l'ensemble des rapports sociaux.* »
« *Celui qui n'entre pas dans une critique de cette essence véritable est donc obligé :*
1. de faire abstraction du processus historique et d'établir l'intuition linguistique comme quelque chose qui existe en soi et de poser un individu humain abstrait — isolé ;
2. de considérer l'essence de l'homme simplement en tant qu'espèce, comme une généralité interne brute qui unit les nombreux individus naturellement « *(c'est-à-dire : non socialement)* » *(du texte de Easton et Guddat 1967 :402).*

entre les hommes et les femmes sont particulièrement importantes à cet égard dans la plupart des communautés étudiées jusqu'à présent. Une telle diversité n'est pas le résultat d'un accident ou des caprices de l'histoire personnelle d'un individu, mais fait au contraire partie intégrante de l'organisation d'une communauté. Après tout, « identité » et « unité » ne sont pas équivalents. Une communauté n'est pas une « reproduction de l'uniformité » mais une « organisation de la diversité » (Ces termes sont de Wallace 1961).

On pourrait toutefois soulever l'objection qu'il est impossible de parler de communauté sans identifier quelque chose que les membres d'une communauté donnée ont en commun et qui se trouve à la base de toute possibilité d'interaction significative. Malgré la diversité des usages productifs du langage, il y aurait obligatoirement une certaine unité dans la compétence réceptive. Bien que la linguistique chomskyenne n'aime pas distinguer entre compétence productive et compétence réceptive, il y a en fait beaucoup de raisons de conclure que, de ces deux aspects de la compétence, c'est l'aspect réceptif qui est le plus largement partagé. Mais attention : le fait que les membres d'une communauté soient reliés entre eux par leur activité langagière n'implique nullement qu'ils soient tous reliés de la même façon ; il peut exister une « organisation de la diversité » au sein de ce qui est possédé en commun ; nous en avons vu un exemple dans le chapitre précédent à propos du village indien de Kupwar. Il faut bien noter en outre, et c'est le point le plus important, que l'existence d'une communauté n'est pas donnée par le simple fait de savoir que cette langue est la seule qui y soit présente. Les facteurs qui donnent à une communauté son unité et son maintien sont problématiques et restent à découvrir, tant en ce qui concerne le langage, que pour bien d'autres aspects, encore qu'il ne fasse aucun doute que l'interaction joue là un rôle crucial. Si les hommes sont par nature des êtres sociaux, il n'en reste pas moins que les communautés dans lesquelles cette « socialité » prend forme et se réalise ne doivent pas être considérées comme allant de soi. L'origine, le maintien et la transformation de l'ordre social, les rôles respectifs du consensus et du conflit, les sources de continuité et d'évolution, autant de problèmes centraux pour une théorie sociale, problèmes désormais mis en lumière mais non encore résolus [10]. Il est absurde, sur le plan sociologique, de le nier dans une conception de la communauté, de même qu'il serait absurde sur le plan linguistique de nier l'existence de rapports sous-jacents dans une conception de la syntaxe.

On pourrait encore soutenir que la conception de Chomsky, conception partagée, comme nous l'avons remarqué dans le premier chapitre, par la plupart des linguistes américains, est malgré tout une abstraction viable. Les travaux de nombreux linguistes ont en fait prouvé qu'elle était viable, mais simplement parce que les rapports entre communauté

---

10. *Cohen (1968) est une bonne introduction à la théorie sociale, à ce propos. Fisher (1970, ch. VIII, « Fallacies of composition » (Sophismes de la composition)) est un rappel utile des sophismes qui peuvent affecter l'interprétation et l'explication d'une communauté ; la plupart des sophismes qu'il décrit ont leurs équivalents dans la réflexion linguistique.*

et compétence n'étaient pas vraiment pris en compte ; seule l'était la grammaire, conçue comme équivalent de la langue.

Dès l'instant que l'on examine les rapports entre grammaire, compétence et communauté sur le plan empirique, la théorie linguistique se révèle devoir être nécessairement une théorie « ethnolinguistique » ou « sociolinguistique » (cf. Hymes 1964 a), c'est-à-dire une théorie qui doit reconnaître ses fondements ethnologiques ou sociologiques. On constate qu'une politique de « la grammaire d'abord » ou « la langue d'abord » ne parvient pas à saisir des relations ou des généralisations qui ont pourtant leur pertinence. Les concepts de base d'une théorie du langage socialement inscrits sont ceux de **styles**, au lieu de **grammaire**, et de **communauté**, au lieu de **langue**. Le cadre de la description des traits linguistiques pertinents n'est pas, dès l'abord, réduit à une grammaire formelle, mais est déterminé par des relations dans l'emploi de la langue. Les rapports pertinents entre les différents traits linguistiques sont examinés non pas à partir des limites d'une seule langue, mais du point de vue d'une communauté.

Avant d'examiner la notion de styles, je pousserai plus loin, dans la suite de ce chapitre, la comparaison entre le concept de langue et celui de communauté linguistique car il y a bien d'autres choses à dire quant au caractère beaucoup plus naturel et plus général, et donc plus adéquat, qu'il est possible d'attribuer à cette notion de communauté.

Le point de vue que nous avons analysé conduit à poser qu'une langue donnée, disons « l'anglais », et une grammaire sont co-extensives. « Once English, always English », comme on dit, pour les dialectes, registres, niveaux, variétés, créoles, tous considérés comme des déviations marginales que l'on peut expliquer en invoquant le principe de moindre coût pour la grammaire principale et non en les considérant en soi. Il est triste de voir des linguistes adopter le point de vue d'une directrice d'école de Birmingham, en Angleterre, qui comprenait les problèmes des enfants d'immigrants venus de l'Inde, qui parlaient chez eux « *une langue différente* », mais pas ceux des enfants d'immigrants des Antilles, dont le créole parlé à la maison n'était pour elle que « *du mauvais anglais* » (communication personnelle de Virginia Hymes). Un tel point de vue est regrettable, tant sur le plan social que sur le plan scientifique, car il empêche de voir qu'il y a là une adaptation créatrice, la naissance de nouveaux rapports, les véritables rapports entre des traits linguistiques qui existent réellement. Certains de ceux qui étudient les langues dravidiennes ou indo-aryennes n'auraient examiné le kannada, l'ourdou ou le marathi de la société de Kupwar que du point de vue de leur degré de déviation par rapport aux langues standard correspondantes. La véritable nature de la situation à Kupwar, ce qui y a été créé par adaptation mutuelle entre les trois langues principales, n'apparaît que lorsqu'on prend comme point de départ non pas une langue donnée, mais la communauté elle-même ; c'est-à-dire lorsque l'on reconnaît que **l'extension du contenu et de l'emploi de tout ensemble de moyens linguistiques est, dans son principe même, problé-**

matique, et doit être déterminée, de façon empirique, dans chaque cas étudié.

Dans un cas extrême, ce qui est considéré comme « anglais » dans le répertoire d'une communauté peut n'être constitué que par une ou deux formes marquées phonologiquement, utilisées pour une formule d'adresse (par exemple, chez les Iwam de Nouvelle Guinée (communication personnelle de Robert Conrad)). De façon plus générale, il est clair que les ressources traditionnelles de l'anglais ont reçu et continuent à recevoir des configurations distinctives dans cette vaste partie du monde, en dehors de l'Angleterre et des Etats-Unis, où l'on trouve aujourd'hui la majorité des locuteurs anglophones. De même que la glose d'un mot dans une autre langue est mise entre guillemets afin de ne pas suggérer que la signification en est ainsi rendue de façon adéquate, de même les noms de langues devraient être mis entre guillemets, jusqu'à ce que leur statut en termes de connaissance et d'emploi dans la communauté soit analysé de façon adéquate. Un nom de langue, tel que « l'anglais », identifie la provenance des moyens linguistiques (ou du gros des moyens linguistiques) en question, rien de plus. En fait, il semblerait sage de limiter l'usage du terme « langue » et de son corrélat « dialecte » à des contextes où seule la provenance est en question. Le savoir et l'emploi dans la communauté restent problématiques et révéleront peut-être de nouvelles formes d'organisation des matériaux hérités. En d'autres termes, les facteurs socio-culturels sont constitutifs, fondamentaux.

Un cas frappant pour ce qui est des dialectes est celui de la ville de New York. Si l'on considère comme équivalents dialecte et communauté linguistique homogène, les occurrences de /r/ après voyelle dans les productions de new yorkais individuels paraissent chaotiques et New York semble constituer une zone d'anarchie dialectale. Lorsqu'on les étudie en opérant un contrôle du contexte et des positions sociales, comme dans l'œuvre révolutionnaire de Labov (1966), on découvre un système sous-jacent qui indique que New York constitue une communauté linguistique en termes de normes partagées pour l'évaluation de la variable /r/ (et de quelques autres). Notons au passage l'affirmation suivante de Labov : « *l'un des éléments principaux de la structure sous-jacente de la communauté linguistique new yorkaise (est) une insécurité linguistique marquée* » et encore : « *la haine linguistique de soi-même qui caractérise le new yorkais moyen donne leur motivation à beaucoup des autres types de comportement (linguistique) étudiés dans ce livre* » (1965 : 479-80). Le rôle constitutif des facteurs socio-culturels quant à la compétence, jusque sur le terrain familier de la linguistique stricto sensu est mis en évidence par Labov lorsqu'il écrit :

> « *L'affirmation selon laquelle les locuteurs natifs perçoivent les distinctions phonémiques beaucoup mieux que celles qui ne le sont pas n'a pas été confirmée par les données recueillies. En réalité, on pourrait affirmer que l'aptitude à percevoir ces distinctions est déterminée dans une très large mesure par la*

signification sociale qu'elles peuvent avoir pour le récepteur » (1965 : 102, n. 12)[11].

Encore une fois, la nature, l'existence même d'une communauté linguistique n'est pas donnée par l'existence d'une « langue » commune, mais par ce que les membres d'une communauté particulière ont fait des moyens linguistiques reçus, du point de vue de ce qui les unit et de ce qui les différencie des autres. Cet aspect « créatif » ou « émergent » de l'emploi des ressources langagières est d'importance fondamentale dans la constitution des communautés linguistiques et est essentiellement de l'ordre du social.

On pourrait continuer à maintenir que New York, ainsi que d'autres villes ou régions, fait partie d'une communauté linguistique plus large, dans un sens lâche du terme. Malgré des différences importantes et les limites géographiques locales, des millions de gens, à New York et ailleurs, continuent à pouvoir communiquer entre eux en vertu d'une connaissance commune de l'anglais. En d'autres termes, le linguiste pourrait peut-être faire abstraction de toute considération locale et réduire la signification fonctionnelle de la notion de communauté linguistique à la propriété minimale **d'intelligibilité mutuelle.** Une telle réduction est en fait implicite, dans ce qui est dit du rapport entre langue, interaction et communauté, dans les définitions importantes que donnent de la langue Bloomfield (1926) et Bloch (1948) et dans l'affirmation de Chomsky concernant l'objet de la théorie linguistique.

Malheureusement, même ainsi réduite, une compréhension aussi minimale de la notion de communauté linguistique n'est pas opératoire. Le contenu d'une grammaire ou d'une tradition linguistique reçue n'est pas le seul élément qui détermine son rôle fonctionnel. Premièrement, la présence de ce qui apparaît à l'œil linguistique comme une identité de langue ou de dialecte ne prédit pas l'existence d'une communauté linguistique ou d'une intelligibilité. Le même degré de différence ou de ressemblance peut être vu dans un cas comme un lien et dans un autre comme une barrière (cf. Wolff 1959 ; cf. Hymes 1968 a pour une analyse générale des mesures linguistiques et de l'intelligibilité mutuelle par rapport à ces barrières)[12]. Deuxièmement, même dans une communauté donnée, l'intelligibilité mutuelle peut être détruite par des opérations métalinguistiques qui engendrent des codes de dissimulation, à partir

---

11. *Une formulation plus générale consisterait à affirmer que la perception des distinctions est déterminée dans une large mesure par leur signification contrastive-identificationnelle et que cette signification peut être de deux types, nommés ici « référentiel » et « stylistique » (voir le chapitre IV du présent ouvrage). On peut s'attendre à ce que les individus, les contextes, les communautés, différent quant à la pondération entre ces deux types de signification. Des exemples de la perception d'allophones (distinctions non-phonémiques) ayant une signification sociale en bengali et en allemand de Suisse et de l'usage créatif, en conséquence, d'un compromis neutre, sont cités dans Hymes 1964 c : 450.*

12. *Wolff et Hymes montrent le rôle des attitudes et d'autres facteurs sociaux, mais le principe est parfois vrai en vertu de facteurs purement linguistiques. Une certaine direction dans l'évolution d'un des deux dialectes ou langues apparentés peut résulter dans une intelligibilité non réciproque, c'est-à-dire que les membres d'une communauté peuvent comprendre ceux de l'autre, mais pas vice versa. La distance ou proximité entre les deux ensembles est bien sûr la même d'un pôle comme de l'autre.*

des moyens communs. Ces opérations sont parfois purement formelles, allant des règles très simples qui produisnt le « Pig Latin » à partir de l'anglais courant, jusqu'aux règles tout à fait complexes que l'on rencontre chez certains peuples des Philippines. Parfois, ce qui est manipulé, c'est l'un ou l'autre des pôles du rapport forme-signification, de telle manière que soit de nouvelles significations sont attribuées à des formes communes, comme cela arrive souvent en argot, par exemple, soit de nouvelles séquences grammaticales sont attribuées à des significations communes, comme dans certaines langues rituelles de cérémonie ou de guerre chez les Indiens du sud-ouest des Etats-Unis. Le monde est plein d'argots et de langues cérémoniales générées par de telles opérations. Il est bon de noter en passant que de tels codes sont très souvent inventés par des adolescents ou leur sont enseignés ; nous avons peut-être là un aspect du langage qui, d'une certaine façon, convient particulièrement aux préadultes. Ces codes ne sont pas fondamentalement différents de ceux d'une situation comme celle de Kupwar, examinée plus haut, où un changement lexical à l'intérieur d'une syntaxe qui reste, pour la plus grande partie, une syntaxe commune, produit l'inintelligibilité et maintient des barrières entre groupes dans certaines circonstances. Les barrières dûes au lexique sont bien connues dans notre société (cf. Grove 1950). D'autres traits linguistiques peuvent également empêcher l'intelligibilité, par exemple la rapidité de l'un des deux styles principaux parmi les Wolof du Sénégal, celui de la caste des orateurs publics, les *griots*. Dans un cas particulier, ce ne fut qu'après dix auditions répétées qu'un noble put décider qu'un griot de la même région qui lui était en train de parler wolof et non pas mandingue, lanque proche du wolof (manuscrit de Irvine).

Non seulement il est possible que l'inintelligibilité fasse intrusion parmi les sous-codes d'une communauté, mais elle peut s'étendre au-delà des frontières de cette communauté, selon le degré de congruence d'un nombre suffisant de traits de la situation de communication. Il n'est pas nécessaire que tous ces traits soient tout à fait semblables, pas même le trait que les linguistes prennent généralement comme étalon, à savoir le lexique (voir l'exemple australien cité in Hymes 1968 a). En particulier, l'intelligibilité est sensible non seulement aux moyens linguistiques mais aussi à des éléments tels que les normes touchant aux thèmes de conversation conventionnels, aux séquences de thèmes, etc. Des communautés voisines peuvent avoir en commun certains traits linguistiques et donc faire partie de ce que l'on a appelé *Sprachbund* ; elles peuvent aussi avoir en commun des traits sociolinguistiques et donc faire partie de ce que l'on a appelé *Sprechbund* (terme dû au linguiste J. Neustupny). Ces deux ordres peuvent diverger. En général, donc, l'intelligibilité mutuelle dépend des traits linguistiques et sociolinguistiques que les communautés ont en partage. Des individus ayant en partage les mêmes règles de grammaire mais non les mêmes règles de conversation ne pourront pas communiquer. Ceci montre qu'une communauté linguistique a une base sociale, par nature et par définition, indépendamment même de toute considération relative à la diversité inhérente aux compétences. Quand nous établissons un rapport entre la notion de communauté linguistique et celle de compétence, nous devons préciser que **les membres d'une communauté linguistique ont en partage une compétence des deux types,** un savoir linguistique et un savoir sociolinguistique ou, en d'autres termes, **une connaissance conjuguée de normes de grammaire et de normes d'emploi** (cf. Hymes 1967 a, développé in Hymes 1972 c où, autant que je sache, cette analyse de la communauté linguistique a été présentée pour la première fois) *.

Nous ne devons toutefois pas oublier qu'un savoir partagé, même s'il s'agit d'un savoir sociolinguistique, ne crée pas « naturellement » une communauté. En ce qui concerne le savoir linguistique, Wolff (1959) rapporte un cas au Niger, où les membres d'un groupe, aussitôt qu'ils reconnaissent un dialecte apparenté au leur, refusent de le comprendre, ne voulant pas être identifiés à son statut inférieur. En ce qui concerne le savoir sociolinguistique, chez les Busama de Nouvelle Guinée, deux groupes contigus partagent une langue et les normes du discours, mais, en raison d'une hostilité traditionnelle, chacun des groupes refuse de traiter les membres de l'autre comme des gens auxquels appliquer dans l'échange les conventions habituelles de politesse. Les frictions ou insultes qui en résultent, ne prêtant à aucune erreur d'interprétation puisque les groupes partagent le même savoir, maintiennent des barrières entre eux. Ces cas rendent manifeste, encore une fois, que l'extension d'un ensemble de moyens et de leur emploi est problématique et ne sera complètement déterminée que par les individus eux-mêmes. Un des aspects créateurs de l'emploi d'une langue, et non des moindres, est l'aptitude à créer une communauté ou à créer une barrière, en décidant si et quand telle différence — comme dans le cas du Niger — ou telle similarité — comme dans le cas de la Nouvelle Guinée — sera prise en compte.

La notion duelle, intégrée, de communauté linguistique, comme comprenant à la fois des moyens et des emplois, rend possible une analyse adéquate de la nature des communautés linguistiques, de leurs types, de leurs causes, et autorise des généralisations valides à leur propos. Ce qu'une analyse de ce genre rend crucial, c'est l'étude des moyens linguistiques en relation aux fins qu'ils servent. Le rapport entre moyens et fins, structure et fonction, est problématique. La linguistique a appris cette leçon en ce qui concerne la phonologie ; malgré les efforts tendant à une analyse purement interne de la phonologie, c'est-à-dire en termes de rapports distributionnels, il n'a pas été possible de se passer du rapport fonctionnel fondamental de contraste, de pertinence pour l'identification des éléments à des niveaux supérieurs. Plus récemment, beaucoup de linguistes ont constaté que cette leçon s'appliquait, non seulement aux efforts tournés vers une étude de la phonologie tout à fait indépendamment de l'organisation des éléments à d'autres niveaux, mais aussi aux efforts tournés vers une étude de la syntaxe indépendamment de sa pertinence pour l'identification et l'organisation des éléments

* Voir la N.D.T. de la page 41.

au niveau de la sémantique et des actes de parole. L'effet de notre analyse est d'affirmer que la leçon est absolument générale. En particulier, on ne peut pas traiter de la catégorie conventionnelle des langues particulières ni de la catégorie « une langue », en soi et pour soi, sans référence à l'organisation fonctionnelle des moyens linguistiques dans une communauté. Et, en dernière analyse, c'est de ces rapports fonctionnels qu'il faut partir. Ce n'est qu'en partant de la communauté linguistique et en examinant l'organisation des moyens linguistiques de ce point de vue que nous pouvons appréhender de façon correcte ce qu'il y a de généralisable sur le plan descriptif et arriver aux dimensions universelles et comparatives des types de communication et des types d'organisation des moyens linguistiques.

Tout ceci paraît peut-être évident à l'heure actuelle mais a pourtant souvent échappé à la théorie linguistique. Récemment, Weinreich, Labov et Herzog (1968) ont montré que plusieurs générations de linguistes n'ont pas pu expliquer, ni même décrire correctement, le changement linguistique ordinaire — particulièrement les changements phoniques — pour n'avoir pas reconnu la diversité normale existant au sein de toute communauté linguistique. Et cette situation a très généralement prévalu pour tout ce qui est de décrire et d'expliquer l'organisation des moyens linguistiques par rapport aux communautés.

Une bonne part du problème tient peut-être au fait que le seul terme « langue » a tellement de sens différents : la grammaire définie par un modèle linguistique ; la provenance ou le lignage historique des moyens mis en œuvre par une grammaire ; le fonctionnement supposé de la langue commune dans une communauté donnée. Les linguistes peuvent parler d' « une langue » ou de n'importe quelle langue particulière (par exemple « l'anglais ») dans tous ces sens différents. Un début de clarification pourrait consister à n'utiliser **langue** ou **dialecte** (pour des langues et des dialectes particuliers) que lorsqu'il est question de leur provenance et en observant le même genre de restriction pour les noms de langues. Parler de « la langue anglaise », par exemple, serait identifier les moyens linguistiques dérivés de la tradition historique connue sous le nom d'anglais, sans préjuger de leur organisation ni de leur rôle grammatical ou fonctionnel. Lorsqu'il s'agit de la fonction minimale d'intelligibilité, alors **code** ou **sous-code** auraient leur usage le plus approprié. Pour le rôle fonctionnel par rapport au contexte, deux termes sont devenus relativement courants : **registre,** pour une organisation des moyens linguistiques par rapport à un type récurrent de situation et **variété,** pour une organisation des moyens linguistiques associés à un groupe social ou à un ensemble de situations. Ainsi, on entend parler de registres formels ou informels, mais de variétés standard ou non-standard, haute ou basse, de caste ou de classe. Le chapitre suivant développera ces distinctions et ces termes. Ce sur quoi il faut insister ici, c'est sur l'idée que **grammaire** ne devrait jamais devenir l'équivalent de **langue, théorie grammaticale** l'équivalent de **théorie linguistique.** Car ce que nous examinons ici, ce sont les fondements de la théorie linguistique, des fondements qui sont plus profonds que la grammaire.

Une source majeure de difficultés a été jusqu'ici de ne pas reconnaître l'importance pour la théorie linguistique de beaucoup de phénomènes bien connus, parce qu'ils ont été traités à part et sous des noms différents. Ainsi, le bilinguisme a été considéré comme un phénomène particulier faisant problème, au lieu d'être traité comme manifestation flagrante du phénomène général qu'est la sélection entre plusieurs moyens linguistiques disponibles. La véritable catégorie est celle de **répertoire verbal** (idée développée principalement par John Gumperz). Du point de vue du répertoire verbal, ce qui est marqué par le choix d'une langue plutôt que d'une autre dans un cas peut être marqué par le choix d'un pronom ou d'une autre forme de politesse dans un second cas, et par un autre choix encore dans un troisième. Il est peut-être utile de distinguer entre les « changements de code », les « changements de styles » et autres phénomènes de ce genre, mais le point de vue général, sur le plan descriptif, est celui du répertoire verbal des locuteurs dans une communauté, de l'organisation des moyens linguistiques dans cette communauté, et des axes selon lesquels les choix des moyens sont effectués. Beaucoup de phénomènes traités séparément sous des rubriques telles que multilinguisme, diglossie, langues standard, littéraires ou religieuses, acculturation linguistique, pidginisation et créolisation, etc. devraient être examinée ensemble, comme relevant tous en partie des problèmes de répertoire. Trop souvent, ils ont été considérés par les théoriciens comme intéressants peut-être mais marginaux. De notre point de vue, nous pouvons nous rendre compte non seulement qu'ils sont en effet intéressants, mais surtout qu'ils révèlent les caractéristiques fondamentales de l'organisation des moyens linguistiques. (Weinreich 1953 reste un point de départ indispensable pour l'examen de ces problèmes ; Hymes 1966 montre que les analyses de fonction effectuées à propos de cas particuliers ont une portée générale (dans une application aux communautés linguistiques des concepts relatifs aux langues).

Si les linguistes ont eu tendance à faire un sort à part à la diversité linguistique, ils ont plus encore mis à l'écart les phénomènes de convergence de langues. La répartition des fonctions entre les langues à l'intérieur d'une communauté a toujours été relativement visible ; la répartition de fonctions entre des moyens d'ordres différents, dont la langue n'est qu'un parmi d'autres, est devenue plus visible qu'elle ne l'était ; mais le mélange de langues, de moyens de provenance diverse au service d'une même fonction a été le phénomène le moins visible jusqu'ici. Même une œuvre aussi réfléchie que celle de Weinreich (1953) donne à ces mélanges le nom péjoratif d'« interférence » alors que, dans de nombreux cas, il y a lieu d'y voir une intégration, un aspect créateur de l'usage linguistique qui est plus général que toute tradition linguistique isolée. Comme exemples, il y a le discours oratoire macaronique décrit dans Abrahams 1972, le discours de table allemand/latin de Luther, les lettres de Mozart [13] et le discours composite de beaucoup de cercles dans l'histoire européenne ; et aussi une grande partie de l'organisation rituelle d'une langue. L'intégration qui s'opère dans la formation des pidgins complètement développés et des créoles est peut-être l'exemple le plus frappant de tous.

L'habitude de pensée qui conduit à écarter ce qui semble importun, plutôt que d'en saisir la signification pour une théorie plus générale a affecté l'étude des rôles sociaux plus encore que celle des variétés linguistiques. L'organisation distinctive du discours en termes de rôles des hommes et des femmes, par exemple, n'a été remarquée que quand elle s'est introduite au cœur de la grammaire ordinaire, et quand on lui a consacré des articles spéciaux (cf. la discussion in Hymes 1971 b : 69-7., 78). Ce phénomène est parfois extraordinairement flagrant, en effet, comme dans le cas du caribe des îles (Je dois cet exemple à un manuscrit de Douglas Taylor : *The languages of the West Indies* — Les langues des Antilles) :

« *Tous les noms qui se réfèrent à des choses abstraites, par exemple ceux qui veulent dire « danse », « nuit », « jalousie », etc. et tous les noms verbaux sont traités comme étant masculins par les femmes et féminins par les hommes* ».

Mais l'importance de la différence entre les rôles des hommes et ceux des femmes dans toutes les sociétés donne à penser que leurs rôles en tant que locuteurs seront eux aussi différenciés dans toutes les sociétés, sinon toujours dans la grammaire ordinaire, du moins par certains autres moyens langagiers. Il serait étrange, et il est probablement faux, de conclure qu'il n'existe pas de différence dans 99 % des sociétés. Il est plus probable que cette différence a échappé aux linguistes, parce qu'ils ne se sont intéressés qu'à la grammaire ordinaire. Quand des différences de rôle apparaissent à ce niveau, elles sont mentionnées en tant que contextes nécessaires mais pas autrement. C'est généralement le rapport entre les noms et leurs référents et non entre les noms et leurs usagers qui sert de base à la pratique linguistique.

Aujourd'hui, le souci d'évaluer le rôle des femmes dans la société, y compris sur le plan linguistique, fait apparaître les insuffisances de cette pratique et tend aussi à indiquer que les pronoms, plutôt que les noms ou les verbes, constituent le meilleur point d'ancrage dans la langue pour une théorie générale. De tels « embrayeurs » (« shifters », comme les appelaient Jespersen et Jakobson), en combinant la référence à un rôle fixe et à un individu-en-situation, fournissent un petit paradigme pour une étude intégrée de la langue comme phénomène social (Michael Silverstein travaille à développer ce point de vue). En tout cas, il reste que des généralisations et comparaisons adéquates ne sont possibles que lorsqu'on part du contexte ou du rôle social et que l'on examine le

---

13. « *Les lettres de Mozart qui, maitrisant trois langues, pouvait ajouter à une phrase en français une autre phrase en italien et une troisième dans le dialecte de Salzburg, et se moquer des trois langues en même temps.* » *(Jacob 1950 : 138).*

déploiement des moyens linguistiques par rapport à ce contexte ou à ce rôle. La communauté linguistique est la catégorie sociale la plus générale pour ce type d'étude.

Lorsque nous partons de la communauté linguistique et que nous examinons l'organisation des moyens linguistiques, ce que nous voyons, en tant que linguistes, peut être le langage, une langue ou une série de langues ; mais si nous allons plus loin — ou, en fait, plus près — ce que nous voyons, ce sont des individus qui parlent ou ne parlent pas et, quand ils parlent, qui parlent d'une certaine façon à un certain moment, d'une autre façon à un autre moment (J'emploie **parler** comme terme général pour désigner tous les usages des moyens linguistiques). Ce dont nous avons besoin, c'est d'une méthode qui puisse définir les normes ou règles qui gouvernent les actes et les façons de parler. Dans le prochain chapitre, je développerai la notion de styles et j'étendrai la perspective stylistique a des zones où la théorie actuelle n'est ni adéquate ni générale.

Chapitre 4

Notre point de départ est la notion de communauté linguistique comme « organisation de la diversité » ; il nous faut des concepts et des méthodes qui nous permettent d'analyser cette diversité, cette organisation. Mais la pierre d'achoppement reste que les types d'organisation mis au point par les linguistes présupposent la grammaire comme cadre de référence. (Par « grammaire », j'entends ici le genre « grammaire »). Depuis que l'antiquité classique l'a inventée, la grammaire a été marquée par l'assimilation qu'on en fait à l'analyse d'une norme unique, plus ou moins homogène. Longtemps, le choix d'une norme a été déterminé par des contraintes sociales. Comme la grammaire, la linguistique prit naissance pour disséquer et enseigner cette seule langue ou variété de langue qui représentait une tradition culturelle valorisée (le grec homérique, le sanskrit des Védas, le chinois des classiques confuciens, etc.), pas n'importe quelle langue donc ; ou, plus exactement : aucune autre langue. La grammaire, comme la langue, était un instrument d'hégémonie. Plus récemment, le choix d'une norme a souvent été déterminé par des facteurs intrinsèques à la pratique linguistique. Bien que l'origine et l'appartenance de classe des linguistes favorisent le « standard » des écoles, on a aussi pris en considération la simplicité, la clarté, la plénitude ou tout autre critère de nature à favoriser la tâche linguistique elle-même. Les linguistes ont souvent fait preuve d'autant d'esprit de décision que les maîtres d'école quand il s'est agi d'exclure certaines réalisations. Chez le maître d'école, ce type d'exclusion a pu être effectué pour des raisons de prestige ou de pédantisme ; chez les linguistes, il est possible que cela ait été, le plus souvent, dans l'intérêt d'un certain modèle théorique ou pour obtenir un résultat élégant. Mais, pour ce qui est des régularités langagières d'une communauté dans son ensemble, les conséquences n'ont guère été différentes : dans un cas comme dans l'autre, nombre de ces régularités, ou bien sont purement et simplement ignorées, ou bien ne peuvent être traitées qu'en termes de déviation par rapport à une norme privilégiée. Elles ne sont pas analysées pour elles-mêmes.

Bien entendu, si les membres d'une communauté considèrent eux-mêmes certaines habitudes de parole comme autant de déviations, de mélanges, de phénomènes marginaux, etc., ce fait est loin d'être dépourvu de signification ; mais nous ne voulons pas tomber dans le piège qui consisterait à traiter comme déviants certains phénomènes, simplement en raison des insuffisances du modèle auquel nous faisons appel. Là où les membres d'une communauté trouvent naturels tels ou tels fonctionnements langagiers, nous ne voulons pas avoir à les faire apparaître, nous, comme contre nature.

Le terme disponible pour un autre point de départ est celui de **style.** Je suggère de poser d'abord qu'une communauté linguistique comprend un ensemble de **styles.** Sous « style », je n'entends aucune des acceptions spécialisées qui ont pu être données à ce terme protéen, mais simplement le sens initial de « façon ou manière de faire quelque chose ». Nous devons utiliser ce terme de façon neutre, générale, pour toute façon, manière ou mode, toutes les façons, tous les modes.

Une démarche pour traiter des styles de parole a récemment été proposée par Ervin-Tripp (1972) sur la base des travaux de Gumperz (cf. Gumperz 1972 : 21). De telles propositions s'inscrivent dans l'histoire de la construction d'appareils conceptuels descriptifs en linguistique. On peut envisager cette histoire comme la découverte successive d'universaux concrets permettant de rendre compte du langage en termes adéquats à un système spécifique et pourtant applicables à tous les systèmes ; c'est-à-dire en termes non biaisés par un contexte donné et assurant ainsi le passage entre des systèmes particuliers et une théorie générale, sans préjudice pour celle-ci ni pour ceux-là. En phenologie, on trouve ainsi le concept de phonème, puis celui de trait distinctif. En morphologie, il y eut la généralisation du concept de morphème à toutes les composantes d'une langue tout comme de termes désignant les différentes catégories, processus et type grammaticaux. Pour une bonne part, ce travail est l'œuvre de Boas, de Sapir, de Bloomfield et de leurs disciples ; il répondait au souci d'étendre à l'infini le nombre des langues à décrire. Plus récemment, en syntaxe et en sémantique, des tentatives du même ordre ont poussé plus avant encore la recherche des universaux de la grammaire, même si cela s'est parfois fait au détriment des systèmes spécifiques. Aujourd'hui, nous en sommes au point où c'est le concept même de grammaire qui doit être transcendé.

Au cours des dernières décennies, un certain nombre de linguistes ont pris conscience de cette voie ouverte — par exemple Whorf, Firth, Harris, Joos —, mais leurs intuitions n'ont pas été suffisamment suivies. (Sur ce point et d'autres points de ce chapitre, voir Hymes 1970). On a étudié certains styles rapportés à divers cadres de référence (auteurs, contextes, groupes), mais pas le style lui-même comme base générale de description. Et on s'est fréquemment servi de la notion de style de façon ad hoc, simplement pour sauver l'analyse grammaticale ordinaire — il en va souvent de même pour l'usage fait des différences de rôle ou de statut (voir Hymes 1970).

Ervin-Tripp a aujourd'hui généralisé la portée de deux principes de la linguistique moderne, les rapports syntagmatiques et paradigmatiques, et les a libérés de toute dépendance à un secteur particulier de la grammaire ou à un modèle grammatical formel. Elle construit deux notions, celle de **règles de co-occurrence** et celle de **règles d'alternance.** L'idée, évidente après coup mais pourtant nouvelle et libératrice, est que tous les traits qui concourent à caractériser un style de parole, sont spécifiables en termes de **règles de co-occurrence,** et que le choix entre différents styles est définissable en termes de **règles d'alternance.** Le premier concept donne un statut systématique aux procédures de sélection et de groupement des ressources linguistiques qui sont effectivement à l'œuvre dans une communauté ; le second concept libère les styles ainsi obtenus de toute liaison mécanique avec une situation de définition particulière. On reconnaît que les individus choisissent eux-mêmes parmi ces styles et que leurs choix ont une signification sociale. C'est à partir d'une conception de ce type que tout un ensemble de phénomènes traités séparément jusqu'ici sous des rubriques telles que bilinguisme, diglossie, parlers standards, etc., peut être abordé de façon intégrée.

Ces notions sont très concrètement explicitées dans l'étude d'Ervin-Tripp (1972). Et je voudrais ici les prendre pour base des trois chapitres suivants et examiner plus avant leurs rapports à la description d'une communauté linguistique : **a** il y a plus à dire à propos des styles de parole que ce que l'on identifie généralement sur le plan linguistique ; **b** le concept de style de parole a besoin d'être précisé et enrichi à l'intérieur d'une ethnographie de la parole ; enfin ; **c** la notion de style ne présente pas seulement une alternative à la notion de grammaire ; elle peut être appliquée à la grammaire elle-même, en tant que socialement constituée.

a Les deux fonctions élémentaires

Depuis près d'un demi-siècle, les linguistes américains considèrent comme fondamental à leur science le postulat selon lequel, dans une communauté linguistique, certains énoncés ont la même forme et le même sens (Bloomfield 1933 : 133 : 144 ; Swadesh 1948 : 257, n. 11 ; Postal 1968 : 7, 12, 217). C'est ce postulat qui leur a permis d'identifier des différences pertinentes, par opposition à des différences non-pertinentes, et ainsi d'identifier les unités élémentaires dont les rapports définissent une grammaire. Fait partie intégrante de cette option le corollaire selon lequel les différences pertinentes ne seraient que d'un seul type. Comme l'exprima une fois Bloomfield, si c'est un mendiant qui dit « j'ai faim » ou un enfant qui dit « j'ai faim » pour éviter alors d'aller se coucher, le linguiste ne s'intéresse qu'à ce qui est commun aux deux énonciations non à ce qui les distingue. De ce point de vue, les phrases en question comptent comme des répétitions. Mais « Tu as faim », « il a faim », « elle a faim », etc. compteraient comme des contrastes révélateurs sur le plan structurel quant aux formes grammaticales. « It's dungaree », prononcé de façon à rimer avec « hungry », serait un contraste révélateur sur le plan des traits phonétiques. « I'm hungary », rimant avec « hungry » et prononcé, peut-être, par un représentant d'un pays d'Europe de l'Est, serait un exemple d'homophonie entre des formes distinctes (comme dans « paire » et « père ») et soulèverait peut-être la question de différentiation contextuelle, des différences entre formes écrites et formes parlées de la langue, etc. Rien dans tout ceci n'ouvre la possibilité que des phrases comprenant les mêmes formes dans le même ordre constituent non une répétition mais un contraste. Et pourtant, de deux points de vue différents, des phrases peuvent être considérées comme identiques ou comme distinctes par la forme et par le sens.

Le second type de répétition et de contraste dans une langue a été particulièrement bien mis en valeur dans les travaux de Labov à New York (1966). L'un des aspects de ses recherches était précisément de déterminer dans quelle mesure des phrases successives présentant les mêmes formes dans le même ordre — d'un certain point de vue — ne constituent pas des répétitions, mais un contraste. La présence ou l'absence de constriction de r après voyelle dans un mot, voire, plus exactement, le degré de constriction de r, est variable dans le parler new-yorkais. Cette variation est associée au statut social d'une part et au contexte de l'autre. Dans des situations où le niveau de conscience de soi et d'auto-surveillance est sensiblement le même, des individus dont le statut social diffère, différeront aussi quant à la proportion de constriction de r — dans leur parler; complémentairement, pour des individus de statut social identique, voire pour le même individu, il y aura variation selon le niveau — plus ou moins élevé — de conscience de soi qu'entraîne la diversité des situations (comme en un sens, leur degré de formalité). Labov est allé dans plusieurs grands magasins, choisis pour les différences qu'ils présentaient entre eux quant aux statuts sociaux de leur clientèle et de leurs employés, et il demandait à chaque fois où il pouvait trouver quelque chose qu'il savait bien se trouver à l'étage au-dessus. L'employé répondait par une phrase où figuraient les mots « on the fourth floor » (« au troisième étage »). Labov disait alors « hein ? » ou quelque chose d'équivalent et l'employé répétait sa phrase. Les proportions de constriction du r — variaient selon les magasins, comme prévu, et aussi selon qu'il s'agissait de la première phrase ou de la phrase répétée. Il y avait une plus grande constriction du r — dans la seconde, probablement parce que le locuteur était plus conscient de ce qu'il disait.

Ces différences de constriction de r — sont importantes, elles ont un sens dans la communauté new-yorkaise. Les gens sont jugés et se jugent en fonction de ce trait linguistique et d'autres traits de ce genre. Non pas, bien sûr, qu'un tel trait constitue en soi une manifestation automatique d'identitié : comme indiqué plus haut, un même individu varie. Mais il a une signification sociale ; la présence d'une constriction du r — est valorisée et son absence dévalorisée dans l'assignation d'une position sociale. Qui plus est, la dimension créative de l'usage linguistique entre aussi dans certains cas en jeu. La présence du r — dans une phrase peut dans certains cas exprimer spontanément l'identité du locuteur ; elle peut aussi exprimer son attitude à l'égard du sujet, de l'interlocuteur ou de la situation. Un style moins marqué par le r — peut être adopté consciemment par un homme politique pour donner l'impression aux électeurs qu'il est des leurs, qu'il est un « type comme tout le monde ».

Et ce phénomène est général. Le langage enfantin n'est pas toujours utilisé par ou avec des enfants. Nous avons affaire à des traits susceptibles de marquer un contraste entre énoncés et ces traits donnent lieu à choix significatif au même titre que les types de traits généralement décrits dans les grammaires.

En bref, les styles de parole des communautés ne sont pas seulement composés de traits et d'éléments de la grammaire ordinaire, liés par des rapports différents. Ils sont aussi composés d'un autre type de traits et d'éléments. La compétence des membres d'une communauté inclut les deux types.

On pourrait distinguer entre ces deux types de répétitions et de contrastes en utilisant les termes « référentiel » et « stylistique », que j'utiliserai fréquemment comme étiquettes, par souci de brièveté. Nous devons veiller à ne pas sur-interpréter ces termes, ou toute autre paire de termes. Il faut voir dans les deux types de traits des traits **diacritiques** élémentaires, tenant à deux fonctions diacritiques élémentaires complémentaires qui sont constitutives des moyens linguistiques. La différence « référentielle » pertinente qui distingue à l'initiale les prononciations par ailleurs identiques sur le plan syllabique de « hungry » et « dungaree » ne fait rien de plus que différencier ; elle n'exprime aucune partie d'une signification relative à un état de l'estomac — ou de l'âme — ou relative au tissu d'un pantalon. De même, la différence stylistique pertinente entre « I'm hungry » prononcé avec une légère aspiration plus forte n'exprime pas en elle-même le sens particulier attribué socialement à ce contraste. Une différence d'aspiration est disponible comme trait stylistique en anglais, du simple fait qu'elle n'est pas employée comme trait référentiel (au contraire de l'hindi, ou /pil/ et /phil/ seraient des formes différentes du lexique, il s'agit en anglais d'une même forme lexicale exprimée différemment). Mais la différence d'aspiration, tout comme la longueur vocalique et d'autres traits stylistiques élémentaires en anglais, n'est précisément rien d'autre qu'élémentaire. On peut l'utiliser, tout comme on peut utiliser la différence entre /h/ : /d/, /p/ : /b/, etc., sur le plan diacritique. Dans un cas, cette aspiration peut être utilisée de façon métalinguistique, pour clarifier le sens d'un mot : « J'ai dit " phill ", pas " bill " ». Dans un autre cas, on peut l'utiliser pour exprimer une certaine attitude — emphase utilisée pour marquer l'insistance, l'hostilité, l'admiration, etc. Dans un troisième cas, on peut l'utiliser pour qualifier les attributs de quelque chose dont on parle, pour marquer combien ce quelque chose était grand, intense, etc. ; de tels usages touchent d'ailleurs de très près au sens référentiel d'une phrase : « *It was big, I mean, bi : : :g.* »

Ce dernier type de cas devrait en fait être rapproché d'autres modes de formulation. Les types de signification que nous considérons souvent comme d'ordre stylistique, expressif, attitudinal, etc., sont bien sûr fréquemment encodés dans le lexique et dans la grammaire d'une langue donnée. Il existe des mots pour les émotions et les tons de voix, des formes « expressives » dans la morphologie et la morphophonologie même (cf. Ullman 1953, Stankiewicz 1954, 1964, Van Hilkt 1962). Quand on examine les moyens linguistiques pour faire passer un type donné de signification, on trouve à la fois des traits « référentiels » et des traits « stylistiques ». Dans une très large mesure, les traits du type que j'ai appelé « référentiel » ont ce qu'on pourrait nommer un rôle de **désignation** et de **prédication** : nommer les choses dont on parle et dire des choses à leur propos. Pourtant, ce dont on parle peut aussi s'exprimer à l'aide de traits stylistiques (« *No, not that one, the bi : : :g one* »), et le statut logique et la valeur de vérité d'une phrase peuvent dépendre de façon cruciale de certains traits stylistiques, par exemple de traits qui définissent la phrase comme parodique plutôt que sincère. Dans une très large mesure, les traits du type que j'ai appelé « stylistique » ont ce qu'on pourrait nommer un rôle de **caractérisation** et de **qualification** : modifier les choses dont on parle et dire comment ce qui est dit à leur propos doit être pris. Pourtant, comme nous l'avons observé plus haut, il existe des moyens lexicaux et grammaticaux d'arriver à ces fins.

La situation est parallèle à celle du lexique par rapport à la grammaire. Saussure faisait remarquer qu'une théorie générale du langage ne pouvait se limiter à l'un ou l'autre parce que ce qui est accompli dans une langue par des moyens lexicaux l'est dans une autre par des moyens grammaticaux et inversement. C'est la même chose à un niveau plus profond pour ce qui est des vecteurs « référentiel » et « stylistique » d'une langue. Dans un système donné, les traits et structures des deux s'entrelacent, s'imbriquent, pourrait-on dire. Dans une comparaison entre systèmes langagiers du point de vue des fonctions qu'ils remplissent, il faut prendre en considération les deux vecteurs, sinon une partie des moyens verbaux d'une communauté, et, avec eux, certains aspects essentiels d'une théorie générale seront laissés pour compte.

Examinons l'aspiration en anglais, par exemple. Si l'on considère uniquement l'aspect référentiel, ce n'est pas un universel phonologique : certaines langues l'ont, d'autres pas. Si l'on considère l'aspect référentiel et l'aspect stylistique, il est tout à fait possible que toutes les langues l'emploient comme moyen conventionnel d'expression. En fait, j'irais jusqu'à formuler l'hypothèse qu'un certain nombre de traits qui ne sont pas reconnus comme universels aujourd'hui apparaîtront comme tels, dès lors qu'on tiendra aussi compte du vecteur stylistique du langage. La première question à poser à propos d'un trait est donc de savoir s'il fonctionne ou non comme moyen conventionnel dans toutes les communautés. C'est une autre et seconde question de savoir s'il a une fonction référentielle — comme distincte d'une fonction stylistique. Comme l'usage référentiel et l'usage stylistique des traits sont interdépendants à l'intérieur de chaque système et comme la fonction stylistique elle-même est universelle, le nombre de traits qui ont un usage stylistique quand ils n'ont pas un usage référentiel, et qui, par conséquent, sont vraiment universels, est probablement important.

D'autres candidats au statut d'universel linguistique incluent la longueur vocalique, le redoublement, l'accent tonal, la syllabation, l'ordre des mots et certaines propriétés comme, par exemple, un système vocalique minimal. En wasco, une analyse purement phonologique qui tenterait d'éliminer toute redondance pourrait arriver à un système à trois voyelles (/i/, /u/, /a/). Pourtant, on ne peut guère utiliser le wasco correctement sans une voyelle qui sert principalement à l'emphase rhétorique, comme dans les autres dialectes chinookiens, le /ae/ antérieur fermé (cf. l'anglais « hat »). Généralement, une analyse phonologique qui cherche à éliminer toute redondance et à ne découvrir dans une langue que des systèmes de différences rejette certains traits essentiels à la communication. Un trait phonologique « redondant », du strict point de vue de l'économie du système, pour distinguer les mots entre eux peut pourtant marquer un parler comme normal ou natif et contraster avec son absence. (Essayez donc de parler français sans utiliser la sonorisation redondante des nasales (/m/, /n/, /r/); un cas révélateur à ce propos est analysé in Hymes 1970). Les mots d'emprunt à particularités phonologiques, bien qu'écartés de certaines analyses « économiques », sont malgré tout utilisés dans la communauté considérée. Moins une langue possède de voyelles « phonémiques » — à base référentielle —, plus il est probable que cette langue fait usage d'autres voyelles à des fins stylistiques. En somme, les analyses phonologiques dont nous avons besoin, c'est-à-dire des analyses adéquates à la compétence phonologique réelle des individus, devraient nous en donner bien plus que ce que nous donne d'habitude la phonologie.

Il faut noter que l'approche la plus englobante nous permet d'arriver à des interprétations plus fécondes aussi bien dans des cas particuliers que sur le plan de l'universel. Depuis un certain temps, les linguistes débattent pour savoir si le concept de syllabe est nécessaire ou utile à l'analyse de certaines langues. Pour ma part, je serais porté à estimer que la syllabation est une aptitude qui fait partie de la compétence de tout membre normal de toute communauté linguistique, c'est-à-dire que c'est un trait universel. On se rendra compte que les communautés diffèrent les unes des autres non pas par la présence ou l'absence de syllabation, mais quant à la détermination de son rôle. Dans certaines communautés, la syllabe semblera fondamentale à une analyse phonémique ordinaire ; dans d'autres, on verra qu'elle est essentielle à l'analyse de certains styles, styles d'emphase et de clarté métalinguistique par exemple, ou de jeux linguistiques, d'art verbal. Les débats à propos du statut de la syllabe n'ont en fait été possibles que parce que la conception prévalente de la structure et de la compétence a été jusqu'à présent trop étriquée.

Autre exemple : dès lors que l'on accepte que le « style manchette » fait partie de la compétence en anglais (« man bites dog »), on trouvera artificiel de postuler la présence d'articles dans une syntaxe sous-jacente de l'anglais (« A man bites a dog ») comme on le fait dans les démarches actuelles dérivées de Chomsky. On verra que les rapports élémentaires sont ceux existant entre « man », « bite », et « dog » et la présence ou l'absence d'articles sera considérée comme un fait secondaire, dépendant du style du discours en question. On a perdu sans raison beaucoup de temps à essayer de rendre compte de l'article en anglais sur des bases trop étroites.

Il est donc dans l'intérêt de la linguistique tout court, aussi bien que dans celui de la sociolinguistique, de reconnaître la nature duelle des fonctions diacritiques élémentaires du langage.

b Structures et usages

Les styles de parole, avons-nous dit, comprennent des traits et des constructions de deux types, référentiel et stylistique. Je voudrais maintenant en venir à la place des styles de parole dans l'ethnographie de la parole. Opérons d'abord une distinction supplémentaire entre les types de fonctions de la parole. Les deux fonctions diacritiques élémentaires font partie de ce que l'on nomme généralement les **fonctions structurelles**, qui sont différentes des **fonctions d'usage**. (Nous nous conformons ici, pour plus de commodité, à la distinction courante établie entre la structure d'une langue et son usage). Les fonctions « structurelles » ont à voir avec la nature des traits verbaux et leur organisation, les rapports qu'ils entretiennent, en un mot, avec les moyens verbaux de la parole et leurs significations conventionnelles, dans la mesure où celles-ci sont données par ces rapports. Les fonctions « d'usage » ont à voir avec l'organisation et la signification des traits verbaux en fonction de contextes non linguistiques. Les deux sont interdépendants, mais il est utile de les distinguer. On peut probablement considérer que les règles de co-occurrence ont à voir avec les fonctions structurelles et les règles d'alternance avec les fonctions d'usage. En d'autres termes, une analyse des règles d'alternance implique une analyse des composantes d'un usage en contexte, par exemple les caractéristiques pertinentes des participants à un événement de parole, celles du cadre, du canal, etc. (voir Hymes 1972 pour une analyse heuristique des composantes des événements de parole). Le principe de contraste pour l'identification des traits pertinents (par opposition à des répétitions) doit également être appliqué ici mais les traits de la situation ne sont pas verbaux.

Rapports entre structures :

Remarquons que les règles de co-occurrence définissent les styles de parole de façon très générale et extrêmement ouverte. On ne saurait mettre en évidence, de façon mécanique, les styles de parole pertinents d'une communauté, car on pourrait noter un nombre infini de différences et de co-occurrences putatives. Il faut découvrir des différences pertinentes en fonction d'une analyse des contextes. Sans aucun doute, les communautés diffèrent quant à l'importance relative, au « rendement fonctionnel » de contextes particuliers et des composantes de ces contextes dans la détermination des styles. Les individus ou les rôles individuels peuvent apparaître comme un facteur majeur pour ce type de détermination dans une communauté, moins dans une autre. Il en va de même pour les contextes d'activité professionnelle, l'appartenance à un groupe et les cadres institutionnels. Il y a ici un parallèle possible, bien sûr, avec les différences existant entre les langues quant à l'importance relative des catégories sémantiques dans l'organisation grammaticale (temps, aspect, mode, personne, forme, etc. — cf. Hymes 1961 b pour un schéma expérimental de comparaison). Pour les significations sociales tout comme pour les significations référentielles, il faut partir d'un cadre général et s'attendre à ce que certains types de significations soient exprimés dans chaque communauté, même si c'est par des moyens différents ou à des degrés différents d'élaboration. Il est des cas où les rôles des hommes et des femmes peuvent trouver des réalisations évidentes dans la grammaire ordinaire ; dans d'autres cas, ils se manifestent dans des styles fortement organisés regroupant tout un ensemble de traits ; dans d'autres cas encore, ils ne sont que très peu marqués dans les moyens verbaux de la communauté. De même, les fonctions de deixis et de cohésion textuelle peuvent, selon les communautés, distribuer très différemment des traits référentiels et des traits stylistiques, voire devenir le principe ou l'axe majeur d'un style ou d'un autre.

En somme, les communautés diffèrent quant au nombre et à la variété des styles de parole significatifs et quant aux facteurs principaux intervenant dans leur délimitation. C'est l'un des aspects importants et intéressants des communautés : il demande à être décrit plus avant et mis en relation avec ce qui peut en rendre compte dans les autres caractéristiques des communautés et dans leur histoire.

Les principaux **styles de parole** associés à des groupes sociaux peuvent être dénommés **variétés** et les principaux styles associés à des types récurrents de situations peuvent être dénommés **registres**. Ceux qui sont associés à des individus, à des situations particulières, à des genres, peuvent être dénommés simplement **styles personnel, situationnel** et **style de genre**. Pourtant, un ensemble adéquat de termes ne saurait être arrêté avant que ne soient menées des études de cas individuels ; la terminologie pourra se stabiliser à mesure que progresseront de telles études. Mais nous pouvons et devons en dire plus à propos des relations entre les types de style et les traits stylistiques. Je répéterai d'abord que les styles de parole ne sont pas des corrélations mécaniques de traits de parole entre eux et avec des contextes. Le critère d'identification d'un **style de parole significatif** est qu'il peut-être reconnu et utilisé en dehors du contexte qui le définit, c'est-à-dire par des individus ou dans des lieux autres que ceux auxquels est associée sa signification type ; c'est aussi qu'il peut se trouver en contraste avec un ou plusieurs autres styles quant aux individus et aux lieux. Ainsi, on peut déterminer les styles associés à des castes, classes, groupes ethniques, régions, degrés de politesse, discours oratoire, sermons, etc., mais il faut aussi analyser les cas où ces styles (ou bien des citations, des choix, des formules stéréotypées qui leur appartiennent) donnent lieu à utilisation faisant sens par, pour ou à propos d'autres personnes dans d'autres situations. De même, à l'église, par exemple, on ne saurait s'en tenir simplement au style du sermon ; il importe également de prêter attention au style de parole avant, après et peut-être pendant le sermon. Il existe probablement dans ces divers cas des mises en relation acceptées par l'usage et nous devons essayer de déterminer quelles sont ces relations. Un style défini avant tout en fonction d'un groupe peut aussi être le style de certaines situations, ou le style que pratiquent ou auquel aspirent d'autres personnes. Il peut l'être aussi de certains genres ou parties de genre, etc. Dans le cadre même qui le définit, un style donné peut être affiché ou au contraire dissimulé par rapport au reste de ce qui arrive. Il peut exister des conflits à l'intérieur des communautés quant à l'acceptabilité de certaines mises en relations ou quant à leur « affichage » ou absence d'affichage. L'histoire de la religion, de la littérature et du théâtre présentent de nombreux exemples de ce phénomène.

Je voudrais dire quelques mots à propos de l'échelle selon laquelle les traits stylistiques doivent être examinés, en particulier pour ce qui est des genres, puisqu'aussi bien les disciplines qui étudient les genres verbaux — le folklore, la littérature, la rhétorique, la stylistique — ont beaucoup à apporter à une linguistique générale qui intégrerait la fonction stylistique. Tout d'abord, des traits stylistiques peuvent fort bien être attestés dans le discours sans définir un style significatif. Leur présence peut simplement donner au texte une touche de caractère, peut-être très ponctuelle. Il est probable que si un discours comporte un grand nombre d'effets de ce genre, nous le considérerons comme « coloré » — peut-être coloré à l'excès et sans raison apparente. Une relative richesse d'harmonie peut distinguer des styles verbaux aussi bien que des styles musicaux, mais il arrive qu'elle soit plus un condiment accessoire qu'un principe d'organisation.

Au-delà de la présence de traits stylistiques, il existe certains types de groupements de ces traits qui, eux, constituent un usage organisé ou définissent un usage conventionnel des moyens verbaux. Deux types principaux de groupements me viennent à l'esprit. Il y a les types dont on peut dire qu'ils modulent ou accompagnent ce qui se passe et ceux dont on peut dire qu'ils définissent des formes récurrentes. Pour les premiers, on peut parler de **modes stylistiques,** pour les seconds, de **structures stylistiques.**

Une caractérisation majeure des **modes stylistiques** est l'existence d'un ensemble de modifications tenant à une certaine utilisation réglée de la voix, comme dans le chant, la psalmodie, le plain-chant, la déclamation, etc. Les modifications de la forme visuelle de la parole (dans l'écriture, l'impression) trouvent aussi place dans cette catégorie. Il convient de remarquer que l'attribution d'un cas à cette classe est d'ordre culturel. Les modifications sur la base desquelles la parole est attribuée à un certain mode se situent sur un continuum où se trouve également l'usage occasionnel de traits que j'ai appelés plus haut « coloration ». L'un des problèmes fondamentaux est de découvrir le rapport entre, d'une part, de tels continua, de telles variables et, d'autre-part, les jugements qualitatifs qui font que les membres d'une communauté catégorisent telle ou telle manière de parole en termes de présence d'un mode ou d'une structure. Une certaine inflexion de la voix peut compter ou ne pas compter comme chant ; un pléonasme, une façon de prononcer, un

61

terme technique, peuvent compter ou ne pas compter comme discours formel ou savant. Il suffit parfois d'une seule instance de discours pour définir ou cadrer le reste de ce qui est dit. Parfois, la définition est négociée et les fréquences changeantes de certains traits manifestent cette négociation, comme dans le passage verbalement déclaré d'une relation formelle à une relation plus familière. Parfois, le classement de traits entre des pôles stylistiques manifeste des recours temporaires aux présuppositions de l'un ou l'autre de ces pôles.

L'importance de ces types de traits, qui ne sont généralement ni inclus dans les grammaires ni bien étudiés par la plupart des linguistes, paraît évidente lorsqu'on a directement affaire au style narratif oral d'un maître du genre, si riche dans leur utilisation. Jusqu'à présent, les pages imprimées où la plupart d'entre nous avons pris connaissance de ces styles ont laissé ce type de maîtrise dans l'oubli, mais les expériences de Tedlock quant à la présentation de la narration zuni (1972) ouvrent une ère nouvelle. De tels traits pourraient bien être des ingrédients essentiels de ces « niveaux » de parole si importants dans la structure d'une société. Chez les Wolof du Sénégal, il existe un contraste fondamental et prégnant entre le discours « retenu » et le discours « non-retenu ». Cette distinction s'applique aux deux pôles que sont, d'une part, la caste des orateurs professionnels, les *griots*, et d'autre part les nobles, mais elle s'applique aussi à d'autres contrastes de statut, par exemple entre hommes et femmes, adultes et enfants, et même aux contrastes dans la conduite d'un même individu, entre des rôles bas ou élevés, de quémandeur ou de protecteur. Tous les aspects des moyens verbaux entrent en jeu dans le contraste des modes, mais le plus frappant tient à l'utilisation de la voix.

VOIX	MODE	
	Elevé	**Bas**
Timbre	bas	haut
Qualité	voilée	claire
Volume	faible	fort
Contour	centre du timbre à la fin	centre du timbre au début
Cadence	lente	rapide

N'importe quel aspect des moyens verbaux peut entrer dans la constitution d'un mode, y compris ces aspects qu'une théorie de la compétence comme perfection ne nous amènerait jamais à remarquer. Dans la communauté sénégalaise de Kayor, l'élite de la noblesse, les Damels, se doit de commettre des erreurs sur des points de grammaire mineurs. Une correction totale passerait pour manifester une insistance sur l'aisance de performance ou sur la performance pour elle-même, et une telle insistance n'est pas de mise pour les plus hauts des nobles (Irvine, ms.).

Les **structures stylistiques** comprennent des formes verbales organisées en fonction d'un ou plusieurs principes constitutifs de récurrence et/ou de développement. Elles ont, si l'on peut dire, un commencement et une fin, et ce qu'il y a entre les deux présente une certaine ordonnance. Les genres mineurs, comme on les appelle souvent, ont leur place ici : devinettes, proverbes, prières, mais aussi les formes minimales rythmiques telles que le couplet et encore les séquences de salutations ou de prises de congé lorsqu'elles répondent à une organisation conventionnelle. Il semble bon de parler ici de **genres élémentaires** ou **minimaux**, étant entendu que l'importance de ces genres n'est pas nécessairement mineure.

Nous ne devons pas oublier qu'il est possible de chanter quelque chose qui n'est pas une chanson ou de présenter une chanson sans la chanter, ce qui revient à dire que **modes** et **structures** sont distincts et que leurs inter-relations, problématiques, restent à repérer dans chaque cas particulier. Qui plus est, ce serait une erreur de poser que le principe essentiel d'une forme de parole est toujours sa structure, jamais son mode. La plupart du temps, c'est en effet la structure, mais généraliser ici serait comme n'admettre de forme en musique que dans la mesure où l'on peut identifier la structure d'une sonate, un rondo, une échelle dodécaphonique, etc. Delius est un bon exemple : il en vint à des œuvres à forme de sonate à la suite de la Première Guerre mondiale (et malheureusement, nous ne les entendons jamais en récital ou par le disque et ne pouvons guère les juger nous-mêmes), mais celles de ses œuvres qui font partie du répertoire habituel sont aussi celles où le secret de l'organisation reste le sien et où le développement est inextricablement lié au traitement de l'harmonie et de l'orchestration, c'est-à-dire à la « couleur » (notons que la terminologie musicale se révélera être une ressource importante dans l'exploration des styles de discours).

Ces deux sortes de groupements de traits, les modes et les structures, entrent à leur tour dans des groupements plus complexes, que l'on peut appeler **genres complexes**. Ainsi, le « conte » zuni *telapnanne* peut comprendre une élocution formelle, un mode de diction appelé « discours élevé », une psalmodie monotone avec un ton auxiliaire, des passages de relâchement conversationnel (communication personnelle de Tedlock).

Les genres, qu'ils soient minimaux ou complexes, ne sont pas en eux-mêmes l' « action » d'un genre, c'est-à-dire qu'ils ne sont pas en eux-mêmes des actes, des événements, des performances, des représentations. Ils peuvent se réaliser sous forme d'événements « complets » ou dans des rapports divers à des événements complets. La structure d'un événement de parole peut inclure des préliminaires et des suites, peut ne permettre qu'un usage partiel d'un genre, ou même seulement une allusion à ce genre, etc. Et je veux considérer les performances dans leur relation à des genres, de sorte que l'on puisse dire d'une performance que ses matériaux (les genres) ont été rapportés, décrits, parcourus, exemplifiés, cités, joués. Je veux considérer qu'une performance complète implique qu'on accepte la responsabilité de vraiment « performer » c'est-à-dire de passer à l'acte en acceptant d'être évalué.

Il est évident que les genres peuvent varier, du simple au complexe et du relâché au rigoureux quant à ce qu'ils accommodent, incorporent, permettent en fait de modes et d'autres genres. Le « roman » constitue un bon exemple de latitude, puisqu'il va des lettres (la *Pamela* de Richardson) au journalisme simulé, en passant par les vers (*Eugène Onéguin* de Pouchkine), etc.

Il est tentant de généraliser les catégories de genre et de performance de telle façon que tout matériel verbal serait assignable à un genre, toute conduite verbale à un type de performance. Pour ma part, je serais porté à penser qu'il y a à cet égard des différences entre communautés, du moins pour ce qui tient à la prévalence de genres fortement organisés et à l'évaluation de la performance (être sur scène quand on parle). Si l'on a besoin de ces catégories comme instruments descriptifs généraux, alors les différences peuvent être notées grâce à une distinction interne additionnelle pour chacune des deux catégories, peut-être : **genres fixes** et **performance totale**.

Rapports entre usages

Le rapport entre genres et performances est un aspect du rapport général entre styles, définis en termes de règles de cooccurrence, et leurs utilisations, en contexte dans une communauté. Rappelons d'abord l'affirmation selon laquelle on doit considérer comme significatifs des styles de parole qui peuvent donner lieu à contrainte dans leur contexte de définition initial et au-delà de celui-ci. Cette proposition présente deux sources de complication. Le degré de latitude dont on dispose pour un changement de contexte peut lui-même faire partie de ce qui différencie des communautés entre elles. Et il en va des traits et structures stylistiques comme de l'usage approprié des mots et des phrases : leur dépendance par rapport à un contexte spécifique est appréciée différemment suivant les communautés, les époques, les individus. Un style étroitement lié à un contexte peut fort bien être très valorisé. D'autre part, il est possible que des structures ou des rapports stylistiques uniques n'apparaissent que dans un seul événement de parole et que pourtant on se souvienne d'eux et qu'ils soient valorisés pour leurs qualités. Ceci dit, il semble bien que l'évaluation des qualités d'un événement unique et la reconnaissance de la justesse d'un style pour un contexte spécifique présupposent l'une et l'autre une comparaison. Cette comparaison peut être implicite plutôt qu'observable dans la situation immédiate, mais il serait possible de la mettre en évidence par enquête complémentaire en dehors de cette situation. C'est à partir de considérations de cet ordre, qu'on constate l'échec inhérent à toute conception de la sociolinguistique qui s'en tient uniquement à des données « réelles ». Il est certes essentiel de disposer de telles données observables, si l'on veut étudier les styles, dont beaucoup de traits sont inconscients et ne peuvent pas être produits sur commande. Mais ces styles impliquent aussi des types de compétence sous-jacente et des jugements axés sur la compétence. Il nous faut donc examiner à la fois les styles liés à un contexte donné et les propriétés émergentes pour traiter du changement stylistique. Un des aspects du changement stylistique est la réduction ou l'expansion des contraintes contextuelles (un peu comme la contraction ou l'extension du champ de distribution d'un trait phonologique ou grammatical). Un autre aspect est l'imitation ou l'émulation des propriétés émergentes et la conventionnalisation qui en résulte. Mais l'essentiel ici reste, d'une part, que les styles de parole ne se ramènent pas simplement à des cooccurrences et à des corrélations observées mais sont sujets à des contrastes et à des choix et, d'autre part, qu'ils ne sont pas simplement appropriés ou inappropriés, mais sont porteurs de sens.

La notion de règles d'alternance nous entraîne vers une analyse des contextes des styles de parole ; mais, comme nous l'avons déjà noté, une telle analyse est ethnographique et sociologique autant que linguistique. Quand les sens des styles de parole sont analysés, nous nous rendons compte qu'ils mettent en œuvre certains paramètres tels que les participants, le cadre, le canal, etc., qui les gouvernent en partie. On découvre qu'une analyse des traits pertinents de ces paramètres implique plus que l'alternance des styles de parole. Elle sous-tend des normes de conduite verbale, ou, plus généralement, d'interaction touchant par exemple aux tours de parole, aux stratégies acceptables de prise de parole, aux possibilités de chevauchement de différentes voix, etc. (Ici encore, on peut recourir à la terminologie musicale : *ripieno, concertante, ritornelle* capturent bien les traits de certaines manifestations de parole.) Styles de parole et normes de conduite verbale ont d'ailleurs en commun des significations sous-jacentes, des sens qui ont à voir avec les attitudes et croyances d'une communauté quant au langage et à la parole. Ainsi, les styles wolof mentionnés plus haut, incarnent une notion et des valeurs fondamentales à la société wolof, liées à l'honneur (*kerse*) et à

> « *l'un des postulats culturels wolofs les plus fondamentaux :
> l'acte de parler, surtout en grande quantité, est dangereux et
> dégradant.* » *(Irvine, ms.)*

Je ne peux ici m'étendre sur l'analyse des normes de conduite verbale, des attitudes et des croyances, mais j'ai ébauché une description de certaines de leurs dimensions et distingué à cet égard des types de communautés linguistiques dans Hymes 1972. Je m'en tiendrai, pour le présent essai, à marquer la place de cette partie de l'ethnographie de la parole par rapport au tout, et à restituer la terminologie pour ces différentes parties.

Si l'on accepte « ethnographie de la parole » comme nom désignant cette entreprise, l'expression ne se réfère malgré tout qu'à la démarche ou au champ, non pas à l'objet d'étude proprement dit. On peut se lancer dans une ethnographie de la parole chez les Zuni, mais ce que l'on étudie alors n'est pas, dans quelque sens usuel que ce soit, une « ethnographie de la parole zuni » (ce que les Zuni font consciemment de la parole est important, mais c'est une partie d'un tout). Une ethnographie de la loi chez les Zuni étudie la loi Zuni et une ethnographie de la parole étudie la parole zuni.

En fait, je préférerai dire « Zuni ways of speaking » (les façons de parler zuni). Il y a deux raisons pour cela. Tout d'abord, les termes dérivés de « speak » (parler) et « speech » (parole) en anglais souffrent historiquement d'avoir été assimilés à quelque chose de marginal ou de redondant. Alors que les linguistes distinguent communément « speech » de « language » d'une façon qui pourrait paraître utile à notre propos, ils ont, généralement repris de la main de l'usage ce que la main de la définition avait offert. En pratique, « speech » a été traité soit comme une variante élégante de « language » (ainsi, le livre de Sapir, *Language*, était sous-titré « An introduction to the study of speech » (Introduction à une étude de la parole) et « interaction by means of speech » (interaction au moyen de la parole) a été mis en équation avec la connaissance d'une seule langue par Bloomfield, Bloch, Chomsky et d'autres), soit comme un citoyen de deuxième classe, externe à la langue, un simple fait de comportement. (Ainsi, pour beaucoup d'auteurs, un « acte de parole » (act of speech) ne désigne pas un acte social complexe basé sur une compétence sous-jacente qui s'étend au-delà de la grammaire, mais une simple manifestation physique). En fait, le mot « speech » a si souvent été utilisé de façon interchangeable avec le mot « language » que Sherzer et Darnell (1972) se sont sentis obligés d'ajouter « use » (usage, utilisation) et de parler de l'analyse de « speech use » (l'usage linguistique, l'utilisation de la parole). Je n'aime pas l'expression « speech use » parce que je suis gêné par ce qui devrait y apparaître redondant, « speech » devant impliquer à lui seul « use » dans un sens positif. Mais ce n'est pas le cas et une terminologie adéquate semble exiger que l'on joigne à ce terme clé que fournit l'anglais des compléments qui le libèrent de toute connotation redondante ou réductrice.

Ma seconde raison pour utiliser l'expression « ways of speaking » est que ce terme présente une certaine analogie avec « ways of life » (façons de vivre, manières de vie) d'une part, et le terme employé par Whorf « fashions of speaking » d'autre part. La première analogie aide à rappeler aux anthropologues que « the ways of mankind » (les façons d'être et de faire des humains) comprennent bien des « ways of speaking » et aide à rappeler aux linguistes que la parole se manifeste par des « ways », par des façons, c'est-à-dire exhibe des schémas culturels (« cultural patterning »). Et puisque Whorf a été le premier dans la tradition linguistique et anthropologique américaine, autant que je sache, à dénommer un mode d'organisation des moyens linguistiques qui dépasse et embroche les différents compartiments de la grammaire, il est bon d'honorer ce précédent tout en laissant la différence de termes refléter la différence de champs de référence. (Whorf pensait aux traits ordinaires des grammaires, considérées, du point de vue de la vie active, comme des styles cognitifs.)

Notre analyse, jusqu'à présent, indique que les « façons de parler » comporteraient deux parties : les styles de parole et leurs contextes, les moyens de parole et leurs significations. Le point faible de ces termes est qu'ils n'évoquent pas immédiatement toute une partie de ce qui constitue les façons de parler, à savoir les normes d'interaction qui vont au-delà du choix d'un style et les attitudes et croyances qui sous-tendent le tout. De plus, dans les formulations présentées plus haut, « contextes » et « sens » laissent le devant de la scène à « styles » et « moyens », ce qui semble les priver de l'égalité d'importance et de la relative autonomie qui doivent leur être reconnues. Les Ngoni du sud de l'Afrique, par exemple, maintiennent leurs normes distinctives de conduite verbale mais ont perdu leur langue ngoni originelle. Ils continuent à considérer le maintien des normes de conduite verbale comme la marque distinctive d'un Ngoni (Je dois cet exemple à Scheila Seitel.) Il ne semble pas très satisfaisant de parler de maintien des « contextes » ou des « sens des moyens de parole » ngoni à propos de cet exemple. Il nous faudrait un terme positif. Parmi les possibilités que j'ai envisagées, toutes sauf une ont le défaut de pouvoir être interprétées comme suggérant plus que ce qui est voulu. « Façons de parler » ferait l'affaire et il est courant d'avoir des taxonomies ou le même terme est utilisé à deux niveaux (cf. HOMME : homme : femme ; CANARD : canard : cane), mais il n'est pas toujours certain que les contextes différencieront les deux sens, surtout dans le cas d'une terminologie nouvelle et nous devons, si possible, être clairs. « Patterns of speech/ speaking », « forms », « modes » semblent en dire trop ou pas assez ou bien entrer en conflit avec d'autres utilisations du mot différenciateur. L'expression qui ne présente pas ce désavantage est **économie de la parole** (cf. Hymes 1961 a). Nous pouvons alors facilement distinguer les **moyens de la parole** (comprenant les traits qui font partie des styles aussi bien que les styles eux-mêmes) et l'**économie de la parole**. Ces deux expressions ont en commun le terme « parole », ce qui peut être un avantage mnémonique. Les deux concepts sont bien sûr liés et même interdépendants — comme nous l'avons dit, le sens réside dans les rapports — et, d'un point de vue strictement analytique, l'économie de la parole dans une communauté donnée comprend les moyens de parole comme l'une des composantes entrant dans le réseau de relations qu'elle définit. Mais l'autonomie historique entre les deux aspects et la division du travail qui prévaut dans notre société entre ceux qui étudient les moyens verbaux et ceux qui étudient les conduites conservent sa pertinence à la distinction établie.

Un examen de la composante stylistique du langage nous a donc conduit à une conception de l'ethnographie de la parole qui peut être présentée ainsi.

FAÇONS DE PARLER

moyens de la parole   *économie de la parole*

Notre propos, jusqu'à présent, a toujours tendu à nous éloigner de la grammaire pour aller vers autre chose, mais la grammaire elle-même n'est pas exempte de devenir ce que ceux qui l'utilisent en font et donc, dans une certaine mesure, un style.

c Les langues comme styles

Ce n'est pas seulement dans des situations hétérogènes que l'on peut percevoir le rôle constitutif des facteurs sociaux. Si nous faisons abstraction de cette hétérogénéité pour examiner une seule langue, ou même une seule grammaire, une composante radicalement sociale persiste. Considérons la langue yokuts, une langue indienne de la Californie, décrite par S. Newman [14].

Newman indique que les mots qu'il a notés sont courts, composés d'un radical et généralement d'un ou deux suffixes seulement, presque jamais plus. Newman remarqua cependant que le schéma sous-jacent de ces suffixes suggérait la possibilité formelle de l'existence de séquences plus longues. Il déclare :

> « *Un exercice instructif... était de construire des mots ayant quatre ou cinq suffixes et de demander une traduction au témoin. Bien que de tels mots soient conformes aux règles grammaticales et puissent être traduits par le témoin sans aucune difficulté, ils réussissaient presque toujours à provoquer son amusement. Il était évident que ces mots étaient incroyablement lourds et élaborés. Etant donné le goût pour la simplicité des Yokuts, ces mots constituaient pour eux des monstres grammaticaux.* » *(1964(1940) : 374).*

Il se dégage de ce rapport que les mots longs n'étaient pas déviants (pas générés par dérivation dans le sens de Chomsky (1965 : 227, n.2)). Leur interprétation ne posait aucun problème. Ils avaient le même degré de grammaticalité, au sens formel, que des séquences plus courtes, mais ils étaient inacceptables. Au mieux, ils étaient marqués de façon marginale pour leur humour ou leur style prétentieux, mais Newman ne note aucun exemple d'une telle utilisation, autre que la sienne, qui était accidentelle. Il poursuit :

> « *Bien que les mots yokuts, à l'exception notable des verbes " faire " (considérés comme étant la propriété linguistique des enfants), aient tendance à ne dessiner que les simples lignes générales d'une référence, la langue possède des ressources*

---

14. *L'excellente grammaire de Newman, qui est une illustration exemplaire des méthodes assurées de Sapir, est pratiquement devenue le matériau de base d'une véritable industrie depuis la fin de la deuxième guerre mondiale. Elle a été réénoncée et restructurée dans un certain nombre d'essais et d'articles et au moins dans un livre. Toutefois, les informations que j'examine dans ce chapitre, n'ont pas à ma connaissance été considérées comme intéressant la théorie linguistique, constat qui en dit long sur la déperdition qu'entraîne pour la linguistique l'éclipse de la tradition de Sapir, tradition que nous devons chercher à restaurer.*

syntaxiques qui permettent de combiner les mots de façon telle que ses phrases pourraient atteindre n'importe quel degré de richesse et de complexité notionnelles. Un passage de prose de Macaulay, avec ses périodes longues et compliquées pourrait être traduit en un yokuts grammaticalement correct. Mais le résultat serait un vain caprice de grammairien, une distorsion de l'idiome syntaxique yokuts. Cette langue est aussi réticente à mettre en œuvre ses moyens d'élaboration en syntaxe que dans le domaine de la suffixation » (376).

A la base de cette réserve, on trouve une exigence générale de simplicité sévère, valeur dont un collègue considère qu'elle sous-tend aussi le style narratif yokuts. Newman oppose cette valeur yokuts à la valeur d'expressivité qu'il estime implicite en anglais, soutenant que chacune a sa validité propre. Pour l'imagination anglaise, le style yokuts semble terne, « *mais, symétriquement, les traits stylistiques de l'anglais ne peuvent plaire à l'intuition yokuts* » (377). Newman est d'accord avec Sapir pour considérer chaque langue comme :

« *une forme d'art particulière en ce qu'elle fonctionne avec une gamme limitée de matériaux et poursuit les buts stylistiques qui ont été découverts et continuent de l'être dans une quête collective* » (377).

On peut s'opposer à une terminologie qui personnifie la langue ; c'est la communauté de langue yokuts qui fonctionne avec une gamme de matériaux et poursuit certains buts stylistiques. Reste qu'un point d'importance est clair. Si l'on identifie la grammaire avec ce qui est possible sur le plan structurel (comme le fait Newman dans un paragraphe résumé par la remarque suivante : « *elle* (la grammaire) *dit ce qu'une langue peut faire, mais non pas ce qu'elle considère utile de faire* » (372)) ou même avec ce qui est possible et transparent (comme l'étaient les mots à quatre ou cinq suffixes de Newman), alors la communauté a tracé certaines limites au sein même du grammatical. Sur la base de valeurs partagées, communes à la langue et à ses utilisations dans le récit, la communauté juge impossibles dans la parole des phrases qui sont formellement possibles. Voilà un aspect créatif de l'utilisation du langage dont on ne tient pas compte dans les discussions linguistiques ou sur lequel on passe allègrement, les jugements des locuteurs étant sacrifiés aux exigences de la démonstration formelle. Mais notons bien qu'amener un locuteur natif à reconnaître le caractère naturel de l'un des mots monstrueux de Newman ne serait pas l'amener à voir quelque chose dont il ne s'était pas rendu compte auparavant ; il s'est rendu compte de la possibilité grammaticale de ces formes au moment même où Newman les lui a présentées. Ce serait l'amener à changer son intuition native. Fondamentalement, le yokuts grammatical n'est pas ce qui est possible pour la grammaire en tant que dispositif, mais ce qui est possible selon les normes yokuts. Ici, sans l'intrusion des écoles ni des pédants, nous avons une définition normative du yokuts possible dont la meilleure description est qu'elle est de nature esthétique ou stylistique.

Pour la communauté yokuts, le yokuts est, après tout, dans ce sens, ce que cette communauté en fait.

Notons encore que cette même grammaire, en tant que dispositif formel, autorise parfaitement qu'on fasse passer des limites stylistiques à des endroits différents. Il est possible que ces limites se déplacent avec le temps au sein d'une même communauté. Les jugements des Yokuts concernant les phrases yokuts en seraient changés, mais la grammaire formelle ne garderait pas trace de ce changement. De même, des communautés différentes de locuteurs yokuts pourraient placer la limite à des endroits différents. Les jugements concernant les phrases contrasteraient mais, encore une fois, la grammaire formelle n'enregistrerait pas cette différence.

Il semblerait donc que ce que les locuteurs yokuts savent, leur compétence sous-jacente, inclut de façon tout à fait essentielle une dimension stylistique. Rien qui touche à des styles de parole particuliers ni a des composantes spécifiques des situations ; il se trouve simplement, que le yokuts en tant que tel (et ceci montre bien que pour une communauté, la grammaire est affaire de « devoir » aussi bien que de « pouvoir ») se présente comme intrinsèquement normatif.

Le cas du yokuts concerne des rapports entre des éléments donnés (encore que l'on puisse imaginer qu'une telle « réserve » restreigne l'élaboration des affixes et autres dispositifs et favorise l'opposé, comme le suggère Newman en une occasion). Mais le contenu des langues peut lui-même être considéré du point de vue du style et, encore une fois, en termes d'exercice d'une capacité, comme un aspect créatif de l'utilisation langagière. Le style n'a pas seulement à voir avec des traits autres que référentiels ou avec l'usage sélectif de traits des deux types ; il a aussi à voir avec la création sélective de nouveaux matériaux et l'abandon de matériaux anciens. Quand une langue se transforme, elle ne change pas complètement au hasard, elle ne perd pas non plus sa structure en application de la deuxième loi de la thermodynamique. Elle continue à être un certain ensemble relativement homogène de réalisations des possibilités du langage, plutôt qu'un autre. Et elle a ce caractère en partie à cause des choix faits par ses utilisateurs. Il est possible de considérer que certains types de changements, y compris des changements phonétiques, s'effectuent pour partie en raison de la signification sociale prêtée à tels ou tels traits, et que par exemple des variantes plus prestigieuses viennent à remplacer des variantes ayant moins de prestige. Il est aussi possible de considérer que certains changements se produisent en réponse à des déséquilibres et pressions internes et à des tendances qui font que certaines avenues de changement sont beaucoup plus praticables que d'autres. Mais il est des changements qu'on ne peut comprendre que comme des transformations dans le temps de ce que les utilisateurs de la langue en question considèrent le plus désirable ou essentiel à dire. Les changements affectant les catégories grammaticales obligatoires d'une langue ou touchant à leur élaboration relative sont de cet ordre. Parfois, on peut découvrir des sortes de connexions (de « conspiration ») dans le sémantisme de tout un ensemble varié de changements et de tendances apparemment sans rapport. J'ai essayé de montrer qu'il en allait ainsi pour le wasco (Hymes 1961 b, section 5), en observant que dans des mots inventés de fraîche date, dans les changements récents pour ce qui est des affixes marquant le temps et l'aspect et les postpositions marquant les rapports casuels, ainsi que dans les tendances pour la dérivation des thèmes verbaux, il y a une certaine orientation cognitive commune.

Il importe d'éviter deux malentendus. Tout d'abord, reconnaître une orientation, un style, n'est pas projeter une interprétation sur des données sans défense. Il ne s'agit nullement de compter comme preuve n'importe quel trait de la langue, mais seulement les traits qui sont apparus récemment, qui représentent des choix, une activité créatrice, de la part de la communauté. Deuxièmement, il est impossible d'inférer quoi que ce soit quant à l'esprit des locuteurs. Les données recueillies résultent de changements qui doivent avoir eu quelque réalité psychologique pour ceux qui les ont introduits et acceptés ; mais on aurait besoin d'indications indépendantes de la langue pour démontrer leur réalité psychologique pour un locuteur autre, à une période ultérieure. En fait, il est improbable que les locuteurs wasco qui vivent encore, sont tous multilingues et n'utilisent cette langue que rarement, fournissent beaucoup d'indications en ce sens. La relativité linguistique au sens whorfien dépend d'un type plus fondamental de relativité, celle de la fonction des moyens linguistiques. Des locuteurs appartenant à des générations différentes peuvent fournir des données attestant l'existence d'une grammaire commune mais, pour l'un, cette grammaire ne sera peut-être qu'un souvenir, pour l'autre, l'instrument verbal principal de son rapport au monde.

Il vaut la peine de noter que l'inférence linguistique d'un savoir grammatical sous-jacent est logée à la même enseigne que l'inférence, chez Whorf, d'une vision cognitive sous-jacente.

Dans les deux cas, on affirme l'existence chez les utilisateurs de la langue, de capacités ou de caractéristiques internes à partir des seules données linguistiques. Les données linguistiques sont à la fois la source et la preuve des dites caractéristiques. L'accusation de circularité portée contre Whorf est tout aussi applicable aux travaux de grammaire qui identifient une analyse formelle à la réalité psychologique, sans recourir à un test indépendant. (Chez Newman, la présentation aux locuteurs de mots construits se présentait informellement comme un test de ce type.)

Ce que j'affirme, c'est que l'importance des styles cognitifs en matière de langue est problématique, qu'elle a besoin d'être établie ; et ceci ne revient aucunement à nier cette importance (cf. Hymes 1966). Il en va de même pour tous les styles de parole et pour les moyens de parole en général. Dans d'autres champs de l'activité humaine, nous reconnaissons que les moyens existants conditionnent ce que l'on peut faire d'eux. Nous admettons que les outils disponibles affectent ce qui est fait, sans réduire les résultats à ces seuls outils. Mais curieusement, s'agissant des outils verbaux, il existe dans notre civilisation une conscience schizophrène. Certains ont cru qu'ils déterminaient presque tout, d'autres ont nié qu'ils déterminent quoi que ce soit. On retrouvera là peut-être une trace du conflit déjà bien ancien entre l'hypothèse « idéaliste » et l'hypothèse, « matérialiste » ; le langage étant identifié avec le bord « idéaliste », affirmer qu'il a un rôle déterminant avait l'apparence d'un plaidoyer en faveur d'une perspective philosophique et contre une autre. (Il semble que quelque chose de similaire à cette interprétation des choses soit courante en Union Soviétique). Pour d'autres, on peut parler du grand rôle du langage en général, mais jamais de celui de langues spécifiques. On devine là une résistance à cette vieille tendance qui consiste à traiter certaines particularités linguistiques comme inférieures, ou bien l'effet d'un climat d'opinion où toute limite explicite à la liberté mentale irrite. Il suffira ici d'une prise de position.

Tout d'abord, il me semble inéluctablement vrai que les moyens disponibles aux individus conditionnent ce que ceux-ci peuvent accomplir verbalement et que ces moyens sont, dans une large mesure, modelés par des facteurs historiques. Deuxièmement, un tel point de vue n'est pas une mise en cause des différences ; ce qui peut-être accompli peut très bien être admirable.

A ce propos, il faudrait noter que les membres d'une communauté estiment eux-mêmes très souvent que leurs langues ne sont pas équivalentes. Ce n'est pas seulement qu'une langue ou variété est souvent préférée pour certains usages, une autre pour d'autres, mais également qu'il y a une expérience de ce qui peut être en fait accompli le mieux avec l'une ou l'autre. Cette sorte de capacité différentielle n'a rien à voir avec une quelconque déficience ou un désavantage de certains membres d'une communauté par rapport à d'autres. Il se peut que tous considèrent que, disons, le kurde soit le médium dans lequel on peut exprimer le mieux certaines choses, mais que l'arabe est un meilleur médium pour la vérité religieuse. Les usagers du berbère peuvent penser que l'arabe est supérieur au berbère pour tous les usages, sauf la conversation domestique intime (Ferguson, 1966). [15].

Mais, troisièmement, les différences quant aux moyens disponibles et aux capacités qui s'y rattachent existent sous des formes qui posent problème. A certains égards, ces problèmes sont inhérents à la condition humaine, dans la mesure où chacun d'entre nous doit être un individu défini dans un monde qui change de façon imprévisible, sans notre consentement et sans notre contrôle. Par d'autres côtés, ces problèmes

---

[15]. *Cf. un cas européen représentatif de beaucoup d'autres :* « *L'accession rapide de l'élite de la société polonaise à l'humanisme, dans la seconde moitié du* XVIe *siècle, posa de façon aiguë le problème des moyens d'expression. Pour les nouvelles aspirations artistiques, seul le latin convenait avec ses ressources de vocabulaire, de syntaxe, de métrique et ses qualités d'abondance et de précision, tandis que le polonais demeurait l'apanage d'un univers spirituel médiéval qui n'avait trouvé jusqu'alors qu'une expression fragmentaire et qui commençait tardivement à prendre un essor encore timide. L'auteur analyse les aspects de ce bilinguisme et son évolution jusqu'à la fin du* XVIe *siècle, évolution au cours de laquelle un humanisme créateur a présidé à l'élaboration de la langue littéraire en Pologne* » (Backvis 1958). *Cf. Jones 1953 concernant l'anglais de la même époque.*

ne sont inhérents qu'à certains ordres et contextes sociaux et peuvent, en principe, être résolus. Je suis convaincu que le changement social exige une connaissance des capacités et des activités réelles et qu'une linguistique du type de celle esquissée ci-dessus peut contribuer à cette connaissance.

Chapitre 5

Rappelons-nous que nous voulons expliquer comment un enfant en arrive rapidement à pouvoir produire et comprendre, en principe, toute phrase grammaticale et toutes les phrases grammaticales d'une langue donnée. Considérons donc le cas d'un enfant qui possède précisément cette aptitude. Un enfant qui produirait absolument n'importe quelle phrase se ferait probablement enfermer si, non seulement ses phrases, mais aussi ses prises de parole et ses silences intervenaient au hasard, de façon imprévisible. D'ailleurs, un individu qui choisit les occasions de parler et les phrases de façon convenable mais qui n'a la maîtrise que de phrases parfaitement grammaticales est, dans le meilleur des cas, un peu bizarre. Certaines circonstances exigent que l'on soit non-grammatical, de façon appropriée.

Nous devons donc expliquer le fait qu'un enfant normal acquiert une connaissance des phrases, non seulement comme grammaticales, mais aussi comme étant ou non appropriées. Il acquiert une compétence qui lui indique quand parler, quand ne pas parler, et aussi de quoi parler, avec qui, à quel moment, où, de quelle manière. Bref, un enfant devient à même de réaliser un répertoire d'actes de parole, de prendre part à des événements de parole et d'évaluer la façon dont d'autres accomplissent ces actions. Cette compétence, de plus, est indissociable de certaines attitudes, valeurs et motivations touchant à la langue, à ses traits et à ses usages et est tout aussi indissociable de la compétence et des attitudes relatives à l'interelation entre la langue et les autres codes de conduite en communication (cf. Goffman 1956 : 477 ; 1963 : 335 ; 1964). L'intériorisation des attitudes envers une langue et ses différents usages est particulièrement importante (à propos du rôle central de l'évaluation subjective dans les dialectes sociaux et les processus de changement, cf. Labov 1965 : 84-5), comme l'est l'intériorisation des attitudes envers l'usage de la langue elle-même (c'est-à-dire l'attention qu'on lui porte) et la place relative que le langage est amené à jouer dans un réseau de capacités mentales (cf. Cazden 1966) et de stratégies — quelle langue est considérée disponible, sûre, appropriée, vis-à-vis d'autres sortes de codes. L'acquisition d'une telle compétence est bien sûr alimentée par l'expérience sociale, par des besoins, des mobiles et elle se traduit en actions qui sont elles-mêmes une nouvelle source de mobiles, de besoins, d'expérience. Nous rompons irrévocablement avec un modèle qui réduit l'épure de la langue à une face tournée vers le sens « référentiel », une autre vers les sons pertinents sur le plan référentiel, et qui ramène l'organisation de la langue à un simple jeu de règles reliant ces deux faces. Un tel modèle implique que la nomination et la déclaration soient les seuls usages de la parole, comme si les langues n'étaient jamais organisées pour se lamenter, se réjouir, supplier, admonester, produire des aphorismes, invectiver (Burke 1966 : XIII), pour toute la variété des formes de persuasion, d'allusion, d'expression et de jeu symbolique et pour l'interdépendance des moyens de la parole avec l'économie de la parole, de ces divers points de vue. Un modèle du langage doit comporter une troisième face, tournée vers le comportement de communication et la vie sociale [16].

Ainsi, l'attention portée à la dimension sociale n'est pas réduite aux seules occasions où les facteurs sociaux semblent interférer avec le grammatical ou le brider. La participation de la langue à la vie sociale a un aspect positif, productif. Il y a des règles d'utilisation sans lesquelles les règles de grammaire seraient inutiles. De même que les règles syntaxiques peuvent contrôler certains aspects de la phonologie et de même que les règles sémantiques contrôlent peut-être certains aspects de la syntaxe, de même, les règles des actes de parole entrent dans les facteurs qui contrôlent la forme linguistique dans son ensemble. Les linguistes ont en général construit une théorie des niveaux en montrant que ce qui est un et le même à un niveau de représentation donné peut avoir en fait deux statuts différents, ce qui entraîne qu'on doit poser un niveau supplémentaire. (L'exemple par excellence se trouve chez Sapir (1925) en phonologie ; les principaux exemples récents apparaissent dans les travaux de Chomsky et de Sydney Lamb). Un second aspect du problème est que ce qui est différent à un niveau donné peut avoir en fait le même statut au niveau suivant (ainsi les deux interprétations de « he decided on the floor » (ce sur quoi il s'est décidé/l'endroit où il a pris une décision) indiquent l'existence d'un niveau supérieur où apparaît une différence de structure. Inversement, les interprétations parallèles de « he decided on the floor » et « she gave up on the floor » pointent un niveau supérieur où apparaît une identité de structure.) Et c'est ce type même de raisonnement qui exige le recours à un niveau des actes de parole. Ce qui constitue du point de vue grammatical la même phrase déclarative peut être une assertion, un ordre ou une demande ; ce qui se présente du point de vue grammatical comme deux types différents de phrases (déclarative et interrogative) peut, en tant qu'acte, être dans les deux cas une demande. On peut étudier le niveau des actes de parole du point de vue des conditions sous lesquelles des phrases peuvent être interprétées comme réalisant différents types d'actes et du point de vue des conditions sous lesquelles des types d'actes peuvent être réalisés par différents types de phrases. Ce n'est qu'à partir du niveau supérieur des actes de parole que certains des rapports entre les moyens de communication peuvent être perçus, par exemple la commutabilité entre un mot

---

16. *Dans l'histoire passée de la linguistique et des conceptions occidentales du langage comme rapport entre « les mots et les choses, on peut observer un rétrécissement de la conception des « choses ». Au XVIIe siècle, ce genre d'évolution a deux origines principales ; une conception étroitement instrumentale de la rhétorique et le tempérament de ceux qui pratiquent ou défendent les sciences de la nature (cf. Howell 1945 et le contexte que fournit Williams 1955 : 115). La linguistique actuelle n'a pas encore tout à fait surmonté les effets, au cours du XXe siècle, d'une période similaire de méfiance analytique à l'égard du rapport entre les « mots » et la réalité. Rechercher ce qu'il y a d'universel dans ce rapport peut certes contribuer à rétablir la confiance à son endroit mais non pas à susciter l'intérêt pour sa richesse (cf. note 24 ci-dessous), l'universel n'étant qu'une bien petite partie de cette richesse.*

et un signe de tête pour exprimer l'assentiment, la co-occurrence nécessaire de mots et du geste de lever la main pour réaliser un serment.

Notons que le débat sur les « actes de parole » dans la linguistique actuelle ne porte pas tant sur le statut de la parole en tant qu'**acte** que sur la force conventionnelle que l'on doit attribuer à certains types de verbes et à certains rapports syntaxiques. Ce travail est important et éclairant. Il ajoute une dimension essentielle à l'analyse des moyens de la parole, mais il ne peut comme tel rendre compte du statut de la parole en tant qu'**acte**. Deux adjonctions seraient nécessaires. D'abord, élargir l'analyse de cas spécifiques pour y inclure les moyens non-verbaux de l'expression des actes, comme nous venons de l'indiquer, et inclure aussi, dans la détermination de l'acte, effectivement réalisé, l'interdépendance entre les moyens verbaux et les traits du contexte non-verbal, en particulier ceux qui tiennent aux participants. Une même phrase peut constituer ici une demande, là un ordre, selon les relations qui existent entre les différents participants à l'événement de parole. La seconde adjonction nécessaire est d'étendre l'analyse de cas spécifiques au-delà des intuitions relatives à l'utilisation, par exemple, de l'anglais. Il existe des différences quant au statut et aux moyens d'expression de différents actes de parole putatifs, selon les régions, les ethnies et les classes à l'intérieur même des Etats-Unis ; et l'on ne doit pas postuler qu'une analyse convaincante pour l'intuition et la perspicacité logique d'un locuteur instruit soit adéquate pour d'autres cultures. En fait, il y a des raisons tout à fait claires de refuser une valeur universelle à l'analyse des actes de parole, des postulats de conversation, etc., ne reposant que sur l'intuition et l'analyse logique et menée à partir d'une seule langue et d'une seule communauté (Edward et Elinor Keenan travaillent en ce moment à un article sur cette question et montrent comment le malgache réfute l'universalité de certaines présuppositions généralement acceptées). Les analyses faites au sein d'une seule communauté peuvent être des contributions de valeur pour une **typologie** générale des actes de parole. Comme dans d'autres secteurs du langage, nous devons nous attendre à ce que différentes communautés sélectionnent et regroupent des traits universels de façons différentes. Rechercher un vocabulaire universel ou un ensemble de traits, d'actes de parole ou même d'actions sociales qui soient universels, est une entreprise de la plus haute importance ; mais il n'y a pas de raccourci ; un tel projet exige de nombreux travaux traitant de tout un éventail de communautés (Pour une discussion plus approfondie des actes de parole et du message en tant qu'acte, voir Hymes 1971 c, 1968 b (fin) et le chapitre VI, ci-dessous).

Les règles d'utilisation ne sont pas des greffes tardives. Certaines données concernant les premières années de l'acquisition de la grammaire de l'anglais montrent que les enfants mettent en place les règles pour l'usage de formes différentes dans des situations différentes et prennent une conscience croissante des différents actes de parole (communication personnelle de Susan Ervin-Tripp). L'affectation de langues entières à des usages différents est courante pour les enfants de foyers multilingues dès le début du processus d'acquisition. La compétence d'usage fait partie de la même matrice de développement que la compétence grammaticale.

L'acquisition d'une compétence d'usage, en fait, peut-être énoncée dans les mêmes termes que l'acquisition de la compétence grammaticale. Dans la matrice de développement où est acquise la connaissance des phrases d'une langue, les enfants acquièrent également la connaissance d'un ensemble de façons dont ces phrases sont utilisées. A partir d'une expérience limitée des actes de parole et de leur interdépendance avec des traits socioculturels, les enfants développent une théorie générale de la parole, appropriée à leur communauté, et qu'ils emploient, tout comme ils emploient d'autres formes de connaissance (de compétence) culturelle tacite dans leur exercice et dans leur interprétation de la vie sociale (cf. Goodenough 1957 (1964), Searle 1967). Ils en viennent, par exemple, à savoir distinguer un comportement approprié d'un comportement inapproprié pour le questionnement ; ainsi, les enfants des Araucans du Chili apprennent que répéter une question est une insulte ; les enfants des Tzeltal de l'état de Chiapas au Mexique apprennent qu'il n'est pas convenable de poser une question directe (et qu'on y répondrait par « rien ») ; et ceux des Cashinahua du Brésil, qu'une réponse directe à une première question implique que celui qui répond n'a pas le temps de parler, cependant qu'une réponse vague indique qu'on répondra directement à la question la deuxième fois et que la conversation peut continuer.

L'existence d'une compétence d'usage peut paraître évidente, mais si l'on veut que son étude soit définie et menée en rapport avec la linguistique actuelle, on doit analyser d'un œil critique les notions de compétence et de performance elles-mêmes et en proposer une formulation revue et corrigée.

La difficulté majeure de la théorie linguistique actuelle est qu'elle semble exiger que l'on assimile l'étude des phénomènes qui nous intéressent ici à ce qu'elle appelle « performance ». Dans ce modèle, la catégorie de la compétence circonscrite par le critère de grammaticalité, ne laisse place à rien d'autre. Seule reste alors la performance, et le critère qui lui est associé, à savoir l'acceptabilité. D'ailleurs, l'usage linguistique est explicitement considéré comme équivalent de la performance (« *la théorie de l'usage linguistique — la théorie de la performance* » (Chomsky 1965 : 9)).

Les inconvénients mais aussi les raisons de cette mise en équation peuvent s'expliquer comme suit. Tout d'abord, dans ce que Chomsky (1965 : 19-5) précise du concept de performance, à peu près rien n'est dit — nous l'avons déjà noté — des dimensions socioculturelles. L'accent est plutôt mis sur le fait de savoir quelles phrases grammaticales sont les plus susceptibles d'être produites et facilement comprises, quelles sont les moins gauches et, en un sens, les plus naturelles, et ces questions sont examinées d'abord en fonction de la structure des arbres puis de propriétés formelles telles que l'emboîtement, l'auto-enchâssement, le branchement multiple, le branchement gauche, le branchement droit.

Ces interrogations ne manquent pas d'intérêt mais les résultats relèvent de la psychologie de la perception, de la mémoire, etc., non du champ de l'organisation culturelle et de l'action sociale. Les analogues socioculturels d'une performance ainsi entendue n'incluraient pas des espèces majeures de jugements et de capacités, avec lesquelles on a nécessairement affaire dès lors qu'on étudie l'utilisation d'une langue (voir plus loin la rubrique concernant l'appropriété).

Deuxièmement, la notion de performance, telle qu'elle est employée dans les discussions actuelles, semble flotter entre différents sens. Dans un premier sens, la performance est un comportement observable, comme lorsqu'on parle de déterminer, à partir des données de la performance, un système sous-jacent de règles (1965 : 4) ou qu'on qualifie la linguistique mentaliste de linguistique qui utilise la performance comme donnée (parmi d'autres, dont celles de l'introspection) pour déterminer la compétence (1965 : 193). C'est tout cela aussi qu'implique l'usage récurrent de « actual » (« effectif »), comme lorsque « performance » est utilisé pour la première fois dans le livre : « performance : l'utilisation effective de la langue dans des situations concrètes » (1965 : 3-4). Dans ce premier sens, la performance est « effective » et la compétence est ce qui est sous-jacent. Dans un autre sens, c'est la performance même qui est elle aussi sous-jacente aux données, comme quand on construit un modèle de performance ou quand on infère un dispositif performatif (par exemple) censé expliquer ces données et être testé à leur épreuve (Chomsky 1965 : 15) ; ou quand, dans un sens proche, on envisage même l'existence possible de « règles de performance » stylistiques pour expliquer certains ordres de mots qui existent et que la théorie grammaticale n'explique pas (1965 : 127).

Quand on parle de performance, donc, désigne-t-on les données comportementales de la parole ? ou bien tout ce qui est sous-jacent à la parole au-delà du grammatical ? ou les deux ? Si l'ambiguïté est intentionnelle, elle n'est pas productive. La difficulté peut être résumée par les deux oppositions qu'atteste l'usage linguistique :

a compétence (sous-jacente) vs. performance (réelle) ;
b compétence grammaticale (sous-jacente) vs. modèles/règles de performance (sous-jacents).

La première opposition est si saillante que le statut de la seconde en demeure obscur. A vrai dire, je pense qu'il est impossible de comprendre ce que des « règles de performance » stylistiques pourraient bien être, si ce n'est une autre sorte de compétence sous-jacente ; mais on n'a pas recours à ce dernier terme.

On semble ainsi reconnaître, dans une certaine mesure, que l'utilisation de la langue est gouvernée par des règles, mais on conserve dans la terminologie une dichotomie qui nuit à la compréhension du problème. Tant que le terme employé pour les règles d'utilisation est aussi le terme dont on se sert de façon péjorative comme pour dire « ce n'est que de la performance », on entretient le point de vue erroné selon lequel l'utilisation de la langue n'est que la réalisation imparfaite d'un système plutôt que l'interaction complexe de plusieurs systèmes.

La confusion existante quant à ce qui est et ce qui n'est pas compétence et la raison de cette confusion semblent manifestes dans la réponse que fait Chomsky à l'accusation selon laquelle les travaux de grammaire générative négligent l'étude de la performance. Il écrit :

> « *On a souvent fait aux travaux de grammaire générative le reproche de négliger l'étude de la performance au profit de celle de la compétence sous-jacente. Pourtant, c'est un fait, semble-t-il, que les seules études de la performance, en dehors de la phonétique (...), se poursuivent dans la dépendance de la grammaire générative. C'est ainsi, en particulier, que se sont développées les études des limitations mémorielles que nous venons de résumer, et celle des infractions aux règles, considérées comme procédés stylistiques (...). De plus, il semble que ces lignes de recherche peuvent fournir quelque lumière sur la performance. Par conséquent, la critique n'est pas fondée, et elle porte de plus entièrement à faux. Se limiter en principe, par parti pris de « descriptivisme », à classer et à organiser les données, à « extraire des modèles » d'un corpus de paroles observées, à décrire « des habitudes de parole » ou des « structures d'habitude », pour autant qu'elles existent, etc., voilà plutôt ce qui empêche le développement d'une théorie de la performance effective.* » *(1965 : 15 ; 30 dans trad. de J. C. Milner).*

Pourtant, si, « *en dehors de la phonétique* », seuls des sous-produits de la grammaire générative valent qu'on les considère comme études de la performance, que dira-t-on de plus de deux mille ans de travaux en rhétorique et en poétique et des recherches sur l'utilisation de la langue dans beaucoup d'autres secteurs, tels que l'interaction sociale et le comportement culturel ? Si de telles recherches ne portent pas sur la performance, alors la mise en équation de la performance avec l'utilisation de la langue a tellement réduit la notion « d'utilisation » qu'elle en exclut la plupart des aspects de la parole. Ou alors, si elles ont vraiment pour objet la performance, c'est le terme « étude » qui est bizarrement restreint aux seuls travaux qui se présentent comme des sous-produits de la grammaire générative. Dans un cas comme dans l'autre, la notion d'étude de la performance et l'équivalence établie entre théorie de la performance et théorie de l'utilisation de la langue paraissent singulièrement et dangereusement étriquées si on s'intéresse au développement communicatif des enfants. Seules sont reconnues des mises en application d'un certain modèle de grammaire et en fonction seulement de la perspective adoptée par ce même modèle (c'est de fait ce que semble suggérer le paragraphe qui se termine par « *il est difficile d'imaginer une autre base permettant à une théorie de la performance de se développer* » (autre que des modèles de performance incorporant une grammaire générative) (1965 : 15)). Mais adopter un modèle de grammaire pour seul point de départ, c'est compromettre toute chance de parvenir à une compréhension adéquate et révélatrice de la parole (voir, le chapitre VII).

Deuxièmement, à l'origine de cette autodéfense paraît exister la conviction qu' « *il y a peu de raisons, semble-t-il, de mettre en question l'opinion traditionnelle suivant laquelle l'investigation touchant la performance n'avancera qu'autant que le permettra la compréhension de la compétence sous-jacente* » (1965 : 10). Cette conviction serait à la base de l'argumentation qui veut que la critique portée contre la grammaire générative soit hors de propos et mal dirigée. Les axes de recherches psychologiques qui sont tracés (limites de la mémoire, déviations) semblent pouvoir au moins jeter quelque lumière sur la performance ; mais les contraintes descriptivistes l'interdisent. En bref, une théorie de la performance ne peut être développée que du point de vue des aptitudes sous-jacentes, c'est-à-dire de la compétence. Et, par définition dans la théorie, la compétence, c'est la grammaire.

A cet égard, je pense que l'on peut voir l'effet de distorsion qu'entraînent aussi bien l'utilisation d'un seul terme, « performance », pour deux choses distinctes, que le refus corollaire d'utiliser « compétence » pour la seconde, et la dichotomie récurrente entre connaissance sous-jacente et performance effective, si bien qu'on perd de vue dans quel plein sens la performance suppose un ensemble de connaissances sous-jacentes qui lui soient propres. Si la seule compétence sous-jacente expressément reconnue est d'ordre grammatical, alors, bien sûr, seule la compétence grammaticale est susceptible de fournir la base indispensable à une étude de l'utilisation de la langue. Et du même coup, bien sûr, les études antérieures ou étrangères au développement de la grammaire générative explicite peuvent avec quelque raison passer pour non-pertinentes (même si, comme le fait Chomsky à propos des grammaires traditionnelles, on peut soutenir qu'une grande partie de ce qu'elles affirment est juste). Mais la situation change du tout au tout dès lors qu'on distingue clairement, à l'intérieur même du non-grammatical, entre ce qui est comportement effectif et ce qui est sous-jacent à ce comportement. L'objection faite à l'encontre d'études purement externes de la parole tient toujours ; c'est la compétence qui doit nous intéresser au premier chef. Mais on peut en finir avec la réduction arbitraire du domaine de la connaissance sous-jacente et étendre, comme il est souhaitable, l'orientation méthodologique de la grammaire générative à l'ensemble des capacités manifestes dans la parole. L'assimilation de la compétence sous-jacente à la compétence grammaticale était, en fait, sinon un dogme de grammairien, du moins le produit d'une période théorique particulière. Il fallait à l'époque faire admettre l'idée qu'un système grammatical possède une structure profonde radicalement distincte des données observées (cf. 1965 : 16) et que les capacités manifestes dans la parole ne peuvent s'expliquer sans référence à cette structure. Ce besoin a pu motiver la forte insistance première sur l'opposition entre les règles de grammaire et le comportement effectif. Mais, maintenant que la bataille est gagnée, il est permis d'en venir aux rapports entre règles de grammaire et règles d'utilisation.

Reste que la perspective actuelle de la grammaire générative n'ouvre que de façon limitée sur tout le domaine de l'utilisation de la langue. Pour saisir les intuitions et les données pertinentes au regard d'une compétence sous-jacente à l'utilisation de la langue il faut recourir à un point de vue socio-culturel. Et pour situer ce point de vue de façon adéquate, il faut aller au-delà de la dichotomie compétence : performance telle qu'elle est formulée actuellement, au-delà aussi de ce que cette formulation dit des jugements et des capacités de ceux qui font usage des moyens linguistiques. Parvenir à une théorie adéquate de ces problèmes demandera beaucoup de travaux empiriques et analytiques : mais nous pouvons déjà relever certaines des distinctions et des relations que ces travaux empiriques ont à prendre en compte. C'est à une construction heuristique de ce type qu'on s'efforce dans le chapitre qui suit.

chapitre 6

Il existe plusieurs secteurs de la compétence verbale, et le grammatical en est un parmi d'autres. En d'autres termes, il y a le comportement et, sous tendant le comportement, plusieurs domaines inter-connectés de jugements et d'aptitudes chez ceux dont le comportement manifeste les messages. Les analyses de Chomsky, bien entendu, s'appliquent aux phrases ou, par extension, aux unités de discours ; mais elles impliquent néanmoins une conception générale des rapports entre le langage et l'ensemble de la communication et de la culture, ainsi qu'entre la linguistique en tant qu'étude du langage et d'autres disciplines. Mes propres analyses, ici, visent à dessein les actes de communication, les **messages** et donc l'étude de ce qui est communicatif ou culturel ; en conséquence, les secteurs ou domaines principaux sont caractérisés en termes suffisamment généraux pour s'appliquer à la communication ou à la culture et j'ai fait quelques remarques relatives à cette application [17].

La terminologie de Chomsky pour ce qui est de la compétence et de la performance délimite une sphère de pertinence comprenant trois secteurs apparents, dont chacun peut être associé à un aspect de la vie humaine et à une discipline scientifique. La « compétence », qui équivaut au savoir et aux jugements de grammaticalité, est le domaine de la linguistique et c'est le langage proprement dit. La « performance », qui équivaut aux jugements d'acceptabilité et à l'utilisation linguistique, est parfois abordée comme formant un seul secteur (1965 : 11) :

> « Il arrive souvent que des phrases grammaticales inacceptables ne puissent pas être utilisées pour des raisons tenant, non pas à la grammaire, mais plutôt aux limites de la mémoire, à des facteurs stylistiques et intonatifs, à des éléments iconiques du discours, par exemple une tendance à placer le sujet et l'objet logiques plutôt en avant dans la phrase, etc. »

Le développement qui suit ce passage porte sur les propriétés formelles des phrases par rapport à leur traitement au niveau de l'esprit ; dans d'autres passages, la notion d' « appropriété » est abordée de façon à différencier entre l'acceptabilité touchant à la relation au contexte et

---

[17]. *Cette équation établie entre le communicatif et le culturel a un précédent dans ce que dit Sapir de la nature de la communication comme processus fondamental au maintien de la vie sociale (1931) ainsi que dans son analyse du « comportement culturel » (1933), qui fait clairement apparaître que seul est culturel un comportement qui peut être communiqué. Sapir ne confond pas le « culturel » avec ce qui est partagé ; le fait qu'un élément de comportement culturel soit ou non partagé et le degré auquel il peut être partagé ne constituent pas des facteurs essentiels au statut culturel du dit élément. Notre propre analyse de la langue et de la communauté linguistique dans le présent essai est en accord avec la position générale de Sapir (cf. Hymes 1964 b : 29, n. 8 (= Giglioli 1972 : 35, n. 9)). Dans les deux cas, l'ouverture et l'hétérogénéité sont considérées comme des caractéristiques interdépendantes.*

l'acceptabilité touchant au fonctionnement de l'esprit en tant que tel (1965 : 6, 1966 b : 3, 5-6). (Il semble que les phénomènes « stylistiques » tiennent en partie à l'une, en partie à l'autre.) Nous avons ainsi une division en trois parties entre le linguistique, le psychologique et le social, division plus ou moins équivalente aux champs qui peuvent être attribuées respectivement à la linguistique (en tant que grammaire), à la psycholinguistique et à la sociolinguistique. Cette division peut être représentée par un tableau du type suivant :

aspect	discipline	jugement de	aptitude
linguistique	(linguistique)	grammaticalité	compétence
psychologique	(psycholinguistique)	(pas de terme particulier indiqué)	performance
social	(sociolinguistique)	appropriété	

Chomsky indique une hiérarchie quant aux priorités de recherche et aux ordres d'explication. La hiérarchie est celle illustrée par le tableau qui place les recherches d'ordre linguistique avant les recherches intéressant d'autres disciplines et oriente les schémas explicatifs vers les propriétés universelles de l'esprit humain, selon une tendance commune à la linguistique et à la psycholinguistique. Le problème de l'orientation des stratégies de recherche et d'explication sera repris dans les chapitres suivants. Mais, je m'intéresse d'abord ici au champ de pertinence délimité par cette démarche et aux relations existant à l'intérieur de ce champ.

De nombreux linguistes et d'autres chercheurs ont pu inscrire leur lecture de ce qu'est le domaine du langage et ont pu situer leurs propres travaux à l'intérieur du cadre qu'on vient de rappeler. Toutefois, comme il est apparu à propos des façons de parler, les choses ne sont pas si simples. Des distinctions et des adjonctions s'avèrent nécessaires. Ne serait-ce qu'en termes de capacité à juger si quelque chose fait partie du système ou non (et cela semble bien être la première question à poser) il faut ajouter un quatrième secteur aux trois qui sont présentés par Chomsky et introduire une détermination supplémentaire pour chacun de ces secteurs.

En termes de capacité à produire un acte de parole approprié dans une situation nouvelle, de compétence à exploiter l'aspect « créatif » de l'utilisation d'une langue, il faut élargir le champ de pertinence pour y intégrer une composante jusqu'ici entièrement laissée pour compte.

. Les quatre secteurs et leurs déterminations peuvent être spécifiés sous forme de questions concernant le statut d'une phrase, d'une unité de discours ou, de façon plus générale, d'un message ou d'un aspect d'un message. Ce qui revient à se demander :
1. si oui ou non, et dans quelle mesure, quelque chose est **possible sur le plan systémique,** c'est-à-dire peut être généré par le système en question ;

2. si oui ou non, et dans quelle mesure, quelque chose est **disponible,** en vertu des moyens d'exécution donnés ;
3. si oui ou non, et dans quelle mesure, quelque chose est **approprié** par rapport au contexte et à la communauté dans laquelle ce quelque chose est utilisé et évalué ;
4. si oui ou non, et dans quelle mesure, quelque chose est en fait **produit,** si son occurrence **existe.**

Chaque question comporte la qualification « et dans quelle mesure » afin de représenter l'inévitable aspect quantitatif, c'est-à-dire non discret, des phénomènes linguistiques. Une certaine rupture avec un mode d'analyse purement discret (par oui ou non) apparaissait déjà dans la grammaire transformationnelle avec les semi-phrases, les degrés de grammaticalité et l'exigence de Zellig Harris que les transformations respectent l'ordre d'acceptabilité relative entre les phrases. Les travaux de Labov ont marqué le début d'un développement rapide de l'analyse quantitative : cette variation qui avait été rejetée sous prétexte qu'elle était « libre » ou périphérique, ils l'ont posée en termes de rapports formels au cœur même du changement linguistique et de la participation des individus aux communautés langagières. Les phénomènes quantitatifs sont analysés plus en détail ci-dessous, à propos de la quatrième question, où on aura reconnu le secteur qui s'ajoute aux trois généralement pris en compte.

Procédons maintenant à un examen de chacune des quatre questions, quant à leur statut au regard de l'étude générale du langage et de la communication. Comme déjà précisé, cette discussion est heuristique. Mon but est de définir une orientation générale plus adéquate pour aborder le domaine du langage. Si l'on partait de rien, on pourrait inventer des termes et des catégories tout à fait différents, mais tant de travail a déjà été accompli et continue de l'être dans le cadre proposé par Chomsky qu'il y a là un point de référence nécessaire. Qui plus est, ce cadre est utile comme grille approximative pour l'organisation de ce qui constitue, en dernière analyse, un domaine à l'intérieur duquel les limites ne peuvent être que provisoires et indicatives. L'élargissement de ce cadre de référence entraîne une révision, mais une partie de cette révision est en fait une généralisation.

1. Si oui ou non, et dans quelle mesure, quelque chose est possible sur le plan systémique.

Cette question manifeste l'intérêt essentiel porté à la profondeur et à la productivité du langage et à leur caractérisation explicite. Le terme courant en linguistique pour l'attribut en question est **grammatical.** S'agissant des conduites de communication ou du comportement culturel en général, on pourrait procéder par analogie et dire que ce qui est possible sur le plan systémique dans le mythe est « mythique » (« mythical »), etc., mais on en arrive vite ainsi à des gaucheries terminologiques insurmontables. On pourrait certes étendre le terme « grammatical » à d'autres domaines, et les précédents ne manquent pas avec l'usage récurrent de « grammaire » pour tout ce qui est analysable sur le plan systémique (par exemple, *A grammar of motives* de Burke). Mais il semble préférable de dire « systémiquement possible » pour tous les domaines, y compris celui du langage. Et ceci en raison des ambiguïtés du terme « grammatical ».

La notion de « grammaticalité » présente deux difficultés. Prise dans son sens courant, comme informant les jugements que portent les membres d'une communauté linguistique, elle recoupe, dans une très large mesure, beaucoup de ce qu'on range par ailleurs sous le terme « acceptabilité » et, bien qu'on fasse appel en principe aux intuitions des locuteurs, leurs jugements réels soulèvent bien des problèmes et, en fait, on ne leur accorde pas une grande importance. Dans les cas douteux, beaucoup de linguistes disent « que la grammaire décide ». (Labov a analysé de façon pénétrante ces difficultés méthodologiques (1970, 1971, 1973)). Prise dans son sens linguistique, la « grammaticalité » est conçue comme étant une propriété non seulement d'une grammaire, mais aussi de l'esprit des membres de la communauté qui parle la langue de cette grammaire. Mais certains « péchés par action et par omission » affectent ce rapport putatif, de telle sorte qu'il est préférable d'avoir recours à **sytémiquement possible** pour désigner aussi ce que fait apparaître l'analyse formelle. L'expression décrit de façon adéquate le statut de ce qui est accepté dans une grammaire et de ce qui en est exclu.

Le principal « péché par omission » résulte de ce que l'analyse linguistique, du fait des bases mathématiques et logiques de la démarche et du fait qu'on entend parvenir à des résultats universels, est censée tendre vers un maximum de simplicité et de généralité [18]. Comme Watt (1970, 1972) et d'autres l'ont fait remarquer, ceci peut produire certains artefacts. Dans les années cinquante, Chomsky critiquait, à juste titre, les limites des procédures de « découverte » recommandées (sinon toujours mises en pratique) par quelques-uns des principaux linguistes de l'époque. On commence à s'apercevoir aujourd'hui qu'il est tout aussi nécessaire de critiquer les procédures de « restitution » (recovery) pratiquées à l'heure actuelle par de nombreux linguistes. Dans les deux cas, on constate qu'une démarche qui consiste à poser des contraintes algorithmiques sur les résultats possibles (dans la perspective d'atteindre à la rigueur scientifique) introduit en fait des distorsions si on l'applique

---

18. *Ces pressions peuvent bien entendu mener aussi à des péchés par omission, comme il apparaîtra plus loin à propos du contenu de la compétence, des stratégies de recherche et des interprétations explicatives. Pour un linguiste d'orientation anthropologique, il existe un exemple particulièrement frappant chez Binnick (1972). Sapir et d'autres ont admis que le vocabulaire même d'une langue est en relation étroite avec sa culture, mais c'est précisément pour cette raison qu'ils en ont fait un domaine marginal de la linguistique : cf. « l'étudiant de linguistique ne devrait jamais faire l'erreur d'identifier une langue avec son dictionnaire » (Sapir 1921 : 234), et la remarque de Bloomfield selon laquelle le dictionnaire est une liste d'irrégularités résiduelles (1933). Binnick quant à lui (1972 : 430) affirme que le véritabla objet de la sémantique lexicale et la seule voie de succès qui ne soit triviale, consiste en une étude des contraintes universelles qui pèsent sur le système morphologique (sur les formes de mots qui peuvent exister) et sur le système sémantique lexical (sur ce que ces formes peuvent signifier), « si nous répondons aux questions qu'elles soulèvent (ces deux sortes de contraintes lexicales), alors nous avons résolu le problème du lexique ». Le lexique est réintégré dans la langue aux dépens de tout rapport avec la culture.*

de façon monolithique. Pour la grammaire, les modèles à structure profonde de base (ou de départ) semblent donner une image des exigences de la manipulation formelle et de l'attrait de certaines possibilités algébriques ou logiques plus que du savoir et de la compétence des locuteurs. Une des manifestations de ce phénomène est la prolifération des entités sous-jacentes, l'extrême disparité entre ce qui est postulé sous-jacent et ce qu'on trouve dans la parole, après force suppressions. L'un des facteurs d'une telle disparité semble être non seulement la « restitution » et la négation de tout pouvoir productif des transformations, mais aussi le désir de faire rentrer dans une description purement linguistique tout ce qui est réputé pertinent à l'interprétation des phrases plutôt que de reconnaître l'existence de systèmes de règles partiellement autonomes existant en dehors de la grammaire, et s'appliquant parfois aux conduites de communication en général. (Voir discussion et exemples dans Hymes 1971 c : 60-1, 77-78.)

Au cours des dernières années, certains linguistes et psychologues en sont venus à souligner la nature d'abord abstraite puis arbitraire du rapport entre la grammaire et la compétence individuelle. Bever (1972, d'un colloque de 1968), Fodor et Garrett (1967) et Garret (1967) avaient déjà souligné la distance et la complexité de ce rapport. Quant à sa nature arbitraire, on l'a affirmée sur la base de considérations formelles, en montrant qu'aucun modèle unique de grammaire ne peut être actuellement retenu comme sous-jacent aux phrases non plus dès lors que comme représentation optimale présumée d'une réalité d'ordre psychologique. On l'a affirmée aussi sur des bases expérimentales, certains psycholinguistes tels que Bever, Fodor et Steinberg suggérant que la grammaire linguistique pourrait bien être un complet artefact et s'avérer redondante, une fois que l'on aura attribué à la totalité des moyens linguistiques une organisation en termes de disponibilité et d'utilisation dans la production et l'interprétation de la parole. (J'ai pris connaissance de ce point de vue pour la première fois au cours de conversations avec Fodor à l'université de Cambridge au printemps 1969.)

Ce qui a déjà été dit, dans le présent essai, à propos des styles de parole, indique assez qu'une conception des moyens linguistiques comme présentant une organisation autre que la grammaire formelle est bienvenue dans une démarche sociolinguistique. Il faut toutefois mentionner deux restrictions. Tout d'abord, le niveau social auquel l'organisation des styles de parole est évidente n'est pas nécessairement réductible au niveau des modèles de production et de réception de la parole qui intéressent la psycholinguistique. Ainsi, quand Fillmore Lakoff et d'autres recommandent qu'on quitte un peu le plan général de la grammaire et de ses formalisations pour se tourner vers l'analyse de questions plus spécifiques, s'ouvre peut-être pour de nombreux linguistes tout un champ de formes générales d'organisation autres que la grammaire. Je pense que ces formes d'organisation correspondront à la notion de styles de parole (basés sur des règles de co-occurrence et d'alternance) et confirmeront que le social ne saurait être réduit au psychologique. Deuxièmement, la prise de conscience bien tardive de l'autonomie de la recherche psychologique par rapport à la grammaire ne devrait pas entraîner l'abandon du concept de compétence. Schlesinger (1972) défend avec force le point de vue selon lequel le terme « compétence » devient redondant par rapport au savoir ou à la réalité mentale si, comme dans l'usage de Chomsky, la connaissance ou la réalité mentale de la grammaire est précisément et seulement ce que l'on veut étudier. Mais ce que promet le terme « compétence » dans la mesure où, de façon générale, il désigne certaines capacités, reste très important. Du double point de vue de la recherche scientifique et des problèmes d'ordre pratique, nous devons traiter de la compétence linguistique et de communication entendue comme ensemble de capacités réelles des individus. Et pour ce sens, « compétence » est le terme qui convient naturellement.

A côté d'une tendance qui voudrait rejeter le terme « compétence » en même temps que le modèle particulier de grammaire dans lequel il a été introduit, il existe une tendance qui voudrait donner au contraire une extension plus grande au terme. Chomsky lui-même (1968 : 64), a fait mention de « compétence humaine » et Kiparsky (1968 : 175) a été l'un des premiers à envisager une conception plus large de la compétence d'un point de vue spécifiquement linguistique [19]. Bar-Hillel a examiné la notion de « compétence pragmatique ». Et le présent essai s'inscrit dans la suite de mon effort pour étendre ce terme (cf. 1968 cc, 1971 b. e. f. et note 2). Comme l'a montré ce qui a été dit plus haut de la notion de communauté linguistique, il est important non seulement d'élargir l'extension du terme compétence mais aussi de préciser clairement où se situe cette compétence et ce qu'elle contient.

Les deux problèmes tiennent à la relation entre grammaire et compétence : où se trouve la compétence et que comprend-elle par rapport à la grammaire ? Et ces questions se sont posées avant tout à propos de l'identification de la compétence à un savoir. Pour ce qui est de la localisation il devrait être clair que le savoir n'est pas dans la grammaire, système formel, mais dans les personnes. Certains linguistes ont essayé de proposer des localisations de remplacement hors de la grammaire... qui en reviennent au même point que la grammaire. C'est ainsi que Hockett (1968) propose de mettre un locuteur-auditeur moyen en lieu et place du locuteur-auditeur idéal de Chomsky. Ce qui ne change rien : on substitue toujours un type à l'organisation effective de la diversité que présente toute communauté, un type qui devient un référent idéal redondant. A l'inverse de ce qu'on pourrait appeler une conception de la compétence grammaticale comme « plus petit dénomi-

---

19. « ... *un certain nombre de faits importants qui ne peuvent rester longtemps ignorés. Par exemple, comme le fait remarquer Jakobson, l'information métalinguistique concernant des éléments tels que la valeur sociale attribuée à des formes de parole différentes est une partie importante de ce qu'un locuteur sait et les récentes études de Labov... montrent très clairement la pertinence de tels facteurs dans la diachronie. Une conception de la grammaire dans laquelle on rend compte explicitement de ces aspects plus larges de la compétence fournira, il faut l'espérer, une base générale à l'étude de leur rôle dans le changement linguistique* ».

nateur commun », De Camp (1971 : 368) propose de considérer la compétence comme la somme des compétences individuelles, comme une propriété de la communauté dans son ensemble. Il reconnaît que l'hétérogénéité existe, comme dans le cas du « continuum post-créole » de la Jamaïque : aucun individu ne peut maîtriser l'ensemble des variétés existantes ; mais ceci, suggère De Camp, peut être considéré comme « un problème de performance » analogue à l'incapacité à énoncer des phrases dépassant un certain niveau de complexité. Et cela a pour effet de réinstituer le « locuteur-auditeur idéal », désormais doté en compétence théorique, de l'équivalent d'une connaissance parfaite pour une communauté hétérogène. De Camp considère qu'il s'agit là d'une définition sociale plutôt que psychologique de la compétence et, dans un certain sens, c'est exact, mais une telle définition s'enferme dans une contradiction. De Camp veut prendre en compte sur le plan formel l'hétérogénéité d'une communauté, il veut considérer cette prise en compte comme une grammaire (pure et simple ; il rejette tout terme modifié) et il veut maintenir l'équation grammaire = savoir. Comme référent pour ce savoir, il postule un Jamaïquain idéal par rapport auquel *tous les locuteurs jamaïquains réels sans exception sont en principe partiellement incompétents* ! La compétence individuelle effective s'évanouit et disparaît dans la catégorie de la performance [20].

Tenter de préserver l'équation entre grammaire et connaissance tout en admettant par ailleurs la diversité pose à Cazden (1967) des difficultés analogues. Cazden, étudiant de façon astucieuse et réaliste le développement du langage chez l'enfant et l'éducation, relève de fortes raisons pour rejeter le postulat selon lequel il n'y aurait pas de différences de compétence au cours du développement (138-40) ; en cela, elle va à l'encontre de l'affirmation implicite d'invariance qu'on trouve dans l'usage que fait Chomsky de « compétence ». Afin de pouvoir prendre en considération les différences individuelles de savoir ainsi que la distinction entre savoir et comportement, elle établit trois catégories (136-8). La compétence est définie comme étant le savoir d'un individu, ou l'ensemble infini de phrases que ce savoir rend possible (au regard de la grammaire). La performance est divisée en performance A, entendue comme ensemble de phrases possibles qu'un individu peut en pratique encoder ou décoder, étant donné certaines de ses caractéristiques psychologiques intrapersonnelles (attention, mémoire, etc.) ; et performance B, énoncé effectivement prononcé dans une situation particulière. B met en œuvre des facteurs inter-personnels, tels que le cadre, le thème, etc., mais n'est pourtant identifiée qu'au comportement observé. Ce qui est approprié, contrôlé normativement par des règles sociales, est réduit à ce qui est en fait accompli. Les observations personnelles de Cazden vont dans le sens d'une reconnaissance de capacités et d'un savoir sous-jacents pour ce qui concerne B, comme le fait la distinction psychologique courante entre apprentissage (savoir) et performance

---

20. *De Camp 1971 : 368 : « Nous pourrions alors chercher des explications socio-économiques aux diverses façons dont la performance réelle de locuteurs réels reste en deçà de cette compétence idéale. ».*

(comportement) qu'elle cite (136) ; mais il semble bien que la toute-puissance de la théorie linguistique ait interféré avec ce que, dans un certain sens, elle savait tacitement [21].

Le contenu et l'étendue du savoir d'un locuteur-auditeur, c'est-à-dire, quelque chose qu'on peut raisonnablement nommer compétence, va donc au-delà de la grammaire. En fait, comme il apparaîtra dans l'examen des autres questions, un membre normal d'une communauté possède un savoir touchant à tous les aspects du système de communication dont il dispose. Il manifeste ce savoir dans la façon dont il interprète et évalue la conduite des autres, tout comme la sienne propre. C'est donc dans ce sens plus général que l'on entendrait normalement ce que pourrait signifier un tel savoir en termes de compétence. Mais dans le sens normal, compétence s'étend au-delà de savoir. Il s'agirait alors d'un terme générique pour désigner les capacités d'un individu. Si la compétence inclut le savoir, elle inclut aussi quelque chose d'autre : une capacité à l'utilisation de ce savoir, à la mobilisation et à la mise en œuvre de ce savoir. Cet ensemble de capacités a pu être appelé *maîtrise* de la langue (« command ») Teetet 1972 : 531 et cet emploi semble répondre à la fois à l'usage courant et aux besoins d'une théorie adéquate [22].

Quand on analyse la maîtrise d'une langue, il est important de ne pas séparer les facteurs cognitifs des facteurs affectifs et volitifs. Dans une description d'ensemble de la compétence verbale et de communication, il faudrait prendre en considération des aspects comme ceux qu'évoque Goffman (1967 : 218-26) — capacités entrant dans l'interaction telles que le courage, la crânerie, le cran, le sang-froid, la présence d'esprit, la dignité, l'assurance en scène (Goffman examine ces capacités de façon assez détaillée et en parle explicitement comme d'un type de compétence dans un cas au moins (224)). Ces facteurs sont importants pour la performance, bien sûr, mais aussi pour l'acquisition de certains aspects du savoir linguistique lui-même et pour l'acquisition par le linguiste d'une connaissance correcte des faits linguistiques (les travaux de Labov montrent le rôle de ces facteurs dans la construction d'un protocole de recherche et pour l'examen des vernaculaires). Dans l'enseignement et en sociolinguistique, on retrouve toujours le thème selon lequel l'**identité individuelle** et l'identification de soi avec les autres sont des facteurs cruciaux pour les types de compétence acquis et maintenus (sur la place de ces facteurs dans le changement linguistique et le maintien

---

21. *Le fait que la vie sociale est, gouvernée par des règles dans les contextes linguistique et psychologique est difficilement admis, comme le montrent Fodor et Garrett (1967). Ils concluent fort justement que la dichotomie compétence/performance de Chomsky contient non pas une, mais deux distinctions qui sont plus ou moins confondues généralement : celle entre l'étude du comportement et l'étude des mécanismes sous-jacents d'une part et celle entre l'information linguistique d'un locuteur et ses mécanismes psychologiques de l'autre. Les aspects sociaux de chacune ne sont pas pris en compte.*

22. *Teeter établit une distinction entre la connaissance d'une langue et sa maîtrise, dans l'explication qu'il donne de la démarche de Bloomfield en analyse linguistique. Il estime que Bloomfield engage son travail grammatical pratique par le biais de la maîtrise et qu'il a une théorie du langage non explicitée qui comprend une ethnographie de la parole.*

des traits linguistiques, voir Bloom et Gumperz, et Labov, dans Gumperz et Hymes 1972. Le Page (1968) met en évidence le rôle fondamental de l'identité et il en a fait le pivot de ses nombreuses recherches au Honduras Britannique (1972, ms.)). La non-prise en compte de l'identité va de pair avec le postulat simpliste selon lequel l'acquisition de la compétence n'est qu'une affaire de maturation et de développement, tout comme il va de pair avec l'autre postulat simpliste selon lequel c'est simplement la quantité d'exposition à du langagier qui détermine la parole. A cet égard, la notion de maîtrise, d'utilisation linguistique comme partie de la compétence nous aide à reconnaître et analyser ce qu'est véritablement le processus de développement linguistique.

Tout ceci ne revient aucunement à rejeter le facteur de potentialité systémique qui conserve toute sa pertinence non seulement pour l'analyse grammaticale, mais aussi pour l'analyse de l'organisation des moyens de la parole de n'importe quel autre point de vue, psycho ou sociolinguistique. Distinguer entre la possibilité systémique d'une part et le savoir, la maîtrise et la compétence dans son ensemble de l'autre, c'est permettre à l'analyse formelle des moyens de la parole d'avancer sans avoir à s'encombrer de questions qu'il ne lui est pas loisible de prendre en compte et c'est rendre possible l'étude d'aspects de l'utilisation créatrice du langage qui, sinon, demeureraient opaques. En distinguant entre possibilité systémique et savoir, on fait la part de ce type de créativité qui consiste à mettre au jour des possibilités implicites dans un système, mais non encore découvertes, pas encore connues (voir Wallace 1961 b à propos de ce phénomène en général et Jones 1953 : 213 pour ce qui est de l'anglais). Et si l'on admet la distinction entre maîtrise et savoir — comme cela se fait dans beaucoup de communautés, par exemple les Haya du nord de la Tanzanie (Sheila Seitel, communication personnelle) — on autorise l'étude des caractéristiques effectives du « locuteur-auditeur idéal » tel qu'il est défini par des groupes différents, l'étude aussi des conditions qui encouragent ou découragent la créativité dans l'utilisation du langage.

Compte tenu de ces diverses considérations, il me semble qu'il n'y a pas de raison déterminante de maintenir une terminologie linguistique qui diverge de l'usage général de « compétence » et de « performance », mais qu'il y a bien des raisons de conserver aux termes linguistiques leur conformité à l'usage général. Avant toutefois d'en venir aux relations d'ensemble, il faut examiner les trois autres questions.

2. Si oui ou non, et dans quelle mesure, quelque chose est disponible.

Chomsky n'introduit aucun terme spécifique pour cette dimension mais utilise « faisabilité » dans un sens qui n'y est pas étranger 1965 : 54). **Faisabilité** semble être en effet le terme qui convient le mieux aux facteurs psycholinguistiques qui interviennent ici, des facteurs tels que les limitations de la mémoire (cf. Reich 1969 et le n° 32, ci-dessous), les dispositifs perceptuels, la gêne ou l'aisance dues à des propriétés formelles telles que l'emboîtement, l'enchâssement, le branchement, etc. Il faut faire deux remarques à ce sujet. Premièrement, certaines des propriétés relevant de cette dimension ont des rôles habilitants et en partie constitutifs, même au regard de la théorie grammaticale standard ; les propriétés en question ne sont pas toutes uniquement limitatives à l'égard du grammatical ou du systémiquement possible. Deuxièmement, il existe une application importante à d'autres aspects de la culture, comme l'hypothèse de Wallace (1961 a : 462) selon laquelle le cerveau est tel que :

> « *Les taxinomies populaires institutionnalisées culturellement ne contiennent jamais plus de 26 entités et, par conséquent, n'exigent pas plus de six dimensions binaires en rapport orthogonal pour la définition de tous les termes.* »

La dimension psycholinguistique a en sociolinguistique un équivalent important qui peut être dénommé **accessibilité** (cf. Hymes 1973 b). Et ceci a à voir avec les occasions qu'ont les individus d'utiliser et même d'acquérir les moyens de la parole, en fonction des pratiques et croyances d'une communauté. Il s'agit d'abord ici de limitations, dans la mesure où il n'existe nulle part d'égalité quant aux droits à parler et aux types de parole (cf. Hymes 1972 c, 1973 f et Darnell 1972), mais les effets de facilitation et de modelage entrent aussi en compte. C'est toute l'économie de la parole d'une communauté qui peut être analysée de ce point de vue, en particulier si on s'intéresse à l'éducation et à l'évolution sociale.

Il semble souhaitable d'avoir un terme général pour ces deux secteurs coorrélatifs et **disponibilité** vient ici à l'esprit.

La disponibilité, et surtout l'accessibilité, est importante pour un usage créatif de la langue qui est métalinguistique (au sens d'impliquer une adaptation et une évolution des moyens linguistiques) puisqu'il faut bien, en la circonstance, considérer comme un donné la plupart des moyens linguistiques, lorsqu'on en examine ou analyse une partie. Le rôle des moyens linguistiques dans la forme que prennent la cognition et le comportement dépend dans une large mesure des facteurs relevant du secteur considéré ici. Même si la seule chose à considérer dans l'utilisation de moyens linguistiques pour nommer, analyser ou emmagasiner l'expérience était le potentiel systémique total, la cognition et le comportement n'en continueraient pas moins d'être influencés par les limites extérieures, la découpe, le style, de la ou des langues disponibles et en fait, le plus souvent, on ne cherche pas, à l'intérieur des ressources de la langue, les moyens qui, selon tel ou tel critère, conviendraient le mieux au propos visé : on utilise simplement les moyens les plus immédiatement disponibles. Une fois admis que tout ensemble de moyens linguistiques présente des potentialités non utilisées et que, au regard de la grammaire, tous les moyens se valent, la disponibilité, dans une situation donnée, est très fortement influencée par ce qu'on sait avoir été dit auparavant dans la même situation.

Les distinctions entre possibilités systémique et compétence, et entre faisabilité et accessibilité reflètent une répartition de tâche et d'orientation entre, d'un côté, une démarche linguistique et psycholinguistique centrée sur la langue même, de l'autre, une démarche sociolinguistique centrée sur les communautés linguistiques et sur leurs membres. Avec la troisième question, nous arrivons à un secteur où il est impossible de maintenir une telle division.

3. Si oui ou non, et dans quelle mesure, quelque chose est approprié.

Chomsky introduit le terme **approprié** à propos de la possibilité qu'offre la langue de « *réagir de façon appropriée dans une série indéfinie de situations nouvelles* » (1965 : 6 ; cf. 1966 n : 3, 5-6). Toutefois, à elle seule, la langue telle qu'elle est analysée en linguistique, ne fournit que la possibilité de l'appropriété et non la réalité. En vertu de la grammaire, des phrases nouvelles sont possibles, mais, parmi un nombre infini de phrases nouvelles possibles, quelle est celle qui sera appropriée dans une situation nouvelle donnée ? Cela dépend du rapport entre les phrases et d'autres aspects du comportement culturel. En effet, l'appropriété implique un savoir tacite. Chomsky lui-même souligne la nécessité de caractériser les situations en termes mentalistes et renvoie à « *ce que l'on peut attendre des recherches en anthropologie* » (1965 : 195, n. 5). On pourrait penser qu'il y a là la reconnaissance qu'une analyse adéquate de l'appropriété, comme rapport entre phrases et situations, doit avoir à faire avec une compétence sous-jacente. Et les insuffisances de l'analyse première de la compétence et de la performance apparaissent ici à l'évidence. Bien que l'analyse des situations en termes non-mentalistes soit rejetée comme trahissant « *une mécompréhension totale* » (1965 : 195, n. 5), la dichotomie d'origine ne laisse aucune autre place au sujet que la « performance », dont la description comme « *l'emploi effectif de la langue dans des situations concrètes* » (1965 : 5) ressemble fort à la conception par ailleurs rejetée.

En anthropologie culturelle, « approprié » a en fait été utilisé, d'une façon qui répond parfaitement aux exigences de la linguistique, dans les travaux de Conklin, Frake et d'autres ; et, à partir d'un point de vue ethnographique (Hymes 1964 a : 39-41) il a été étendu à la théorie linguistique. Le terme suggère bien le sens voulu de « rapport à un contexte ».

Les contextes dont il faut tenir compte sont à la fois verbaux et non-verbaux. L'interdépendance entre les deux aspects a souvent été relevée et ces constats donnent à entendre qu'on ne saurait guère parvenir à l'expression de règles linguistiques pleinement généralisables si on ne considère pas à la fois le verbal et le non-verbal. (Voir Waterhouse 1963 sur les phrases indépendantes et dépendantes et Gunter 1966 sur le rôle de l'accent.) Il se peut en effet que les jugements d'appropriété ne soient assignables ni au champ linguistique ni au champ contextuel et social, si on considère séparément les deux domaines. Même si l'on ne s'intéresse qu'à la grammaticalité, les phrases appartiennent à un certain style, le jugement est porté dans un certain contexte de définition et peut donc comporter un facteur d'appropriété (cf. Labov 1966). D'une façon générale, les significations des styles de parole impliquent un rapport entre les moyens et les contextes, comme nous l'avons indiqué plus haut. Ainsi, la notion d'appropriété réunit le purement linguistique et le sociolinguistique, le linguistique au sens large avec le socioculturel.

Etant donné cette union, une grande partie de l'usage créatif d'une langue pourrait bien tenir non au caractère illimité du nombre et du type de phrases susceptibles d'être produites dans des situations nouvelles, mais aux possibilités d'esprit, d'humour, d'insulte, de « résonance », etc., qu'ouvre le jeu sur la sensibilité au contexte des règles liant les phrases aux situations. Et une certaine utilisation créative peut prendre la forme non pas de phrases nouvelles, mais de phrases anciennes dans des situations nouvelles. Une telle utilisation peut être l'un des plus grands plaisirs dans l'existence de certains locuteurs ou de certaines communautés trouvant une satisfaction certaine à la récurrence d'un discours familier dans des situations elles-mêmes définies non comme nouvelles, mais comme récurrentes ; et la linguistique ne devrait pas mépriser le rôle que joue la langue au service des rites et des persistances coutumières dans la vie de gens. Il se peut qu'il y ait des traits intéressants, voire des traits pratiquement universels dans les moyens linguistiques qui paraissent appropriés à de telles fins (cf. Sherzer 1973 à propos des caractéristiques du style traditionnel).

Si l'appropriété établit un lien entre l'étude des moyens linguistiques et les communautés linguistiques, il convient cependant d'opérer certaines distinctions à l'intérieur même de ce secteur. A un pôle, on trouve la pure et simple acceptabilité des réalisations langagières et à l'autre pôle, leur appréciation comme désirables, heureuses, exactes, etc. [23].

4. Si oui ou non, et dans quelle mesure, quelque chose est accompli.

La question de l'**occurrence** effective de quelque chose a déjà été évoquée à propos des autres dimensions et tout, bien sûr est lié ; on n'a pas affaire ici à des compartiments étanches, mais à différentes entrées

---

[23]. *Cf. les discussions de ces notions chez Mc Intosh (1967), Quirk (1966) et Quirk et Svartvik (1966). Mc Intosh propose les notions d' « appropriacy » et d' « adequacy ». Son « appropriacy » semble être un terme général équivalent à « appropriété » dans cet essai. Son « adequacy » (adequation) s'appliquerait aux degrés ou aux jugements d' « appropriacy » s'agissant du propos et du résultat d'une situation. Il insiste sur le fait que l'événement linguistique répond à la fois à des conditions de grammaticalité et d'appropriété (86-7). Quirk prend « acceptabilité » comme terme général (et l'usage qu'en fait Chomsky semble impliquer la même chose, « acceptabilité » comprenant des facteurs concernant le grammatical, le faisable et l'approprié). Quirk est confronté dans ses recherches à la nécessité de spécifier des normes linguistiques (cf. Akhmanova 1965). Dans ses tests, très peu de phrases paraissent aux sujets soit tout à fait acceptables, soit tout à fait inacceptables ; une série de jugements complexes et gradués apparaît ainsi. On voudrait aller plus loin et mettre en relation ces tests avec une analyse plus détaillée des moyens linguistiques et des contextes verbaux et sociaux. On ne peut pas, par exemple, poser que l'effet du contexte est contrôlé avant de l'étudier au-delà du domaine d'une norme seule et unique. Mais Mc Intosh et Quirk sont d'accord sur le fait qu'il s'agit d'une question de degré. Il est tout à fait possible que les règles variables et la démarche quantitative présentée par Sankoff (1974) puissent s'appliquer à de nombreux cas.*

heuristiques. Il faut que cette quatrième dimension soit identifiée en tant que telle, parce qu'on l'ignore souvent et parce qu'elle inclut des phénomènes importants pour la cognition, les règles et le changement linguistique. Autant la linguistique ne saurait se limiter aux occurrences observées, autant elle ne peut pas non plus négliger les propriétés des phénomènes d'occurence.

Cette catégorie est importante, entre autres, en matière de choix et de démarche de recherche quand il y a lieu d'observer et d'abord de débusquer certains faits de parole. C'est ce que Labov (1970-1973) a très clairement montré. Il y a une relation d'interdépendance entre ce qui est spécialement normé et ce qui socialement apparaît comme réaliste. Un aspect parmi d'autres de cette question est ce que Harold Garfinkel (in Bright (1966 :323)) présente comme l'application d'un principe médiéval, *factum valet* : « une action par ailleurs interdite par une règle doit être considérée comme correcte si pourtant elle se réalise ». Les membres d'une communauté sont conscients de la fréquence, de la rareté, de l'établissement antérieur ou de la nouveauté de beaucoup de traits de la parole et ce savoir affecte leurs jugements et leurs comportements langagiers[24]. Qui plus est, les capacités des locuteurs incluent une certaine faculté d'analyse des probabilités d'occurrence. Un des problèmes importants pour la cognition en général et pour la détermination des styles en particulier, est que le nombre ou la proportion de traits requis pour marquer la parole, comme relevant d'un certain style ou d'une certaine variété se présente aussi comme une variable : dans certains cas, une occurrence, ou quelques occurrences suffisent ; à l'autre extrémité, une prédominance quantitative au-delà d'un certain seuil est communément considérée comme de l'ordre du qualitatif, du discret et on ignore ou même on ne remarque pas les exceptions.

Les propriétés statistiques ne sont pas en elles-mêmes révélatrices, mais elles le sont quand les locuteurs les considèrent comme telles. Jucera (1955) rapporte que les locuteurs pragois commencent une conversation dans une certaine variété linguistique et vont graduellement vers une variété moins formelle en introduisant peu à peu des traits de cette seconde variété et en en modifiant peu à peu la fréquence. Les

---

24. *Pour donner un exemple :*
   « *Produire une nouvelle traduction en allemand des œuvres de William Shakespeare est une tâche comparable à celle de la rédaction de la New English Bible (Nouvelle Bible anglaise). La traduction d'Erich Fried des œuvres complètes de Shakespeare est en concurrence avec le Shakespeare de Schlegel-Tieck qui, malgré toutes ses imperfections, jouit en Allemagne d'un statut qui n'est pas sans rapport avec celui de la Version Autorisée (de la Bible) dans notre pays. La traduction de Schlegel-Tiek est plus qu'une simple traduction, plus qu'une version possible parmi beaucoup d'autres. Comme le notait L. M. Price en 1932 dans son étude de Reception of English Literature in Germany, « sa phraséologie fait maintenant partie du patrimoine culturel commun du pays et est ressentie comme étant aussi sacrée que les textes d'Homère ou de Goethe. On regarde généralement avec méfiance les variations suggérées, en dépit du fait que sa canonicité a été durement ébranlée au cours des 50 dernières années par certaines recherches dans l'histoire des rédactions originelles du manuscrit* »
   (« *Seyn oder nicht seyn-Das ist die Frage* » *(compte rendu de cinq volumes de traductions par Erich Fried (Berlin : Wagenbach), Times Literary Supplement, numéro du 2 février 1973, p. 126).*

traits du japonais qui marquent le statut donneraient lieu à des manipulations du même type. Toute description adéquate du rapport, dans une compétence normale, entre locuteur et auditeur doit rendre compte de :
> « *la distinction entre ce qui est tout juste et marginalement possible et ce qui est en fait normal : entre ce que l'on acceptera en tant qu'auditeur et ce que l'on produira en tant que locuteur* » *(Quirk 1965 : 165).*

On pourrait s'attendre ici à un retour sur la notion de performance et il est de fait qu'un aspect important de la performance doit être mis en relation avec le phénomène d'occurrence en tant que tel. Bien distinct du simple événement au sens factuel, « ce qui arrive », il y a l'événement dans un autre sens, un sens plus récent, insistant sur la propriété d'émergence (« ce qui surgit », le « happening »). Les performances peuvent présenter des schémas, une dynamique, des qualités que l'on ne peut absolument pas réduire à la mise en œuvre d'une compétence individuelle, ni même à la somme des compétences des participants. Il se peut en effet que la question cruciale soit précisément l'interaction entre les compétences individuelles et les caractéristiques de l'événement et du contexte, comme dans les concerts (en particulier, maintenant, avec la musique aléatoire), les pièces de théâtre, les soirées (qui « marchent » ou « ne marchent pas »).

De façon générale, l'utilisation de « performance » pour désigner le comportement ou la conduite est redondante et trompeuse, tout comme l'est l'utilisation de « compétence » pour désigner la connaissance ou la réalité mentale de la grammaire. Il se peut que l'expression « modèles de performance » soit maintenant trop bien établie en psycholinguistique pour qu'on la change et le plus souvent le contexte fera probablement apparaître que sa signification est limitée. Mais l'usage courant de ce terme et de ses dérivés dans d'importants travaux en ethnographie (cf. Goffman 1959 : 17-76, « Performances » ; Singer 1955 ; Wolf 1964 : 75-6 et les travaux mentionnés dans Hymes 1971 c) doit informer le sens donné au terme « performance » en sociolinguistique ou, plus généralement, dans le cadre d'une linguistique s'intéressant à l'étude de l'appropriété, des événements de parole et des communautés linguistiques. De fait, le concept de « performance » prendra à coup sûr une grande importance lorsque l'étude de la compétence de communication sera pensée en relation à ce que l'on peut nommer l'ethnographie des formes symboliques, c'est-à-dire la variété des genres, marqués esthétiquement et valorisés culturellement, qui sont en interaction avec la parole dans la vie communicative d'une société et au regard desquels l'importance relative et la signification de la parole et de la langue doivent être évalués. Dans les domaines du folklore et de l'anthropologie, la tendance actuelle à reprendre l'étude de ces genres en tant que performances comportant des règles sous-jacentes (par exemple Abrahams 1972, Abrahams et Bauman 1968) peut-être lue comme une reconstruction sur une base ethnographique, de la conception proposée par Cassirer, avec la philosophie des règles symboliques.

Dans ces études, l'interaction des moyens, linguistiques et autres, est d'importance cruciale. Et dans certains cas, ces interrelations font apparaître une autre dimension de la compétence ; cf. par exemple, la remarque de Sebeok (1959 : 141-2) :

> « *La performance constitue une sélection ordonnée concurremment à partir de deux ensembles de signaux acoustiques — en bref, des codes — le langage et la musique... Ceux-ci sont intégrés par des règles spéciales...* ».

Même du point de vue purement verbal, l'interaction des moyens présente des propriétés d'émergence, comme le souligne Brown (1966) (cf. aussi Goldman 1973 et Poirier 1971 : 64-85). Brown oppose la critique proprement théâtrale à la critique littéraire qui n'étudie les pièces qu'à travers leur texte. En analyse littéraire, les passages et les effets complexes sur le plan verbal tendent à monopoliser l'attention. Et Brown cite « *des répliques aussi puissantes, que simples* » qui « *ne vivent que dans leur contexte dramatique, nourries par la coïncidence, la surprise, la répétition, le changement d'idiome dramatique, la performance physique, l'humeur, les groupements de personnages* » *(11-2)* ; « *des effets qui sont soutenus par le texte mais ne peuvent être réalisés que dans la représentation, la performance.* » *(12)*. En somme :

> « *Quand nous allons au-delà du sens des mots et de notre propre appréciation de leur rythme et de leur texture pour nous tourner vers leur mise en acte, leur représentation, nous passons rapidement de la page imprimée à la scène entière, des variations de tempo et d'emphase au mouvement physique, au silence, à la posture, au groupement, à la surprise possible d'une entrée ou d'une sortie, à des performances chargées d'émotion. Nous n'arrêterons pas de nous demander :* " *Quel effet cela a-t-il* " *? plutôt que* " *quel sens cela a-t-il* " *? Et quand enfin nous posons la seconde question, il nous faut rendre compte d'impressions que de simples citations du texte ne pourront jamais représenter* » *(14)*.

Ma préférence personnelle quant à l'utilisation du terme « performance » est d'en distinguer deux sens. Il y a le sens habituel de **« performance/représentation »,** pour désigner des événements mis en scène et programmés ou, même lorsqu'elles n'ont pas donné lieu à répétition et se présentent comme spontanées, des conduites qui « occupent le centre de la scène » (comme l'événement décrit par Williams dans son poème *The Artist* (1962 : 101). Et il y a le sens par lequel **performance** devient un attribut de tout comportement, dès lors que celui qui l'accomplit prend ou doit accepter la responsabilité d'être évalué dans ce comportement. Avec ce seul attribut, « performance » peut bien sûr s'appliquer et s'applique en fait assez souvent à n'importe quelle sorte d'activité. Pour l'étude des moyens linguistiques et des communautés linguistiques, il semble souhaitable d'y ajouter un autre attribut : un certain degré de focalisation sur la forme du message. C'est l'équivalent de la « fonction poétique » de Jakobson et de l'intérêt que

Ben-Amos et d'autres folkloristes portent à tout le domaine des comportements esthétiquement teintés ; et cela marque bien qu'il existe d'étroites relations entre sociolinguistique, poétique, stylistique et folklore. Encore une précision. L'expérience qu'on a de divers types d'activités de performance, telles que chanter, faire un récit, raconter des histoires drôles, etc., indique que l'important, pour ce qui est de l'attribut de responsabilité, c'est qu'il soit remarqué, pris en compte. Il peut être pris en compte comme « comptant » ou pris en compte comme « ne comptant pas », une des conditions de la performance étant alors justement, dans ce dernier cas, qu'on ne sera pas tenu responsable de la qualité de l'exécution : chanter juste, savoir l'air, danser avec grâce, etc.). L'important reste que la responsabilité soit considérée comme un critère pertinent, pouvant être pris en compte. Il est clair que l'étude de la performance ainsi comprise exige une étude des styles.

Venons-en maintenant à résumer les principaux résultats de l'examen de ces quatre secteurs, de ces quatre dimensions. Comme annoncé d'entrée de jeu, cet examen heuristique ne visait qu'à dégager les distinctions nécessaires et les repères utiles. Que ces dimensions aient quelque réalité par rapport à la langue, c'est ce qui apparaît notamment dans le fait qu'elles permettent de formuler des observations à facettes contrastées. Ainsi, on peut dire, en ayant recours à chacune des quatre dimensions inventoriées plus haut, qu'un discours est grammatical, maladroit (ou bien « *inconfortable* » (Kiparsky 1968 : 49)), trop formel et rare (comme la conversation de l'ambassadeur américain à la cour de St. James dans le film britannique pour la télévision *The Royal Family* (1969)) ; non grammatical, difficile, approprié par l'expressivité et individuellement unique, comme dans le discours de Leontes au deuxième acte de *The Winter's Tale* de Shakespeare ; non grammatical, maladroit, approprié et courant, comme dans le discours requis des paysans burundi devant les aristocrates ; grammatical, facile, correct et évité, comme dans des cas où le recours au titre complet serait généralement évité ou dans l'absence de formule d'adresse à l'égard de membres du corps professoral, de la part d'étudiants gradués qui connaissent trop bien les professeurs pour se sentir à l'aise quand ils utilisent leur titre complet, mais pas assez bien pour s'adresser à eux de façon informelle. (Ces exemples sont tirés de Hymes 1971 b : 58)[25].

Les rapports entre ces secteurs, ou dimensions, peuvent être résumés par un diagramme en forme de Y. Les branches indiquent la différenciation, représentée en termes de relative autonomie, entre, d'une part,

---

25. *Le compte rendu cité dans la note 30 ci-dessus fournit le matériau à deux autres exemples. Le domaine effectif de la grammaticalité disponible à Schlegel — avec les contraintes du genre et du goût de son époque, mais aussi, apparemment, celles de ses aptitudes personnelles — résulte en une « uniformité et une justesse formelle », tandis que Fried aurait :*
  « *le don d'une facilité d'expression naturelle rare chez un traducteur. Ce n'est qu'exceptionnellement qu'un vers semble simplement habile ; c'est comme s'il avait recréé Shakespeare en allemand* ».
Ces observations et d'autres de ce genre suggèrent qu'on peut dire des traductions de Schlegel qu'elles sont grammaticales, uniformes (dans leur justesse), formelles, dignes et « classiques », tandis qu'on peut dire de celles de Fried qu'elles sont grammaticales, faciles, vigoureuses et riches, nouvelles.

l'étude du potentiel systémique et de ce qui est faisable (soit pour les langues, soit pour les moyens de la parole en général) et, d'autre part, le savoir et la maîtrise (la compétence individuelle) et l'économie de la parole. Le tronc du Y marque l'interdépendance entre l'étude des moyens de la parole celle de l'économie de la parole pour ce qui est de l'appropriété et de l'occurrence.

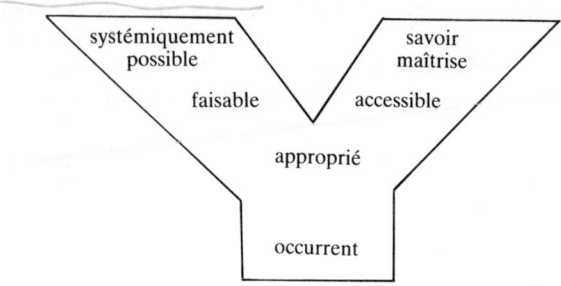

```
   systémiquement          savoir
      possible             maîtrise
     faisable             accessible
              approprié

              occurrent
```

Ce diagramme en Y indique jusqu'à quel point il a été possible en pratique de mener dans différents secteurs du champ des phénomènes langagiers, des études relativement indépendantes les unes des autres. Notons que les deux branches représentent, à gauche, la linguistique et la psycholinguistique formelles, ou la linguistique en tant que psychologie cognitive, considérée en termes de grammaire uniquement et, à droite, la sociologie du langage, quand on la considère sans égard à l'analyse linguistique. Ces deux branches pourraient être unies, pourtant, en une perspective unique et cohérente. Il n'est pas intrinsèquement nécessaire de poursuivre l'étude de l'une sans faire référence à l'autre. Reste que des différences de priorités, de méthodologies et d'intérêts entretiendront encore assez longtemps, selon toute probabilité, bien des divisions et bien des incohérences.

Pour conclure ce chapitre, nous pouvons en revenir au champ d'intérêt linguistique d'où nous sommes partis et le comparer au champ d'intérêt sociolinguistique proposé ici comme conception autre du domaine de la linguistique.

On peut dire que le but de la théorie linguistique qui a été prise ici comme référence est de découvrir les bases de la grammaire. Le problème central est d'identifier les jugements de grammaticalité.

On peut dire que le but de la théorie sociolinguistique (ou d'une théorie linguistique large) est de découvrir de quelles manières les moyens et l'économie de la parole des communautés sont liés dans le comportement verbal. Le problème central est de montrer comment s'articulent le systémiquement possible, le disponible, l'approprié et l'occurrent.

Dans les deux cas, l'ambition est d'établir les bases d'une compréhension de la nature du langage et, dans une certaine mesure, de la nature de l'esprit et de l'homme.

Soit, si l'on a recours au schéma :

GRAMMAIRE

Capacités	Dimensions	Champ	Localisation	Rapport à l'individu, à la communauté
compétence (savoir)	grammatical	langue (grammaire)	esprit	
performance	{ faisable / approprié }	{ esprit + comportement }	{ esprit + comportement }	rapport d'équivalence (postulé)
	acceptable		langage * (grammaire)	

* Dans la mesure où cela a été expliqué.

FAÇONS DE PARLER

Capacités	Dimensions	Champ	Localisation	Rapport à l'individu, à la communauté
compétence (savoir, maîtrise)	systémiquement possible / disponible / approprié / occurrent / acceptable	moyens de la parole / signification, répertoires / économie de la parole	esprits / conduites / contextes	rapport problématique (à découvrir en contexte)

En d'autres termes, la compétence, en tant que savoir et maîtrise, est pertinente, et cela dans chacune de ses dimensions, au champ des façons de parler. A l'intérieur de ce champ, l'interrelation entre moyens de la parole, et économie de la parole est considérée comme s'opérant par le biais des répertoires verbaux et des significations des styles de parole dans ces répertoires. Encore une fois, tant la compétence que les façons de parler ont à voir, tout entières, avec l'action sociale, avec la conduite verbale : ni l'une n'est uniquement attribuée à l'esprit ni les autres ne sont uniquement attribuées au comportement. Le choix des termes « action » et « conduite » plutôt que « comportement » relève, il est vrai, d'une conception « mentaliste » de ce domaine, mais c'est dans le sens réaliste où il existe un interrelation entre esprit et contextes. Interrelation qui est considérée comme s'opérant par le biais de la conduite au cours d'actes, d'événements et de situations de paroles. Ces termes sont définis de la façon suivante : un événement de parole est un événement (ou activité) gouverné par des règles que l'on peut énoncer en termes de façons de parler ; une situation de parole est un contexte ou une scène où de la parole se réalise, qui est peut-être gouverné(e) par une règle, mais qui n'est pas en soi définissable en termes de façons de parler : un acte de parole est l'élément minimal de la structure d'un événement (ou d'une activité) de parole et peut même en constituer le tout. Un thé à St. Vincent serait donc un événement de parole ; à l'intérieur de cet événement de parole, la harangue serait un acte de parole, à moins qu'il ne soit préférable de la traiter comme un acte complexe dont certaines composantes seraient l'adresse initiale, le discours proprement dit et la plaisanterie ; les fêtes du calendrier seraient des situations de parole, comportant les discours publics mais aussi beaucoup d'autres éléments (voir Abrahams 1972 pour une description de ces cérémonies : les termes définis ici ont été introduits in Hymes 1967 a, 1972 c). Enfin, dernière remarque à propos de ce second schéma, le rapport entre les façons de parler et les individus et communautés n'est pas postulé comme d'équivalence (contrairement à ce qui se passe pour la grammaire, dans le premier schéma) mais considéré comme problématique et devant être déterminé dans le contexte de chaque cas donné.

Un tel diagramme peut s'avérer utile pour situer la thèse ici développée au regard de la notion de compétence. Un autre diagramme pourrait être plus utile pour la situer au regard de la notion de communauté linguistique dans son ensemble. Du point de vue de la communauté, la compétence est en soi une composante majeure, mais elle n'est toutefois qu'une composante majeure parmi d'autres. Telle qu'on l'a envisagée ici, la compétence est la composante majeure pour ce qui concerne les capacités des individus. Les ressources de la communauté — ses moyens de parole — et son organisation, sa structure quant à l'utilisation de ces ressources — son économie de parole — sont tout autant des composantes majeures, sollicitant comme telles notre attention. Qui plus est, il est souhaitable de faire ressortir clairement la place qu'ont dans une communauté, les attitudes, les valeurs et les opinions relatives à la parole et à la langue. Ces facteurs interviennent sans doute pour beaucoup dans l'utilisation et l'acquisition de la parole et sont peut-être essentiels à une explication des caractéristiques de la compétence, des moyens de la parole et de l'économie de la parole.

En identifiant ces composantes majeures des façons de parler d'une communauté, nous arrivons à un jeu de distinctions qui en rappelle d'autres, bien connues en sociologie et résumées dans la formule L.I.G.A. de Talcott Parsons. Parsons distingue : les valeurs et opinions latentes, sous-jacentes d'un système social (L), son organisation institutionnelle (I), son activité finalisée (G (« goal » : but)), qui s'exerce au niveau des acteurs individuels, et les ressources adaptatives dont il dispose (A (« available » : disponible)). Cette classification n'est rien de plus d'une classification : il ne s'agit pas d'une théorie, mais d'un dispositif heuristique. En tant que dispositif heuristique, toutefois, elle est très utile. Sous forme de diagramme :

MOYENS DE LA PAROLE	COMPÉTENCE
ATTITUDES, VALEURS, OPINIONS	ÉCONOMIE DE LA PAROLE

On pourrait facilement assigner plusieurs disciplines à l'une ou plus de chacune de ces composantes — la linguistique, la stylistique, la poétique, la rhétorique, à l'étude des moyens de la parole ; les mêmes plus la psycholinguistique, peut-être, à l'étude de la compétence ; la sociologie et l'anthropologie, à l'étude de l'économie de la parole et des attitudes, valeurs et opinions (La psychologie sociale aurait un certain rôle à la fois dans cette dernière composante et dans la compétence). Il ne faudrait pas pour autant concevoir ces quatre domaines comme des compartiments étanches, mais plutôt comme des coins imaginés d'où partent des impulsions qui intéressent l'ensemble. D'où le cercle au centre, pour indiquer les mises en relation qui s'établissent dans les significations et dans les répertoires verbaux.

Les rapports qui s'instaurent à l'intérieur des répertoires verbaux et dans les significations des styles de parole qu'ils contiennent constituent en effet le foyer d'attention majeur pour la perspective sociolinguistique ici retenue. Et ceci pour deux raisons. En premier lieu, comme ces rapports apparaissent fondamentaux pour chacun des principaux domaines considérés, on ne court guère le risque, en mettant l'accent sur leur étude, de négliger tel ou tel des quatre domaines. Il nous faut une démarche intégrative dans la description des communautés linguistiques et, au bout du compte, il nous faut une théorie intégrée de leur nature.

Deuxièmement, une telle centration souligne que la description et la théorie dépendent de la pratique linguistique. Certes, la description doit inclure une contribution des sciences sociales (particulièrement une contribution ethnographique) et certes l'explication doit aussi faire appel aux sciences sociales, mais sans prise en compte des savoir-faire, linguistiques, nous n'aurons rien à expliquer, parce que nous n'aurons rien pu décrire. Il importe d'identifier et d'analyser les traits, les formes et les relations linguistiques qui entrent en jeu dans les styles de parole. Notre propos donne en effet une importance nouvelle à une description adéquate des faits linguistiques. Dans la perspective choisie, il n'y a pas pléthore, accumulation, surabondance de faits en mal d'explication, contrairement à ce que beaucoup de linguistes en venaient à penser il y a quelques années, s'agissant de description linguistique. Nous avons bien plutôt des débuts d'explications en quête de faits, de bonnes descriptions qui viendraient les corriger ou les développer. Pour tester et amplifier des hypothèses, pour identifier des variables-clé, pour rectifier les préjugés ethnocentristes qui sont endémiques aux sciences humaines, nous devons pleinement réhabiliter les savoir-faire durement acquis d'hommes tels que Boas, Sapir, Swadesh et Pike, aujourd'hui que de nouvelles interprétations peuvent venir informer et souligner plus encore leur valeur.

Déprécier la description sous prétexte de théorie « linguistique » constitue donc un obstacle lourd de conséquences. Le déclin et la quasi-disparition de cet art si utile qu'est la transcription phonétique voisine au désastre : ni une représentation phonémique abstraite ni, a fortiori, une orthographe ordinaire ne sont à même de rendre compte de ce qu'un narrateur habile réalise. Aussi longtemps que resteront dominantes les priorités de recherche et d'explication qui prévalent aujourd'hui, les bases de ce que pourrait être une compréhension des rôles du langage dans la vie des hommes demeureront bien minces. Nous parviendrons peut-être à une plus grande compréhension de ce que chacun pourrait faire en principe, mais certainement pas de ce que des individus bien définis sont capables de faire et font effectivement. Une théorie de la potentialité systémique de la grammaire, si élaborée soit-elle, n'est en aucune manière une théorie du langage. Nous avons donc besoin de savoir faire linguistiques et le huitième et dernier chapitre de cet essai sera consacré aux options qui conduisent à les négliger. Mais, avant d'en arriver à ces options, il nous reste à examiner un aspect majeur, pointé et souligné par Chomsky lui-même, de la compétence et de la performance linguistiques. Je veux parler de la dimension « créative » de l'utilisation de la langue.

Chapitre 7

Chomsky présente la notion de créativité comme une propriété de l'utilisation de la langue que la grammaire peut aider à expliquer. Dans la pensée de Chomsky, cette notion semble être étroitement liée à l'accent qu'il met sur la liberté et aussi sur le langage comme garant scientifique d'une forme de liberté intrinsèque à l'homme. Dans certains passages, il suggère également que la créativité est une composante essentielle de l'adaptation aux situations. Pour ce qui est de la dimension « existentielle » de l'adéquation explicative d'une théorie, les conditions et les types de créativité dans l'utilisation de la langue constituent en effet une préoccupation majeure. De plus, l'adéquation existentielle soulève des questions qui nous permettent d'analyser la notion de créativité de façon beaucoup plus complète. En examinant cette notion sous un jour un peu différent, nous pouvons contribuer à résoudre les difficultés qu'elle présente, difficultés que manifeste d'ailleurs le recours aux guillemets dans l'usage même que Chomsky fait du terme.

Dans l'un des contextes, la « créativité » du langage est décrite comme étant :

> « *la capacité du locuteur à produire des phrases nouvelles, des phrases qui sont immédiatement comprises par d'autres locuteurs bien qu'elles n'aient aucune ressemblance physique avec les phrases qui sont " familières " à ces locuteurs.* » *(1966a : 4).*

Dans une étude plus complète sur le développement de ces idées aux XVIIe et XVIIIe siècles, Chomsky introduit :

> « *ce que nous pouvons appeler l' " aspect créateur " de l'usage linguistique ordinaire — c'est-à-dire la propriété qu'il possède d'être tout à la fois illimité dans sa portée et indépendant de tout stimulus. Ainsi, Descartes affirme que la langue est disponible pour l'expression libre de la pensée ou pour une réponse appropriée dans n'importe quel contexte nouveau et qu'elle n'est déterminée par aucune association figée de phrases avec des stimuli externes ou des états physiologiques* » *(1966b : 4-5).*

Il semble donc que cette notion ait trois composantes : les moyens finis de la langue permettent au locuteur de produire des phrases qui sont (a) infinies en nombre, (b) indépendantes de tout stimulus, (c) appropriées à des situations nouvelles. Chomsky ne donne nulle part une liste de ces trois propriétés en ces termes ; il a tendance à en mentionner deux à la fois ; (a) avec soit (b), soit (c). Il souligne toutefois qu'une production illimitée n'est pas nécessairement indépendante de tout stimulus dans le sens voulu, si bien que ces deux propriétés sont effectivement à distinguer (1966 : 77, n. 8) ; et le dernier paragraphe de la note que je viens de citer distingue entre (b) et (c). Il est évident qu'une phrase nouvelle dans une situation nouvelle peut être indépendante de tout stimulus dans le sens voulu et pourtant ne pas être appropriée.

Chomsky modalise le choix du terme qu'il emploie non seulement en utilisant des guillemets, mais aussi en faisant deux remarques spécifiques. Parlant de l'intérêt que portait la période romantique à l'aspect créateur de l'utilisation de la langue, il note :

« *On ne dirait pas d'un acte qu'il est " créateur " à raison simplement de sa nouveauté et de son indépendance à l'égard de tout stimulus ou de toute pression identifiable. Par conséquent, le terme aspect " créateur " de l'utilisation de la langue, sans autre qualification, n'est pas tout à fait approprié pour désigner la propriété du langage ordinaire qui intéressait Descartes et Cordemoy* » *(1966 b : 16, 84, n. 30).*

A propos de W. von Humboldt, il note que :

« *Ces travaux sont également entachés d'un manque de clarté dans ce qui touche à plusieurs questions fondamentales, en particulier en ce qui concerne la distinction entre la créativité selon les règles, qui constitue l'utilisation normale de la langue et ne modifie pas du tout la forme de cette langue, et le type d'innovation qui entraîne une modification de la structure grammaticale de la langue* » *(1966 : 27-8).*

On en viendrait à se demander si « créateur » est plus qu'une étiquette honorifique, si les guillemets sont vraiment nécessaires en général et si l'emploi du terme doit donner lieu à tant de restrictions. Le sens précis des propriétés en question serait peut-être mieux servi par des termes spécifiques ; par exemple : « illimitation » (ce que certains structuralistes américains tels que A. A. Hill nommaient « *openness* » (ouverture) il y a vingt ans et que Rulon Wells baptisa en 1949 « *le principe du sens dérivatif* » ; voir les citations dans Hymes 1964 a : 46-7) avec « autonomie » ou « indépendance ».

Je pense que l'usage que fait Chomsky de « créateur », tout comme son utilisation de « compétence » et de « performance », introduit en linguistique une problématique importante, voire essentielle. La formulation n'en est pas aisée, mais l'enjeu central peut s'exprimer ainsi : reconnaître toute situation humaine et tout individu comme possédant ce que l'on pensait n'être la propriété que de certains actes et de certains individus. (Williams 1961, première partie, est particulièrement important sur ce point ; pour un précédent en anthropologie, voir Sapir 1938). Plutôt que d'écarter cette propriété comme hors-science, nous devrions, avec Chomsky, porter notre attention sur les aspects de notre science qui contribuent à l'expliquer et peut être à la développer. Certains commentaires sur la créativité dans divers passages des chapitres précédents s'inscrivent dans cette visée. La difficulté demeure qu'une linguistique qui s'intéresse essentiellement à la potentialité systémique ne peut analyser la créativité du langage qu'en termes de potentialité systémique. La production de phrases nouvelles est en effet une composante de la créativité et l'indépendance à l'égard de toute détermination mécanique par une situation externe constitue à coup sûr une condition préalable, mais, comme le suggèrent les commentaires de Chomsky lui-même, ces propriétés ne suffisent pas.

La clé du problème est à chercher dans le traitement de **l'appropriété**. Et on peut constater ici que les difficultés posées par la créativité dans la théorie dont nous discutons sont du même type que celles présentées par la dichotomie initiale compétence/performance. Ce qui commande tout, c'est la volonté de mettre l'objet d'étude à l'abri des approches superficielles. L'accent est mis sur les propriétés qui font ressortir le rapport « négatif » de la langue à la situation, qui mettent en évidence son indépendance, à l'encontre de toutes les tentatives d'explication empirique, béhavioriste et mécaniste. Et ce qui n'est pas développé, c'est l'aspect « positif » du rapport de la langue à la situation.

Dans *Cartésian Linguistics* (Chomsky 1966 b, trad. fr. : *La linguistique cartésienne*, Seuil, 1969), l'appropriété est toujours un rapport à des situations nouvelles. On ne dit pas ce qui fait qu'une situation est nouvelle. L'idée est sans doute que cette nouveauté garantit que la phrase ne peut pas y avoir été conditionnée auparavant et que partant, pour être appropriée, il faut qu'elle soit elle-même nouvelle. Un traitement de ce type s'intéresse à l'illimitation et à l'autonomie en termes de simple possibilité d'existence de l'appropriété. Ce qu'il faut faire, c'est ne plus s'en tenir à la simple existence de l'appropriété mais la caractériser plus avant. En quoi consiste-t-elle ? Et si « nouveau » n'est pas simplement entendu au sens de « ne jamais mettre le pied deux fois dans la même rivière », mais fait place aussi à une définition individuelle et culturelle de certaines situations comme similaires, alors il faut analyser l'appropriété par rapport à toutes les situations, récurrentes aussi bien que nouvelles (voir Jespersen, cité en épigraphe dans Hymes 1964 a : 6). Si on veut dire qu'il y a un élément de nouveauté dans toute situation[26], il est évident que l'on doit pouvoir alors identifier ce qui est nouveau dans une situation et ce qui est nouveau dans le discours qui s'y réalise contre un fond plus vaste que celui de la simple syntaxe formelle. La syntaxe rend possible une réponse créatrice appropriée, mais rien de plus.

On peut mentionner brièvement quelques-unes des bases de la créativité dans l'utilisation du langage. Comme nous l'avons noté plus haut, le fait qu'un choix des moyens linguistiques soit possible implique qu'une certaine créativité est possible et ceci vaut pour tous les aspects et tous les niveaux de l'organisation des moyens de la parole, pas simplement pour les phrases. Une vieille phrase dans une situation nouvelle et une phrase nouvelle dans une vieille situation peuvent être considérées comme relevant d'un usage créateur ; l'application de

---

26. *cf. Williams 1961 : 54 :* « *Fondamentalement, il n'y a pas d'activité " ordinaires " si par " ordinaire " nous voulons dire absence d'interprétation et d'effort créateurs* » *et Sapir 1949 (1931) : 104 :* « *une société n'est qu'apparemment une somme statique d'institutions sociales. En fait, elle est ranimée et réaffirmée créativement chaque jour par des actes individuels de nature communicative qui ont lieu entre les individus qui y participent* » ; *et cf. Garfinkel 1972.*

proverbes connus à de nouveaux problèmes est même l'une des capacités les plus hautement prisées dans certaines cultures, et pour une bonne part, la littérature et la conversation courante répondent souvent au désir de donner une nouvelle allure verbale à une situation qui perdure. Une vieille phrase dans une vieille situation peut meme prendre des implications créatrices telles la réaffirmation d'un rôle auparavant abandonné ou la confirmation d'un nouveau titulaire du rôle. Et si nous assimilons le rôle constitutif de la parole à son aspect créateur, il en va alors ainsi de beaucoup d'actes de parole qui, de façon rituelle, disent la chose dont tous les participants savent qu'elle doit être dite pour que la situation soit ce qu'elle est.

La créativité quotidienne des individus, aussi bien que la créativité que l'on catégorise comme artistique, est fonction non seulement des processus génériques qui lui sont sous-jacents, mais aussi de ce qui a déjà été spécifiquement accompli grâce à ces processus. La connaissance et la maîtrise des moyens de la parole ne sont pas de novo, c'est aussi en partie une connaissance et une maîtrise de ce qui a été réalisé auparavant grâce à ces mêmes moyens. Le constat est assez courant dans l'histoire de la littérature, mais il s'applique tout autant aux traditions orales et à ce qu'il y a d'effets de l'art et d'éloquence dans la vie quotidienne.

Dans les phrases et les autres formes, tout ne porte pas également la marque du choix créateur ou de la force créatrice. Il est des cas où le matériau semble vieux, et où pourtant une impulsion organisatrice et animatrice lui confère un caractère de nouveauté. Il en est d'autres où les éléments nouveaux abondent et où, pourtant, la clé de ce qui fait « marcher » le tout, le noyau de l'énergie, tient en un seul trait ou un seul rapport.

En général, il n'y a pas d'opposition simple entre d'un côté des formules figées et, de l'autre, des phrases entièrement nouvelles, comme semblent le supposer certains travaux faits en psycholinguistique. Le trait créateur peut se trouver dans un détail comme le sait bien quiconque étudie les répétitions dans une narration orale. Et c'est évidemment l'interaction de tous les moyens de la parole qui est en jeu et non pas seulement le lexique et la syntaxe de la phrase. Un apport majeur des relations transformationnelles introduites en syntaxe par Harris et développées par Chomsky serait précisément de montrer en quoi et de quelle manière des énoncés appropriés sont des réalisations diversifiées de rapports sous-jacents communs. L'impulsion principale de la grammaire formelle s'exerce en direction de ce qui est commun, mais une compréhension de la créativité dans l'utilisation exige que l'on analyse ce qui est divers (voir le chapitre suivant à propos des directions d'explication en général). Les changements qui interviennent dans le passage de la base sous-jacente à la phrase occurrente vont souvent dans le sens d'une certaine simplification, d'une plus grande facilité, comme le souligne Labov (1971), mais ils ne sont pas seulement cela. Une partie de l'apparence de simplification peut être dûe au nombre élevé d'éléments que le modèle formel accumule au départ ; mais, de toute façon, c'est également un trait fondamental de style de diversifier en termes de complication, d'élaboration. Dans certaines traditions et certains genres, c'est justement ce qui compte.

Il devrait être tout à fait clair que la créativité de l'utilisation de la langue ne peut être réduite à la simple nouveauté, tout comme la compétence ne saurait se réduire au savoir ni la performance au comportement. Il devrait aussi être clair que le rapport entre parole et situation, quand il est approprié et encore plus quand il est créateur, n'est ni un rapport d'indétermination pure (comme semble le suggérer l'insistance de Chomsky) ni un rapport de détermination totale (comme on le prête à la position qu'il combat). S'agissant des règles de parole et des stratégies des participants à la parole, on peut trouver des façons de définir l'appropriété de la parole à une situation qui rendent compte à la fois de l'existence de l'appropriété — il y a de la contrainte — et de celle de la créativité — il y a du choix.

Ces propriétés conjuguées de contrainte et de choix se retrouvent dans toutes les relations où des individus s'engagent en utilisant des moyens linguistiques. Leur domaine peut être défini approximativement à l'aide des trois distinctions auxquelles Boas et d'autres ont recours pour délimiter le domaine de l'anthropologie (ou, d'ailleurs, des sciences sociales en général) : le rapport de l'homme à la nature, le rapport de l'homme à l'homme, les idées, opinions, attitudes de l'homme à propos des deux premiers rapports (et le rapport qu'il a à ces idées, opinions, attitudes). Dans la perspective retenue ici, il pourrait être souhaitable d'utiliser « communauté » dans la formulation. Mais en tout état de cause, une approche sociolinguistique de la dimension créatrice de l'utilisation de la langue pose trois postulats :
1. Toute relation comporte la sélection et/ou la création de moyens de communication considérés comme spécifiques et appropriés à cette relation ;
2. L'organisation des moyens en fonction des relations est porteuse d'une structure qui n'apparaît pas dans une analyse éclatée des moyens ;
3. Les moyens disponibles dans une relation conditionnent sa nature et ce qu'il en résulte.

Ces postulats vont de pair avec la conception, présentée dans des chapitres antérieurs, des notions de « façons de parler » et de « communauté linguistique ». Notons également qu'ils lient l'aspect créateur de l'utilisation du langage à la diversité qui est inhérente aux compétences et à la communauté linguistique. Cette diversité ne doit pas être interprétée comme la conséquence négative d'une acquisition imparfaite, de troubles dans le comportement, etc. Ou plutôt, ces facteurs ont un certain rôle, mais les sources de diversité auxquelles la sociolinguistique porte avant tout attention sont celles qui sont inhérentes à cette capacité qu'ont les individus d'adapter leurs moyens linguistiques aux relations dans lesquels ils entrent. La diversité sociale de la parole est une conséquence positive de l'aspect créateur de la langue.

Les manifestations les plus frappantes de l'aspect créateur de l'utilisation de la langue se trouvent sans doute dans les processus de changement linguistique, qu'il s'agisse d'acquisition (par les enfants et, de façon continue, pendant toute la vie — cf. Labov 1965) ou de transformations affectant le système d'une communauté.

Sapir recommandait qu'on adopte « *le point de vue de l'enfant en train d'acquérir sa culture* » (1949 (1934) : 596) afin de percevoir cette culture en termes de significations individuelles ainsi que de découverte et de transformation des matériaux acquis. Chomsky propose plus vigoureusement encore une représentation de l'enfant comme agent actif, découvrant en créant — ou recréant — une théorie implicite de la langue. Sur le plan théorique toutefois, il traite l'acquisition comme un phénomène momentané (1965 : 202, n. 19). Si l'on s'éloigne de cette idéalisation et qu'on considère l'acquisition pour ce qu'elle est ; un processus de développement, alors il est possible de faire apparaître comment l'utilisation ordinaire conduit à innover et à modifier, par étapes, le système. Le développement effectif semble bien être la meilleure source de données sur cet aspect créateur de l'utilisation de la langue (Bever et d'autres ont fait fonds sur cette possibilité ; cf. aussi Blount pour un point de vue ethnographique). Mais il apparaît alors, à l'évidence, que la manifestation chez l'enfant de cette aptitude créatrice inhérente ne se ramène pas au simple déploiement de structures innées ; il existe un rapport dialectique, de rétroaction entre le système et l'utilisation, rapport riche en marques d'innovation, de modelage et d'émergence (cf. Cassirer 1953 : 283).

Un nombre croissant de linguistes explorent aujourd'hui l'aspect dynamique du langage, au point qu'on parle d'une « nouvelle vague ». Par rapport à notre propos, certains de ces travaux ont pour limite de n'analyser que le système abstrait d'une langue et de ne pas situer le changement linguistique par rapport aux compétences et aux communautés réelles. Mais leur intérêt tient aux propriétés formelles d'un paradigme dynamique considérées en elles-mêmes, plutôt que dans leur relation à la créativité. L'étude — qui fait date — de Weinreich, Labov et Herzog témoigne d'un plus grand réalisme social (1968). Qu'on me permette ici une observation illustrant cette idée que toute étude de l'aspect créateur de la langue, tel qu'il se manifeste dans l'appropriété, est inextricablement liée au changement linguistique. Une partie de ce qu'un individu entend et accepte ne relève pas nécessairement de son expérience passée ; il se peut même qu'une partie ne soit pas nécessairement grammaticale, puisque l'acceptabilité ne dépend pas totalement de la grammaticalité et que d'autres facteurs, tels le prestige du locuteur (cf. Bloomfield 1927), peuvent non seulement filtrer la grammaticalité mais aussi prendre plus d'importance. Certaines productions verbales sont entendues et acceptées qui comportent ce qui est une innovation pour l'auditeur concerné. Elles sont acceptées, souvent sans qu'aucune remarque ne soit faite, parce que l'attitude naturelle à l'égard de la parole est de s'attendre à beaucoup de phrases qu'on n'a jamais entendues auparavant — en partie à cause de l'ouverture de la grammaire et en partie à cause de la diversité inhérente à la communauté linguistique. Le locuteur peut lui-même produire de la parole qui soit ainsi reçue et ait le même effet. En d'autres termes, l'appropriété, comme aspect de la créativité d'une langue, est une des voies du changement. Encore une fois, il y a un rapport de rétroaction entre le système et l'utilisation.

Reste que les moyens qui, dans une communauté ou pour un individu, sont offerts à une utilisation créatrice sont précisément déterminés et que l'ouverture d'une langue donnée ou de l'ensemble des moyens de la parole n'a rien d'aléatoire, mais est orientée (qu'on se rappelle les considérations relatives au style dans une langue, au chapitre IV). Le chinook wasco est ce qu'il est, en partie parce que c'est un exemple de la catégorie « langue », mais aussi en partie parce qu'il a été la langue des Wasco. Comme nous l'avons déjà dit, les langues sont pour une bonne part ce que leurs usagers en font. Il est difficile de voir comment on peut analyser sérieusement la notion de créativité sans faire appel aussi à la notion de modelage.

A cet égard, une perspective sociolinguistique peut invoquer comme précédent celui précisément à qui fait appel la grammaire générative, W. von Humboldt. On trouve chez Humboldt non seulement une conception générative de la langue comme processus (**energeia**) et non comme produit fini (**ergon**), mais aussi un intérêt pour les mondes particuliers créés dans et par les langues. Pour Humboldt, la liberté n'est pas inconditionnée, mais réalisée par l'accomplissement d'une forme individuelle et déterminée (Cassirer 1954, 1961 : 19-27, à propos de Herder, Goethe et Humboldt ; cf. aussi Herder 1940 : 55, 210-2). La conception du langage de Humboldt conduit en effet à une conception de la totalité des activités culturelles humaines, développée par Cassirer qui, à son tour, prend en considération l'interaction continuelle entre la tradition et la créativité véritable dans l'ensemble de la culture (Cassirer 1961, ch. 5)[27].

Nous avons donc des systèmes définis, créateurs mais limités quant à ce qu'on peut en faire. Ces systèmes ne sont ni identiques ni interchangeables (ayant été adaptés, modelés, par rapport à leurs situations) et leur potentiel en tant que systèmes n'est pas l'équivalent des compétences réelles. L'ouverture des langues et la créativité de leur utilisation comportent deux aspects distincts. Ce qui n'a pas été dit parce qu'il n'y a

---

27. Ce chapitre est une critique de l'essai de Simmel : « The tragedy of culture ». A propos de la « véritable créativité » du langage, voir p. 199 ; mais, pour un point de vue similaire à celui que nous suggérons ici, considérer la tentative finale de conciliation entre la culture en tant que propriété de l'« homme » générique et la culture en tant que participation d'hommes spécifiques (216). Le souci de Cassirer de donner une base adéquate à la place de l'esprit dans la nature, sa quête d'une unité théorique sous-jacente à diverses masses de faits (1953 : 40) et sa maîtrise critique de la logique et des sciences naturelles suggèrent certaines analogies avec Chomsky. Mais Cassirer voit dans Humboldt le début plutôt que l'aboutissement d'un développement pertinent dans sa conception de la forme individuelle. La pensée de Cassirer reste une sorte d'« optimisme culturel » et a été critiquée pour cette raison. Si l'on prend les derniers essais de Sapir (cf. Harris 1951 : 320-30), on peut louer Cassirer et sa philosophie des formes symboliques d'avoir analysé la totalité de la culture comme produit d'une activité créatrice (cf. 1953 : 286, 1954 : 105-14), mais on voit que, de même que pour Chomsky la critique doit être : de la grammaire à l'ethnographie de la parole, de même pour Cassirer, la critique doit être : des philosophies à des ethnographies des formes symboliques.

109

pas eu d'occasion de le dire et ce qui n'a pas été dit parce que l'on n'a pas trouvé de façon de le dire. Dans le second cas, les moyens doivent changer si l'on veut dire la chose. Si les inégalités d'accès à l'acquisition et à l'utilisation des moyens de la parole dans le monde nous inquiètent, si nous inquiètent aussi l'inégalité des chances pour l'adaptation créatrice des moyens de la parole et les inadéquations de communication que ces inégalités nous imposent à tous, alors nous pourrions être tentés d'adapter la célèbre thèse finale de Marx sur Feuerbach :

« *Les linguistes n'ont fait qu'interpréter le langage de façons différentes ; le problème, c'est de le changer.* »

Même si notre souci n'est que d'interpréter le langage de façon adéquate, il est nécessaire de changer nos priorités de recherche et d'explication et c'est là le sujet du dernier chapitre de cet essai.

Chapitre 8

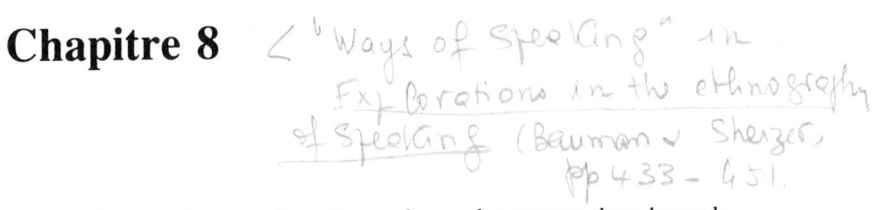

"Ways of Speaking" in Explorations in the ethnography of Speaking (Bauman & Sherzer, pp 433-451.

Bien des linguistes seraient d'accord avec les termes dans lesquels Chomsky aborde la question des priorités (1968 : 62) :

« *Si nous voulons comprendre le langage humain et les capacités psychologiques sur lesquelles il repose, nous devons d'abord nous demander ce qu'il est et non pas comment et à quelles fins il est utilisé.* »

(Rappelons également le passage cité à la fin du chapitre V.)

Dans cet essai, j'ai essayé de montrer que « ce qu'est le langage » ne peut pas être séparé des fins auxquelles il est utilisé. Si l'on accepte pour objectif : « *une théorie plus générale du langage qui comprendra deux parties : une théorie de la forme linguistique et une théorie de l'utilisation du langage* » (Chomsky 1957 : 102), alors, l'analyse de l'utilisation est un pré-requis pour une véritable prise en compte de toute une part du domaine et du contenu de la forme linguistique.

Un tel principe fait figure d'évidence — et depuis un certain temps — en ethnographie de la parole (voir l'argument final, dans Hymes 1962, quant au fossé entre langage et culture tels qu'on les étudie généralement). Dans cet essai, ce principe a également été appliqué au contenu même du langage (voir chapitres III, IV ; cf. aussi Hymes 1970 d). Il vaut pour deux aspects principaux : l'étude de la forme linguistique telle qu'elle est organisée dans l'utilisation et l'étude de la grammaire elle-même.

Quant à l'étude de l'utilisation : certains spécialistes qui s'intéressent à une étude directe de l'utilisation ont, il est vrai, affirmé que l'on devrait commencer par la grammaire au sens conventionnel du terme. Werner (1966) a proposé de traiter « la pragmatique » comme l'étude des phrases qui sont appropriées culturellement et qui appartiennent à l'ensemble des phrases sémantiquement interprétables (une espèce de « disponibilité » en quelque sorte) ; ces dernières appartenant à leur tour à l'ensemble des phrases bien formées sur le plan syntaxique. Le domaine de la pragmatique, ainsi défini, est donc un sous-ensemble d'un sous-ensemble. Mais, comme nous l'avons déjà noté, une phrase peut être mal formée de façon appropriée ; l'organisation de la parole par rapport à ses usagers et à ses contextes — définition approximative assez raisonnable du domaine de la pragmatique — va bien au-delà des phrases bien formées sur le plan syntaxique (celles-ci, on s'en souvient, étant considérées comme bien formées, plus par la grammaire que par les individus). Qu'on se rappelle notre examen des relations entre potentiel systémique et compétence ainsi que des traits stylistiques et des styles de parole. D'une façon générale, toutes les propositions qui prennent pour point de départ la grammaire ordinaire ont pour

111

conséquence que des pans entiers de la langue telle qu'elle est utilisée feront défaut à la construction par laquelle sont censées commencer, en principe, les recherches portant sur l'utilisation.

Quant à l'étude de la grammaire elle-même : le peu d'attention porté à l'utilisation du langage n'est pas sans affecter le succès de la grammaire formelle dans la poursuite de ses propres buts. La langue qui arrive aux mains du grammairien n'est pas vierge d'utilisation. Chaque phrase présente des caractéristiques stylistiques et sociales. Rappellons la découverte de Bloomfield (1964-395) :

> « *Pour réciter les traits caractéristiques du bon et du mauvais ménomini, il faudrait noter pratiquement chaque élément de la grammaire et une grande partie du lexique.* »

La remarque a, bien sûr, valeur générale et s'applique tout aussi bien au statut stylistique des traits d'un discours qui peut être lui-même uniformément bon ou mauvais. Rappelons également la mise au jour par Newman des contraintes yokuts. Et il y a bien longtemps que les linguistes européens ont pris en compte la nature inéluctablement **normative** de toute langue (cf. Akhmanova 1965 et Daneš 1967 : 218), du fait, peut-être, d'une tradition culturelle différente de celle des linguistes américains. Cette nature normative de la langue est intimement liée au fait que celle-ci est, toujours et de façon incontournable, **située.** Les données qui entrent dans les grammaires, qu'il s'agisse d'énoncés ou de jugements concernant ces énoncés, ne peuvent être stérilisées contre la contagion des contextes qui s'y attachent, explicitement ou implicitement, consciemment ou inconsciemment. Ces dernières années les désaccords et les débats entre tenants de la linguistique formelle sur la question de l'admissibilité des données ont au moins fait admettre qu'un formalisme puissant et le recours à l'intuition individuelle ne suffisaient pas. Les questions classiques touchant à la fiabilité et à la validité ont été soulevées dans diverses critiques d'ordre méthodologique (cf. Gumperz 1972, Watt 1972). La grammaire formelle ne peut pas ignorer l'utilisation de la langue pour simplement mieux atteindre ses propres objectifs, mais il lui faut la contrôler. Le type de données sur lesquelles elle entend centrer son attention est peut-être isolable de façon rationnelle et construite, mais non par l'effet d'une affirmation arbitraire et, souvent, idiosyncratique. Trop fréquemment, celui qui lit un article de linguistique formelle se trouve soudain privé par une astérisque d'une phrase qu'auparavant il estimait pouvoir prononcer. Et les jugements des linguistes professionnels en viennent à représenter une sous-population unique, non parce qu'ils sont plus proches de l'intuition du locuteur natif, mais parce qu'ils en sont tout spécialement éloignés (Grimshaw 1974, citant Labov) [28].

---

28. *Cette difficulté n'est pas propre à une école linguistique en particulier. Examinons par exemple Reich (1969). Il propose une intéressante « hypothèse de largeur » (Breadth hypothesis) quant à la structure de la mémoire langagière. Dans son examen de « l'acceptabilité », il semble que Reich ne s'intéresse qu'à la faisabilité, qu'à la disponibilité puisque, comme il l'admet lui-même, il ne tient pas compte de certaines différences évidentes de préférence pour une phrase plutôt qu'une autre et puisque ces différences sont attribuées à des variations de*

Ces difficultés ne pourraient-elles pas être surmontées par une linguistique où l'étude de la grammaire serait assez exhaustive pour inclure tout ce qui entre dans l'utilisation et assez précise pour marquer, par rapport aux normes et aux contextes de la communauté, la place des données qu'elle privilégie ? Et c'est bien une linguistique de ce type qui est en voie d'élaboration dans les travaux de Labov et de quelques autres, surtout pour ce qui est du contrôle de la diversité et des facteurs sociaux, et de façon à isoler le style (ou la norme) le plus régulier et le plus révélateur pour l'étude du changement phonétique (voir Labov 1972). Et il n'a jamais cessé d'y avoir des approches de la grammaire qui ont tenu compte de bien plus que ne le fait la grammaire générative transformationnelle. C'est le cas chez Bolinger (1972) dans les travaux de Gunter et Daneš : dans Householder (1972) dans les travaux de Bolinger et Halliday ; et dans Halliday (1971), Makkai (1972), MacIntosh (1967) et Stankiewicz (1954), pour ne citer que quelques travaux parmi tout l'ensemble dû à ces mêmes chercheurs et à d'autres. La caractéristique qui unit ces approches et les rend précieuses pour une étude générale de la forme linguistique est qu'elles ne subordonnent pas la compréhension du fonctionnement de parties ou de composantes spécifiques du langage aux exigences d'un modèle monolithique. Et en linguistique formelle même, la succession rapide de modèles tour à tour dépassés a montré que c'est bien là le chemin de la sagesse, si l'on entend obtenir des contributions importantes et durables. Le gros des travaux réalisés au cours d'une année donnée n'a de pertinence que par rapport à un seul modèle existant et n'en sort pas (je dois cette remarque à John Lyons). Pour la linguistique plus englobante que je préconise ici, la valeur toute particulière de ces autres approches est que leurs découvertes spécifiques contribuent à la compréhension du fonctionnement d'une langue en tant qu'organisée pour l'utilisation. En fait, ces travaux se refusent aux modèles monolithiques, non du fait d'une antipathie pour la structure, mais en raison d'une prise en compte de relations structurelles déformées, oblitérées ou totalement gommées. De façon très salubre, ils abordent le langage comme une réalité à facettes multiples.

---

préférence stylistique pour des parties de phrases (appartemment, une question d'appropriété). Dans ce cas particulier toutefois, il semble que Reich ait tort quand il estime que la probabilité d'occurrence de phrases similaires à ses exemples 16 et 17 est nulle*. Que le prétendu fait que l'exemple 16 soit un type non occurrent ne dérange pas Reich est pour le moins surprenant. L'exemple 16 est de même type que la phrase qu'on vient de lire**. La difficulté ici tient probablement à ce que l'extrême sensibilité de Reich à l'aspect formel de son analyse a émoussé son sens de l'usage. Ou alors, si mon jugement (et ceux des lecteurs qui ont trouvé parfaitement normale la phrase qu'ils ont pu lire plus haut) est différent de celui de Reich, alors la diversité qui s'insinue partout dans les milieux académiques anglophones des Etats-Unis (pour s'en tenir à ce seul groupe !) a de nouveau redressé la tête ! et la nécessité d'études empiriques de quelque ampleur se fait de nouveau douloureusement sentir (cf. Watt 1972, Labov 1972).

* Les deux exemples de Reich sont les suivants : « 16. That the fact that Max is a homosexual bothers you is obvious. 17. That that Max is a homosexual bothers you is obvious. » C'est Mc Cawley qui lui a fait remarquer la différence d'acceptabilité entre les deux phrases.

** Nous n'avons pas traduit les deux exemples 16 et 17 de Reich. La propre phrase de Hymes reprend, y compris dans la traduction en français ici adoptée, la structure de l'exemple 16 (N.D.T.)

On peut d'ailleurs considérer la linguistique intégrante préconisée dans cet essai comme une extension de ces approches qui reconnaissent une diversité des types de fonctions structurelles et une pluralité des sortes de rapports entre moyens et fins dans le langage (cf. Hymes 1964 : 6). Les travaux de l'école de Prague, présentés par Daneš 1967 et ceux des chercheurs anglais influencés par Firth, comme Halliday, sont très remarquables à cet égard. Toutefois, le fait que ces approches, pourtant disponibles, n'aient guère été exploitées semble indiquer que le mérite intrinsèque ne constitue, aux yeux de nombreux linguistes, qu'une petite part de l'appréciation. Tout se passe comme si, à côté de l'attrait de la perspective psychologique et philosophique proposée par Chomsky, la compréhension adéquate du fonctionnement des langues avait paru d'importance bien secondaire. (Je ne fais pas entrer ici en ligne de compte les facteurs d'ordre institutionnel, les problèmes de génération, etc.) A pu jouer aussi, sans aucun doute (et bien que Chomsky lui-même, qui n'a jamais sous-estimé l'effort qu'exige une bonne formalisation, ne doive pas en être tenu pour responsable), la fallacieuse impression d'une plus grande facilité du travail : recourir à une base de données dans sa propre intuition et non à tout ce qu'ont de laborieux l'enregistrement, la transcription, l'exploration patiente de données collectées. Mais l'essentiel, me semble-t-il, a été le sentiment que pouvait avoir chacun de prendre part directement à une entreprise de compréhension de l'esprit humain et de la nature humaine et à la défense d'une philosophie de la science intéressant profondément l'homme.

À l'heure actuelle, certains tenants de la grammaire générative transformationnelle prennent leurs distances par rapport au projet d'une formalisation générale et unique et s'en tiennent à des problèmes spécifiques. Si cette attitude gagne assez de terrain, un jour viendra où le débat linguistique sera plus affaire de qualité des analyses particulières que d'allégeance à telle ou telle théorie d'ensemble. La grammaire générative transformationnelle s'est elle-même heurtée à assez de difficultés internes pour ne pas toujours continuer à passer pour supérieure aux « anciennes » méthodes.

Pourtant, il est probable que, malgré leurs insuffisances, les perspectives générales définies par Chomsky continueront à dominer le champ et servir de point de référence central pour la linguistique et les domaines adjacents, aussi longtemps qu'elles ne seront pas vraiment mises en cause au nom d'autres options. A cet égard, il faut bien constater que de nombreux linguistes qui sont en désaccord avec Chomsky, y compris sur des points fondamentaux touchant à la méthodologie et à la conception du langage, n'en acceptent pas moins les priorités de recherche et les voies d'explication qu'il propose. La linguistique continue d'être considérée comme « une branche de la psychologie cognitive » et chacun ne vise qu'à prendre la place de Chomsky en tant que Praeceptor Maximus et source des universaux. Je ne crois pas qu'un tel but soit digne des linguistes. Les circonstances qui ont permis au génie de Chomsky de prendre l'importance historique et mondiale qu'on sait n'ont guère de chance de se reproduire. Et des tentatives de ce genre aujourd'hui semblent prétendre à une victoire dans une guerre qui est déjà finie. Les communautés du monde ont besoin de nos talents, pas de notre gloire. Et le type de linguistique qui leur servira aussi la linguistique. Nous avons donc besoin d'une linguistique qui soit une étude de la forme linguistique en tant qu'organisation, à l'intérieur de communautés, des moyens de la parole et de leurs significations. Une bonne partie de l'énergie et de l'activité des linguistes devrait être consacrée à rien de moins que cette entreprise. C'est d'une telle linguistique que peuvent se dégager, tout à la fois, une meilleure compréhension des problèmes pratiques et les bases d'une théorie générale plus adéquate du langage [29]. Pour parvenir à une théorie générale, il n'y a d'autre voie que ce long détour. Et afin d'obtenir cette linguistique, il nous faut reconnaître et justifier des priorités autres que celles aujourd'hui dominantes en linguistique. En particulier, nous devons dissocier la recherche d'une explication du choix exclusif d'une explication de type chomskyen.

Deux types d'adéquation explicative

Pour l'essentiel, la dialectique de la grammaire transformationnelle se présente nettement comme une dialectique de la réduction, qui cherche un niveau plus profond auquel réduire l'expérience et par rapport auquel l'expliquer. Pour Chomsky, l'adéquation des travaux linguistiques doit être appréciée selon une échelle à trois niveaux hiérarchisés de succès. La présentation correcte des données primaires observées est appelée « adéquation observationnelle » ; un compte rendu correct des règles sous-jacentes à ces données (et posées en fonction de la compétence intrinsèque du locuteur natif) relève de l' « adéquation descriptive » ; enfin, fournir, indépendamment de tout cas particulier, un ensemble de principes de base pour la sélection du système qui, dans chaque cas, soit descriptivement adéquat, constitue « l'adéquation explicative ». (Cette dernière est considérée comme revenant à expliquer l'intuition du locuteur natif sur la base d'une hypothèse empirique

---

29. *D'importance, sont, par exemple, dans les travaux de Basil Bernstein et de Jurgen Habermas, les considérations sur des modalités profondes et très générales de la communication. Ils traitent tous deux des oppositions entre diverses modalités de communication dans la société moderne et leurs analyses ont connu un assez large écho. En gros, ils s'intéressent l'un et l'autre aux manifestations linguistiques actuelles de la vieille distinction « Gemeinschaft/Gesellschaft » reprise plus tard par Sapir qui parle de « la culture, l'authentique et la contrefaite ». Habermas ne prend pas directement en considération des exemples linguistiques particuliers et ceux qu'examine Bernstein sont des manifestations non-adéquates de ce qu'il considère comme étant la réalité sous-jacente des codes « restreint » et « élaboré », car il est clair qu'elles n'appartiennent pas en propre et de façon constante à tel ou tel groupe ou individu, mais qu'elles covarient avec les situations et ne co-varient pas toujours ensemble. Certaines « restrictions » de la parole peuvent, par exemple, être dues soit à des valeurs internes soit à des contrôles externes (Voir Hymes, 1972b, 1972c, 1973f pour une discussion plus détaillée). Dans le cadre d'une conception des répertoires verbaux, mettant en relation les styles de discours et les contextes ainsi que la compétence personnelle et des valeurs sous-jacentes, on pourrait essayer de déterminer quelles relations engendrent effectivement la conduite. Les types de différences sur lesquels Bernstein et Habermas attirent notre attention sont réels, mais l'articulation entre la parole et les processus sociaux reste à préciser.*

relative à la prédisposition innée qu'aurait l'enfant à développer un certain type (ou un ensemble limité de types) de système sous-jacent (de théorie, de grammaire, voir Chomsky 1964, 1965). Autrement dit, l'adéquation explicative a pour objet de rendre compte de caractéristiques innées de la nature humaine.

Ce type d'explication, considéré par Chomsky comme le propos essentiel de la linguistique, est en congruence avec des tendances générales aujourd'hui importantes dans le champ des sciences. Pour beaucoup d'autres problèmes, toutefois, tels le rôle du langage dans l'éducation et les chances d'avenir des enfants ou de peuples dominés culturellement, le mouvement qui va de l'expérience vers une base biologique n'est qu'un apport bien marginal. On doit s'intéresser au mouvement qui va d'une base biologique vers l'expérience, vers les différentes façons dont les potentialités de la nature humaine sont réalisées chez des individus réels, dans des communautés et des histoires réelles ; vers les façons dont les moyens linguistiques réussissent ou échouent, dont ils sont disponibles ou non, dont ils changent (de manière adéquate ou non) en réponse à de nouvelles circonstances ; vers les façons dont ce qui est effectivement dit est communément le moyen d'effectuer ce qui se trouve ainsi fait (cf. Garfinkel 1972). L'adéquation explicative d'une théorie linguistique doit comprendre non seulement l'adéquation essentielle, que l'on cherche dans la nature humaine préformée, mais aussi l'adéquation expérientielle (Sapir 1949 (1939) : 584) ou existentielle, que l'on cherche dans la vie sociale (et, de fait, dans la nature humaine telle qu'elle s'accomplit)[30].

Si, pour le premier cas, la question centrale est d'expliquer l'acquisition de la grammaire, alors on peut dire que, pour le second, la question centrale est d'expliquer l'appropriété de la parole. La première est à coup sûr importante et passionnante, mais on ne saurait affirmer qu'elle rend compte à elle seule de la totalité de l'étude du langage ou des objectifs de la théorie linguistique dans son ensemble, si théorie linguistique veut dire théorie du langage. Cette usurpation de termes généraux à des fins particulières est malsaine pour le champ. La théorie linguistique a aujourd'hui deux directions, deux ordres d'objectifs. Et l'étude empirique des langues et des moyens de la parole peut servir aux deux. Pour clarifier la situation et résumer la thèse de cet essai, je proposerai deux nouvelles définitions de l'objet de la théorie linguisti-

---

30. *Il n'existe pas une description qui puisse recouvrir les diverses façons dont le terme « existentiel » a été utilisé. La meilleure définition concise de l'esprit dans lequel ce terme est employé ici est, autant que je sache, celle de Hervey (1964).*

« L'existentialisme part de la conviction que la philosophie occidentale depuis les Grecs s'est essentiellement occupée de l'idée d'ESSENCE, c'est-à-dire des traits généraux et universaux de quoi que ce soit, plutôt que de l'EXISTENCE humaine individuelle concrète, la première étant considérée comme plus réelle (parce qu'elle ne change pas) que la seconde. Par conséquent, la philosophie occidentale a été intellectualiste et rationaliste. Non seulement elle n'a en rien élucidé la vie, mais elle a en fait obscurci la vérité de l'existence humaine. Les catégories fondamentales de la philosophie classique... sont toutes impersonnelles et ne font pas justice aux caractéristiques fondamentales de la vie humaine en tant que changement, conscience, processus, mouvement, passion et décision. Bref, elles ne réussissent pas à marquer le caractère historique de l'existence humaine. »

que. Chacune est modelée sur la définition de Chomsky par laquelle s'est ouvert cet essai. Les restrictions et précisions qu'elles comportent répondent à l'intention de tenir compte au mieux de l'état actuel du domaine.

Deux définitions des buts de la théorie linguistique

1. L'un des buts de la théorie linguistique est de découvrir dans les langues des propriétés universelles, d'établir leur place dans une théorie générale de la nature du langage et de déterminer leur relation, ainsi que celle de cette théorie, au patrimoine inné de l'humanité en tant qu'espèce. Tout progrès vers ce but dépend dans une large mesure de la construction et de l'explicitation de modèles formels. De fait, il semble que seule une formalisation de tels modèles permette de parvenir à une théorie générale suffisamment rigoureuse et spécifique pour mettre en lumière les capacités mentales sous-jacentes au langage. En outre, des progrès considérables peuvent être accomplis dans l'étude de ces modèles si l'on fait abstraction de beaucoup de caractéristiques connues des communautés linguistiques et de leurs membres. Tant de travail reste à réaliser qu'il est difficile de voir comment on pourrait faire des progrès sans recourir à cette abstraction. Nous nous abstenons donc de prendre en compte la diversité et nous nous limitons à l'organisation de la langue en fonction de ce que certains appellent la « fonction référentielle ». Si les études sur la diversité et sur l'organisation de la langue autour de la fonction stylistique atteignent un jour le degré d'explicitation, quant à la méthode, et de richesse, quant aux résultats, auquel est déjà parvenue l'étude grammaticale dans la perspective que nous avons adoptée, alors il sera raisonnable d'essayer d'intégrer ces propriétés à nos formalisations.

2. L'un des buts de la théorie linguistique est de découvrir les capacités des individus en tant que membres de communautés linguistiques, l'organisation des moyens de parole qu'ils utilisent, la signification qu'ont pour eux ces moyens et la fonction qu'ils occupent dans la communauté linguistique à laquelle ils appartiennent ; d'établir la place de ces découvertes dans une théorie générale de la nature des communautés linguistiques et de déterminer leur relation, ainsi que celle de cette théorie, à l'histoire et à l'avenir de l'humanité. Tout progrès vers ce but dépend dans une large mesure d'études empiriques d'un type qui n'a jusqu'ici été que rarement entrepris. De fait, il semble que seules une accumulation et une analyse comparative de telles études permettent de parvenir à une théorie générale suffisamment riche et précise pour mettre en lumière les facteurs qui déterminent la réalisation de la compétence linguistique. En outre, des progrès considérables peuvent être accomplis dans ces études si l'on fait abstraction des débats portant sur la grammaire formelle. Tant de travail reste à réaliser qu'il est difficile de voir comment on pourrait faire des progrès sans recourir à cette abstraction, d'autant plus que cette grammaire néglige, actuelle-

ment, bien des éléments pertinents. Nous nous abstenons donc de prendre en compte le débat relatif à la grammaire formelle et nous nous limitons à l'organisation des moyens de parole en fonction des répertoires verbaux ou, plus généralement, des façons de parler. Si la grammaire formelle étend un jour sa portée et inclut une perspective stylistique ainsi que des propositions théoriques intéressant les communautés linguistiques, alors il sera raisonnable d'essayer de fonder en partie sur elle nos travaux*.

---

* Rappelons que l'original anglais de ce chapitre a été publié sous le titre « Ways of speaking » dans le recueil *Explorations in the Ethnography of Speaking*. © Cambridge University Press, Bauman et Sherzer, 1974.

POSTFACE (1982)

Je dirai d'abord quelques mots des origines de la notion de « compétence de communication » dans les propres travaux, au-delà de ce que développe le texte principal de ce livre. Dans ce texte, il s'agissait avant tout d'une réplique à Chomsky. Mais cette réplique avait connu une préparation. Et ce retour en arrière nous aidera à mieux saisir ce qui a suivi. Je passerai ensuite à un examen des différentes récusations, acceptations et extensions qu'a connues le terme considéré ; j'expliquerai pourquoi il garde tout son sens en tant que notion centrale et j'étudierai les répercussions que cette notion a dans plusieurs champs et pour diverses orientations de travail.

1. Origines du problème

La notion de « compétence de communication » trouve surtout son origine dans la convergence de deux courants distincts : la grammaire générative transformationnelle et l'ethnographie de la communication ; le point commun étant une prise en considération des capacités des utilisateurs d'une langue.

C'est à mes débuts de linguiste, dans un contexte qui était celui de l'anthropologie aux Etats-Unis, que je dois mon intérêt pour ces questions. Au cours de la décennie qui suivit la Deuxième Guerre mondiale, on s'occupait beaucoup des rapports entre linguistique et anthropologie. L'unité formelle de l'anthropologie américaine, rassemblant quatre champs (l'anthropologie culturelle, l'anthropologie physique, l'archéologie et la linguistique) et tenant, avant la guerre, à une centration sur un objet d'étude principal, les Indiens d'Amérique, commençait à se relâcher. Les anthropologues américains, pour la plupart, négligeaient les études sur les Indiens au profit de recherches dans d'autres parties du monde. En outre, l'essor de programmes autonomes en linguistique, aussi bien que celui de la linguistique structurale, rendaient les travaux de linguistique délicats pour ceux qui n'avaient pas reçu de formation spécialisée. En tant qu'étudiant de thèse dans ces deux disciplines à l'Université d'Indiana (1950-54), je commençais à penser que le problème des rapports entre langue et culture était tout à la fois d'ordre intellectuel et professionnel. L'avenir de certains types de linguistique et d'anthropologie me paraissait dépendre de l'attitude que d'autres avaient envers ces rapports.

Le printemps 1958 réunit les différents éléments de la réponse que je devais trouver. En avril, je participais, à l'Université d'Indiana, à un congrès intitulé « Langue et style », au cours duquel Roman Jakobson, dans sa conclusion sur la poétique (1960), présenta son modèle des facteurs et fonctions du langage dans le cadre d'une conception large de la linguistique. Par ailleurs, je fus chargé d'écrire un chapitre sur l'étude de la personnalité en ce qui a trait au langage, dans une optique interculturelle (Hymes 1961 a). La préparation de ce chapitre m'amena à chercher dans la littérature ethnographique des indications sur les pratiques, les opinions et les capacités qui entrent en jeu dans l'acquisition — modelée par la culture — du langage par les enfants. Le texte s'achevait sur une esquisse de la diversité rencontrée ; et ces indications furent également introduites dans l'article où, pour la première fois, je proposais la notion d' « ethnographie de la parole » (Hymes 1962).

Le nœud de l'argumentation était que l'on ne saurait établir une mise en relation satisfaisante entre « langue » et « culture » par la simple comparaison des résultats des travaux des linguistes d'une part et des anthropologues d'autre part, travaux qui font abstraction de la relation effective entre langue et culture dans la parole vivante dès lors qu'ils adoptent des cadres de référence partiels et hypostasiés : grammaire d'un côté, analyses culturelles de l'autre. Pour résoudre ce problème théorique et rendre possible une certaine intégration de l'anthropologie, il fallait une nouvelle approche qui prendrait pour objet l'organisation même de la parole et verrait dans les significations et capacités qui y sont attachées à l'intérieur de communautés spécifiques des sujets aussi dignes de l'intérêt ethnographique que la sexualité ou le sevrage. (Dans un autre texte publié à peu près au même moment et ayant trait à l'éducation, je plaidais pour une étude des différences interculturelles dans les fonctions de la parole (Hymes 1961 b, maintenant Ch. 1 de Hymes 1980 (cité dans la préface)).

A l'époque, la grammaire générative transformationnelle donnait lieu à une lecture en termes d'acquisition du langage et de capacités des locuteurs. Dans une étude préparée pour un colloque à Merida, Yucatan, au printemps de 1963, je partis d'une formulation de Katz et Fodor (1962 : 118) : « *Toute théorie d'une langue spécifique doit viser à expliciter les capacités et les savoir-faire qui entrent en jeu dans la performance linguistique d'un locuteur natif parlant couramment.* » Et je développais une conception plus large de ses implications. Dans la version publiée de cette étude, j'utilisais même, entre autres, le terme « compétence », à propos de la communication, pour caractériser ce vers quoi tend une démarche ethnographique (1964 a : 42). Je ne me mettais pas encore, l'accent toutefois, sur la « compétence de communication » (au contraire de ce que suggère Blum-Kulka 1982 : 29), pour la bonne et simple raison que Chomsky n'avait pas encore focalisé l'attention sur le terme « compétence ».

Lorsque parut l'année suivante (1965) *Aspects of the Theory of Syntax*, ma première réaction fut que Chomsky plaisantait quand il divisait le monde du langage entre la « compétence » et la « performance » et donnait au premier de ces termes une définition si limitée. Il apparut vite qu'il ne plaisantait pas le moins du monde. Au printemps suivant, j'eus l'occasion de discuter sa conception de la « compétence » lors d'un congrès sur le langage et les « défavorisés » à l'Université Yeshiva, comme je l'explique dans le texte principal de ce livre. C'est bien Chomsky qui a mis « compétence » au centre de tout le débat qui a suivi.

Mes vues sur la question furent exposées dans différents écrits, ainsi que dans le texte qui précède cette postface, mais elles n'ont jamais paru sous forme de livre. Il était bien question d'un livre, comme l'indique l'introduction au texte qui précède et ce livre fut même annoncé, si bien que d'autres auteurs s'y réfèrent parfois lorsqu'ils mentionnent ma position : *On Communicative Competence* (Philadelphie : University of Pennsylvania Press, 1971). Ceux qui se sont référés à un tel livre (par exemple : Lyons 1977 : 586, Newmeyer 1980 : 82, 282) on fait acte de foi, car ce livre n'existe pas. Il aurait été basé sur le long essai de 1968 dont paraît ici en traduction la version révisée de 1973. Cette traduction est donc mon premier livre publié sur ce sujet.

Un mot d'explication : depuis 1968, j'ai continué à accumuler références, notes et ébauches de manuscrit pour un livre, mais l'étendue même du sujet m'a empêché d'écrire ce livre, à une époque où des tâches plus spécifiques et plus aisées à accomplir réclamaient mon attention. Comme les travaux de linguistique se développaient et s'orientaient dans des directions plus en accord avec mes propres idées, il semblait y avoir chaque jour de nouveaux aspects à prendre en considération. Mais à part quelques longues lettres (à Roger Shuy et à Joel Sherzer), aucun travail de longue haleine ne vit le jour. Il semble maintenant qu'il ne pouvait en être autrement ; une fois la première attaque lancée et une position définie, il paraissait malaisé de la modifier et interminable d'en rajouter. Il aurait fallu des études empiriques fondées sur cette position. Ces études auraient pu servir à clarifier certaines dimensions descriptives et a approfondir certains concepts, grâce à une comparaison attentive et un affinement des analyses dans le détail. Il fallait passer des locuteurs, auditeurs et autres participants à des types récurrents de locuteur, d'auditeur, de participants ; passer de la nécessaire reconnaissance d'une importance de la notion de « tonalité » à une analyse des types de « tonalité » dans une communauté donnée ; passer du recours à de simples dichotomies (direct/indirect, formel/informel, « élaboré »/« restreint », etc.), à la caractérisation plus précise des types de contrastes que compactent ces dichotomies. On voulait, surtout, passer de la notion générale de « fluence » au repérage des combinaisons de capacités qui comptent (et des manières dont elles comptent) dans des communautés réelles. N'existait-il pas, dans l'utilisation d'une langue des types de fluence en relation avec des prototypes récurrents de structure sociale, d'organisation politique, de mode de production ?

Ces travaux demandaient du temps. Dans l'Université où j'enseignais, le projet de poursuivre de telles recherches, avec une équipe qui comprenait déjà Regna Darnell, Judith Irvine, Elinor Ochs (Keenan), Susan Philipps et Joel Sherzer, fut interrompu par des événements qui m'obligèrent à quitter le département d'anthropologie et à m'associer à des départements où la même orientation fut maintenue, certes, mais où elle ne put vraiment s'établir. Et, comme à la même époque (1971-72) je commençais à découvrir des schémas poétiques sous-jacents dans les textes indiens que j'avais examinés au tout début de mes études en linguistique et en anthropologie, curieux de mettre au jour les implications de ces schémas poétiques, je concentrais mon énergie sur ce nouveau centre d'intérêt (cf. Hymes 1981).

Dix ans ont passé et une nouvelle approche de la question est possible, historique cette fois. Ce que d'autres ont fait de la notion de « compétence de communication » est suffisamment vaste et varié pour mériter notre attention. L'aventure nous dit quelque chose sur notre objet d'étude ; et il se peut qu'importent maintenant une réflexion et des clarifications.

2. Choix terminologiques

L'origine de l'expression « compétence de communication »

Une fois admis qu'il fallait prendre en compte une gamme de capacités plus étendue que celles tenant au savoir grammatical, il aurait pu venir à l'esprit de beaucoup d'ajouter au terme « compétence » les mots « de communication ». Il semble bien que c'est exactement ce qui s'est produit.

Cette expression est utilisée par Campbell et Wales (1970) en relation à l'étude de l'acquisition du langage, comme le notent Hudson (1980 : 219), Wells (1981 : 56) et d'autres. Certes, il est tout à fait possible que cet emploi soit dû en partie à l'utilisation de cette même expression, toujours dans le contexte de l'acquisition du langage, par Slobin et al. (1967), suite à mon association avec Slobin, Ervin-Tripp, Gumperz et d'autres, à Berkeley, dans les années 1960-65.

Il semble que « compétence de communication » ait été utilisé parallèlement et indépendamment, dans le domaine de l'apprentissage et de l'enseignement des langues. Paulston (1974, 1979) remarque que, de ce point de vue, « compétence de communication » a été utilisé dans deux sens différents. Elle note que Rivers (1973) et ceux qui travaillent dans l'enseignement des langues étrangères aux Etats-Unis se sont servis de ce terme pour désigner une capacité à entrer en interaction spontanée dans la langue cible (par ex. Savignon). Mais, ajoute-t-elle (1979 : 1) :

> « *Ceux qui travaillent en ESL (anglais seconde langue), d'autre part, ont tendance à utiliser CC (Compétence de communica-*

tion) au sens de Hymes... *et ils y incluent non seulement les formes linguistiques de la langue, mais aussi ses règles sociales, le savoir quand, comment et avec qui il est approprié d'utiliser ces formes... le tout en tant que partie intégrante de la langue enseignée.* »

Il ne fait guère de doute que l'utilisation du terme chez Jakobovits (1970) et chez Savignon (1972) est indépendante de la mienne, que je sache, malgré notre présence simultanée à Philadelphie à l'époque.

Le regretté linguistique et philosophe Yehoshua Bar-Hillel eut recours, de façon indépendante, lui aussi, à une utilisation du même terme, comme l'indique une lettre qu'il m'adresse (datée du 5 septembre 1972) après avoir découvert une référence à mon projet de livre sur la compétence de communication :

» *Puisque j'ai commencé à utiliser le terme " compétence de communication " à peu près en même temps que vous et puisque je considère la conception que j'ai de ce terme assez importante, puisque je n'ai vu aucun nouvel écrit de vous sur ce sujet depuis plusieurs années et puisque je vais aborder la question au cours de mes conférences et traiter de ce que, en Allemagne et dans une perspective heuristique, les philosophes des sciences — en particulier Habermas et Apel — ont à en dire (c'est-à-dire fort peu), je vous serais très reconnaissant...* » (suivent plusieurs questions concernant le livre, d'autres écrits, etc.).

Dans un ouvrage publié sous la direction de Bar-Hillel, Schlesinger (1971) se livre à une critique approfondie de l'utilisation que fait Chomsky du terme « compétence » ; la position de Bar-Hillel lui-même sur les idées de Habemas a également été publiée (1973).

L'expression « compétence de communication » s'est introduite dans l'usage général sans qu'il soit nécessaire de l'attribuer à un auteur particulier, mais il semble bien que les citations faites par les linguistes se réfèrent généralement à l'une de mes publications, le plus souvent à l'argument du texte principal de ce livre dégagé et présenté de façon experte par Huxley et Ingram (Hymes 1971 e) et aux extraits de ce même texte publiés in Pride et Holmes (1972 d). (Le fait que Pride et Holmes citent le projet de livre de 1971 dans la présentation du chapitre est peut-être la source principale des mentions de ce (projet de) livre par d'autres auteurs.) Deux articles de cette période sont également cités : (1971 b), cité par Matthews (1979) et, plus souvent, (1972 c), cité par Iksar (1972) et Walters (1981), dans une version plus ancienne (1967 a), et par Lyons (1977) et beaucoup d'autres, dans sa version 1972 c. La façon dont le terme a été utilisé ne semble dépendre ni de la source citée, ni d'aucune source, en fait. Ainsi, Platt (1971 : 271) signale que Bickerton « semble critiquer le concept de " compétence de communication " de Hymes » sans donner de référence pour ce concept.

Autres termes

Le relief ainsi donné à mes écrits et, en particulier, aux versions du texte de 1973 présenté ici est sans aucun doute simplement dû à leur quantité et à leur fréquence, s'agissant d'un thème sur lequel d'autres partageaient mon sentiment : attirance pour le mot « compétence » mais vif regret d'en voir l'usage ainsi bridé par le principal linguiste du moment. Que « compétence » soit devenu le terme de référence tient bien sûr à l'importance de Chomsky. Car si l'on s'intéresse aux capacités des utilisateurs d'une langue, un certain nombre de termes sont disponibles et ont été effectivement employés. Dans mon premier article ayant trait aux capacités (Hymes 1964a), j'utilise moi-même, bien sûr, « capacités », ainsi que « capacités et savoir-faire », comme l'avaient fait Katz et Fodor (1962 : 218), et « habitudes de communication » (p. 42). Katz et Postal (1964 : 1) indiquent au début de leur ouvrage que leur propos est de découvrir « *la nature du* **contrôle** *de sa langue que possède le locuteur parlant couramment* » (je souligne), puis continuent leur analyse en termes de capacités des locuteurs. Dans un essai sur l'intégration de la langue et de la littérature dans les programmes d'études, Sinclair consacre un passage à la notion de **maîtrise d'une langue** (1971 : 221-2) ; ce terme a également été proposé par Teeter (1970 : 531) à peu près en même temps, dans les considérations qu'il développe à propos de la pratique de Bloomfield.

> « *L'analyse linguistique s'intéresse d'abord au contrôle que l'on possède productivement d'une langue et de ses manifestations sociales et c'est pourquoi une grammaire non seulement décrit un système, mais prend aussi en compte l'utilisation qui en est faite. Ni langue/parole, ni compétence/performance ne découpent une répartition adéquate des phénomènes linguistiques. Pour Bloomfield, c'était évident... (on peut trouver ici) une théorie du langage, même si elle n'a pas pris forme. On peut aller jusqu'à affirmer que cette théorie met en jeu rien moins que l'ethnographie de la parole... Si nous pouvons distinguer la* **connaissance** *qu'à un locuteur d'une langue de sa* **maîtrise** *de cette langue, Bloomfield commence par la maîtrise.* »

Dans une étude du bilinguisme, Rubin (1972) se penche sur l'acquisition et la **proficience** et, traitant de questions d'éducation, Gorman (1971, n. 22) dit de la « proficience » :

> « *Dans le sens où j'emploie ce terme, un locuteur " proficient " d'une langue donnée est un locuteur qui possède dans cette langue un répertoire verbal dont la complexité est en corrélation approximative avec la gamme fonctionnelle, large ou réduite, de cette langue dans les différents groupes dont il est membre.* »

D'autres ont mis en relations la capacité à communiquer avec des **savoir-faire** (Shatz et Gelman 1973), ou bien ont lié directement **savoir-faire** à **compétence**. Ainsi, l'important ouvrage de Hudson inclut dans son index, sous la rubrique « compétence de communication », des pages où ce terme ne figure pas ; les pages en question ont pour titre « la parole comme savoir-faire (1980 : 113-6). Van Dijk (1981 : 17) rend cette équivalence explicite :

> « En d'autres termes, l'apprenant devrait acquérir une gamme complète de savoir-faire communicationnels. Mais il existe à l'heure actuelle peu de manuels permettant une mise en place systématique de ce genre de " compétence de communication ".

Bel s'exprime dans les mêmes termes (1981 : 77).

Types de compétence

Il demeure que l'usage que fait Chomsky de « compétence » en a fait un terme dominant, comme l'indiquent les citations précédentes. Ainsi, même lorsqu'il conteste le modèle grammatical de Chomsky comme inadéquat pour expliquer la métaphore créatrice, Basso (1976 : 110) évoque ce que serait un modèle adéquat en termes de « compétence **linguistique élargie** » ; Kiparsky parle d' « aspects plus larges de la compétence » (1968 : 175), à propos du changement linguistique. Quand un auteur attire l'attention sur un aspect de la capacité linguistique autre que ce qui relève strictement du grammatical, il le désigne fréquemment comme une sorte d'addition à la compétence. On peut noter trois tendances.

● Ceux qui s'intéressent à la littérature et à l'art verbal d'un point de vue linguistique ont donné une extension plus grande au « concept de base ». Le linguiste allemand M. Bierwisch a très tôt parlé de « compétence **poétique** » (cf. *Foundations of Language* 5 : 476 (1969)). Le théoricien américain Jonathan Culler a introduit avec succès le concept de « compétence **littéraire** » (pour une discussion critique et une interprétation positive, cf. Fowler 1981 : Ch. 7 et p. 166 ; Culler cite également la « compétence **mythologique** »). L'homme de lettres bien connu Martin Steinmann a avancé la notion de « compétence **rhétorique** » (1982). Dans le champ de l'anthropologie et du folklore, McLendon (1971 : 158) fait état d'une « compétence **narrative** » pour décrire la capacité à reconnaître diverses versions de récits, y compris des résumés, comme réalisations d'une même histoire ; il fait aussi appel à la notion de « performance narrative » ; McDowell, quant à lui, (1979) analyse la « compétence **de l'énigme** ».

● Une deuxième tendance touche à l'usage interpersonnel du langage. Elinor Ochs Keenan a parlé de la « compétence **de conversation** » chez les enfants (1974). Hugh Meha, (1972) et Frederick Erickson et Jeffrey Schultz (1981) ont employé le terme « compétence **d'interaction** », tandis que Borman (1979) recourt à « compétence **de situation** ». « Compétence **sociale** » est d'usage courant chez ceux qui ont une formation en sciences sociales (Cicourel 1981 : 57, Edmondson 1981, Erickson et Schultz 1981, dans leur titre). L'utilisation de « compétence **sociolinguistique** » semble être liée à une formation linguistique (Ervin-Tripp 1979, Troike 1970 : 68), Canale et Swain 1981 : 33). Chomsky lui-même a récemment utilisé « compétence **pragmatique** » (1980 : 59, 224-5), un usage en accord avec l'importance de la pragmatique chez les linguistes qui s'intéressent à la logique et aux modèles formels.

● Une troisième tendance s'est centrée sur les différences entre individus et entre rôles individuels. Hudson (1980 : 219), pour traiter des différences qui mettent en jeu une incapacité, utilise l'expression « **incompétence de communication** », (Platt (1977 : 272) reconnaît l'existence de ce problème, ainsi que Hymes, dans le texte qui précède). Très tôt, Troike (1970) a insisté sur la question des différences individuelles et a examiné la difficulté d'évaluer la compétence **réceptive,** comme distincte de la compétence **productive,** ainsi que dans sa relation à l'enseignement d'apprenants d'origines diverses.

Tous ces termes ne font pas nécessairement partie d'une entreprise tendant à dessiner un modèle général des différents types de compétence. Souvent, comme dans le cas de Chomsky et de certains auteurs en sciences sociales, la visée majeure est simplement de donner un nom à un domaine reconnu nécessaire, à côté de la compétence linguistique ou grammaticale. J'en viendrai plus loin au problème des rapports entre ces deux vastes domaines et je présenterai quelques suggestions quant aux modèles d'ensemble. Mais remarquons déjà ici que le principe d'une variété de types de compétence a été posé depuis un certain temps par Carroll, le psychologue bien connu qui déclare que l'on devrait :

> « *construire une théorie des compétences et des performances beaucoup plus élaborée que ce qu'offrent aujourd'hui la linguistique et la psycholinguistique, si l'on veut rendre compte de façon adéquate des capacités linguistiques* » *(1979 : 15, cf. 1968).*

Chomsky, lui aussi, souhaite poser qu'il existe une diversité dans les aptitudes fondamentales et les structures mentales (1980 : 41, 58).

Je voudrais en outre marquer ici ma conviction que l'expression « compétence **de communication** » s'avérera indispensable comme terme général. Halliday a émis des doutes à ce sujet (1973 : 100-1, 1978 : 99), considérant que ce terme s'applique aux différences culturelles quant au rôle que joue le langage au niveau des fonctions, ou de l'utilisation, mais non au niveau de la sémantique ni de la construction sociale de la réalité. Il voit dans « compétence de communication » et « utilisations du langage » des notions heuristiques transitoires, une simple étape vers des notions plus générales :

> « *" utilisations du langage " conduirait à fonction, au sens d'organisation fonctionnelle sous-jacente au système sémantique, " compétence de communication " mènerait au potentiel de signification inhérent au système social tel qu'il est interprété par les membres de tel ou tel sous-groupe culturel* ».

En fait, mon texte de 1973 inclut « significations » aussi bien que « moyens de la parole » (chapitre IV) et incorpore au modèle général les « attitudes, valeurs et croyances » (chapitre IV). Si j'interprète correctement Halliday, sa conception d'un « potentiel de signification » correspondrait au « potentiel systémique » pour ce qui est des possibilités de communication d'une communauté ou d'un certain mode de vie, à cette différence près que la notion de compétence de communication comporte une distinction entre ce qui pourrait être dit et ce pour quoi il existe des façons de dire (on se souviendra de la discussion concernant Tonnerre Blanc). Dans la conception émancipatrice qu'Habermas présente de la compétence de communication, l'accent est mis sur les possibilités de communication, dans un système social donné, qui se trouvent détournées ou supprimées. Dans les limites de ce qui est dicible avec les moyens disponibles, le « potentiel systémique » continuerait à être une composante parmi d'autres dès lors qu'on s'attache à rendre compte des capacités mises en œuvre à l'intérieur d'une communauté ou d'un sous-groupe culturel.

Il semble que Halliday, avec la notion de " potentiel de signification ", en vienne à oublier que le système sémantique d'une langue, quelle qu'elle soit, est comme en relation de métalangage par rapport au mode de vie auquel elle appartient. C'est toujours de façon sélective qu'elle articule ce mode de vie ; et la nature de ce rapport sélectif est une question fondamentale pour une compréhension du langage dans la vie humaine. D'une part, cela a à voir avec la politique et l'oppression, de l'autre, avec le modelage de satisfactions et de styles distinctifs. Au bout du compte, il semble que « compétence de communication » ne soit pas un jalon temporaire, mais bien une spécification nécessaire.

Le terme et la notion de « compétence **de communication** » semblent nécessaires pour plusieurs raisons. Tout d'abord, la compétence d'un individu dans une langue est fonction, en partie et de façon variable, des autres langues qu'il peut connaître et utiliser. De plus, l'étendue du domaine même d'une langue est fonction, en partie et de façon variable, de la niche qu'elle occupe parmi d'autres moyens de communication ; ce domaine peut être plus ou moins vaste, selon les pratiques en matière de richesse ou de restriction des façons de nommer, d'instruction discursive, de satisfaction sensorielle dans la parole, etc. Il est fréquent de voir le domaine et le contenu d'une langue réduits par l'expansion d'une autre (Hill et Hill 1979) ou de les voir au contraire s'étendre dans certaines circonstances (Hymes 1971 d). Deuxièmement, quand nous considérons des individus comme capables de participer à la vie sociale en tant qu'utilisateurs d'une langue, nous devons, en réalité, analyser leur aptitude à intégrer l'utilisation du langage à d'autres modes de communication, tels la gestualité, la mimique, les grognements, etc. Une analyse de la politesse implique une prise en compte de ces formes de la déférence et de la présentation de soi. Des significations fondamentales telles que l'affirmation et la négation sont à caractériser aussi en termes de mouvements de la tête et de la main, qui accompagnent les mots ou les remplacent. En somme, ce que l'on sait et ce que l'on fait d'une langue tient aussi à la place que celle-ci occupe dans l'ensemble plus vaste des savoirs et des capacités entrant dans les divers modes de communiquer.

128

Certes, le terme « communication » a pu être connoté comme s'appliquant à quelque chose de purement instrumental et externe. Pour certains, il ne renvoie qu'à ce qui se passe *dans* la communication avec les autres. Même si c'était le cas, les travaux des ethnométhologues, en particulier, ont bien montré que ce qui se passe dans la communication met en jeu ce que les participants apportent à cette communication et ce qu'ils ont à leur disposition pour l'accomplir et l'interpréter (Kjolseth 1972, Mehan 1972).

Dans « compétence de communication », « communication » devrait être entendu comme s'appliquant à la compétence **dans** et **pour** la communication ; « communication » est un terme général, qui inclut aussi la réflexion et le dialogue avec soi-même. En écrivant maintenant à la main ces lignes ajoutées à une page tapée à la machine, j'entre en interaction avec moi-même à différents moments, passés, présents, et futurs, dans le mouvement d'une pratique de communication somme toute courante.

C'est la connotation restrictive de « communication » qui prévaut sans doute dans la conclusion, brièvement argumentée, dans laquelle Chomsky (1980 : 230) semble réagir à des conceptions grammaticales, telles que celles de Dik (1980), de Givon (1979) et de Van Valin et Foley (1980) :

> « *ou bien nous devons considérer que la notion de " communication " est dépourvue de toute valeur, ou bien nous devons rejeter le point de vue selon lequel l'objet du langage est la communication. Bien que l'on affirme très souvent que le but du langage est la communication et qu'il ne sert à rien de l'étudier en dehors de sa fonction communicative, il n'existe, que je sache, aucune formulation de cette opinion d'où puisse découler des propositions solides... Les fonctions du langage sont diverses. On ne voit pas clairement ce que signifie l'assertion selon laquelle certaines seraient " centrales " ou " essentielles ".* »

Le rejet de travaux sérieux sous prétexte qu'ils ne présentent pas de « *propositions solides* » ne mérite vraiment pas qu'on s'y arrête. Dans ce passage, il semble que Chomsky réfute la pertinence de la « *communication* » en déclarant que si elle n'est pas tout, elle n'est rien. On pourrait bâtir des argumentations de ce genre pour mettre en cause la pertinence, pour une étude du langage, de « savoir », ou de « capacité ». On pourrait affirmer que (a) les capacités, ou les types de savoir, relatifs au langage sont divers, et que (b) ou bien nous devons élargir le concept de « capacité », ou celui de « savoir », à un point tel qu'il perd toute valeur, ou bien nous devons rejeter le point de vue selon lequel la « capacité », ou le « savoir », est d'importance centrale pour le langage.

En tout état de cause, la « communication » n'est pas un but mais un attribut du langage. Toute utilisation du langage met en jeu l'attribut de la communication. En quoi consistent les utilisations du langage dans des groupes particuliers, quels objectifs les individus donnent-ils au langage, voilà précisément les questions auxquelles l'hypothèse d'une compétence de communication devrait contribuer à répondre. Fondamentalement, ce qui justifie l'introduction de la notion de « communication » dans les modèles de grammaire, si je ne m'abuse, c'est qu'elle assure à la grammaire une portée suffisante pour couvrir la gamme complète de dispositifs et de relations que les gens utilisent dans tout ce qu'ils font avec le langage. L'attention du grammairien peut se porter sur ces dispositifs et relations (cf. Dik 1980), plutôt que sur les buts (et pour ma part, je souhaiterais que l'on prête plus d'attention à ces buts et aux rapports spécifiques entre fins et moyens) ; mais le rôle de la « communication », dans ces contextes tout comme ici, reste le même : garantir la portée du modèle. La spécification des types de finalité, de capacité, de savoir, se fait dans le cadre ainsi posé.

Une grande partie du débat autour de l'expression « compétence de communication », comme bien entendu de toute expression où figure la « compétence » se trouve marquée par l'usage initial qu'a fait Chomsky du terme. Je voudrais maintenant en venir à plusieurs ordres d'objections contre de tels termes, objections qui tiennent à cet usage initial. J'examinerai ensuite d'autres recours à ce terme ou à cette notion qui suivent la direction retenue dans le présent ouvrage ou la rejoignent ou tendent vers elle.

3. L'objection de Chomsky

Il est intéressant de noter qu'au nombre de ceux qui ne sont pas satisfaits de l'utilisation initiale faite par Chomsky de « compétence » figure Chomsky lui-même. Il y a quelques années, il parlait de « *compétence linguistique atteinte* » (1977 : 4), comme si la compétence que l'on discerne chez les locuteurs, étant « atteinte », était secondaire par rapport à la compétence linguistique intrinsèque et innée dont il a fait son objet, ou bien en était une modification. Plus récemment, il déclare (1980 : 59) :

> « *Le terme " compétence " est entré dans la littérature technique parce qu'on voulait essayer d'éviter toutes les complications dues aux énormes problèmes posés par " savoir ", mais il peut prêter à confusion dans la mesure où il suggère une " capacité "- relation que j'aimerais rompre, pour les raisons présentées ci-dessus.* » [qui, semble-t-il, tiennent à ce que le savoir est considéré comme distinct de toute considération touchant à l'utilisation]

Dans ce passage, Chomsky pose le couple « compétence pragmatique » et « compétence grammaticale », mais il associe spécifiquement les représentations de forme et de signification avec ce dernier terme. Et il poursuit (1980 : 59) :

> « *Au risque de prêter à confusion, je continuerai d'appeler ce sous-système " la faculté de langage ".* »

Il est ainsi suggéré que la compétence pragmatique pourrait se caractériser peut-être par un certain système de règles constitutives représentées dans l'esprit. Et ce système reste, semble-t-il, en dehors de la « faculté de langage ».

Nous avons là une situation quelque peu ironique : de nombreux linguistes ont réagi contre le terme « compétence » à cause de l'impulsion particulière que lui avait donnée Chomsky (voir ci-dessous) en le lançant dans le jeu, tandis que Chomsky lui-même évite maintenant ce terme à cause des connotations qu'il a prises une fois lancé.

Il est difficile de croire qu'à l'époque de son introduction par Chomsky en 1965, le terme « compétence » ne comportait pas la connotation de « capacité », s'il évitait les difficultés de « savoir ». Halle (1962 : 64), Katz et Fodor (1962 : 173-4) et Katz et Postal (1964 : 1), tous étroitement associés au développement de l'école chomskyenne à l'époque ont fait de « capacité », un terme fondamental (comparer également, dix ans plus tard, le titre de Bever, Katz et Langendoen (1976)). Il paraît plus probable que Chomsky regrette maintenant la richesse de sens qu'a acquise le terme « compétence ». En 1965, le mot pouvait suggérer que c'est l'ensemble d'une capacité qui constituait le domaine de pertinence des travaux en cours, tandis que le savoir grammatical régnait au centre. Les développements ultérieurs de la psycholinguistique et de la sociolinguistique ont rendu inéluctable une extension sensible du contenu de la notion de « capacité liée au langage ». De plus, le terme « capacité » renforce « compétence » dans la mesure où il renvoie à ce que les individus peuvent faire, ce qui n'est pas la même chose que ce que les systèmes qu'ils possèdent en commun rendent en principe possible. D'où, semblerait-il, l'addition du qualificatif « atteinte » et le maintien, même si cela peut prêter à confusion, de la « faculté de langage ».

Dans ces choix terminologiques, Chomsky demeure fidèle à son inspiration première, qui a été de dissocier les fondements de l'étude du langage en linguistique de tout ce qui est vie sociale. On peut retrouver cette motivation initiale tout au long des choix qui délimitent sa position, depuis la substitution couronnée de succès du terme « acquisition » au terme « apprentissage » dans l'étude du développement du langage chez l'enfant, jusqu'aux doutes émis sur l'évolution adaptatrice comme facteur intervenant dans l'origine du langage. Et c'est encore cette motivation qui transparaît dans son refus de la pertinence du terme « communication » (voir ci-dessus). Cette réfutation intervient en effet dans un contexte où la question du langage a déjà été présentée comme comparable à l'étude d'un organe, tel que l'œil (plutôt qu'à une activité, telle que la sexualité).

Même s'il n'existait pas des contextes de ce type, la position de Chomsky se déduirait tout à fait aisément de son point de vue sur l'abstraction et l'idéalisation. Il affirme (1980 : 219) :

« *Ce n'est qu'au prix d'une abstraction poussée assez loin qu'on peut construire valablement la notion de " langage " comme objet d'une recherche rationnelle.* »

Suivent une reprise et une discussion de son idée d'une communauté linguistique homogène idéale (cf. la section IV de cette postface). Ce qu'il y a de remarquable dans cette conférence de 1976, c'est que l'affirmation concernant une « abstraction poussée assez loin » se trouve immédiatement après un paragraphe où Chomsky utilise *Le Capital* et les rapports de classe en économie politique marxiste comme exemple de la démarche générale des sciences sociales dans l'étude des hommes et de la société, démarche qui exige le recours à l'abstraction. Mise à part la question de savoir ce qu'était réellement le mode d'abstraction (dialectique) de Marx (cf. Ollman 1971, Hall 1974), la difficulté de ce rapprochement reste que Chomsky, selon toute apparence, ne songe pas du tout qu'il existe bien une analogie linguistique aux rapports de classe. La notion d' « économie de la parole », proposée dans le présent ouvrage, en est un exemple.

Tout se passe comme si Chomsky était incapable d'imaginer une régularité, un ordre, un agencement dans la vie sociale organisée. Mais il s'agit là d'un trait personnel, non de quelque chose d'inhérent à l'abstraction ou à l'idéalisation en tant que telles. Lyons (1977 : 573-91), par exemple, se montre parfaitement à même de consacrer une section fort bien pensée (14.2) Aux types de savoir qui sont en jeu dans la compétence de communication, tout en se trouvant d'accord avec Chomsky pour considérer que « l' " idéalisation " est inévitable » (p. 586) ; il ajoute :

> « *et elle entre en jeu dans l'analyse sociolinguistique ou stylistique des variables situationnelles posées comme affectant une utilisation appropriée de la langue, tout autant que dans la description microlinguistique de la structure du système linguistique en tant que tel.* »

Autrement dit, l'abstraction poussée ne justifie en rien que Chomsky s'intéresse exclusivement à la faculté de langage. Cette abstraction s'appliquera autant à l'étude générale de l'organisation de la compétence de communication au sein de communautés qu'à l'étude de la grammaire.

Dans l'optique chomskyenne, la faculté de langage est fondamentale et c'est son utilisation qui implique des composantes secondaires. Dans l'optique adaptée ici, la faculté de langage est l'une des composantes de systèmes complexes de compétence. Ce que l'on choisit d'étudier peut certes être considéré comme relevant de la préférence personnelle (cf. Boas 1887). Mais le problème, et la raison pour laquelle j'insiste sur ce point, c'est que Chomsky identifie l'étude du langage à sa propre préférence.

C'est précisément ce qui était en cause dans la « *tempête de protestations* » (Chomsky 1980 : 25) que Chomsky déclencha en affirmant, en 1965, que l' « *objet premier de la théorie linguistique est un locuteur-auditeur idéal, appartenant à une communauté linguistique complètement homogène...* ». Chomsky déclare que cette formulation lui semblait innocente et non sujette à polémique. Selon lui, on ne saurait objecter que les véritables communautés linguistiques n'ont rien d'homogène ; c'est évident et ce n'est pas pertinent. On ne saurait objecter non plus :

« *que cette idéalisation entrave nécessairement l'étude de questions qui n'en font pas partie, telles la variation linguistique, par exemple, ou ce que Putnam appelle " la division sociale du travail linguistique ".* » *(p. 25)*.

Il semble que Chomsky oublie ici le « *premier* » de la citation initiale et qu'il introduise une nouvelle qualification avec le mot « *nécessairement* ». Il poursuit en effet en affirmant que la question cruciale est tout simplement de savoir si une telle idéalisation ne permet en rien de mieux comprendre la nature du langage ou si, au contraire, elle aidera à en découvrir certaines propriétés fondamentales. Il pense que quiconque s'engage dans la première branche de l'alternative ne peut qu'aboutir à des conceptions peu attrayantes (cf. pp. 25-6).

La position de Chomsky selon laquelle les travaux qui font appel à une certaine idéalisation peuvent contribuer à une compréhension de la nature du langage n'est, bien entendu, aucunement différente de la position que j'ai défendue à la fin du texte qui précède. Et cet argument est dans la ligne des apports de Boas, Sapir, Bloomfield et d'autres, qui ont souvent dû se contenter d'un locuteur unique ou d'un corpus standardisé pour représenter une communauté linguistique. Il se peut, certes, que tout progrès dans la compréhension d'une « *propriété fondamentale de l'esprit* » en vienne à dépendre d'une recherche qui se concentre avant tout sur la compétence des individus. Admettons. La difficulté, c'est qu'en 1965 Chomsky s'était révélé comme le chef de file d'un nouveau mouvement théorique en linguistique. Soutenir que cette idéalisation était l'objet *premier* de la théorie linguistique (et en faire, en pratique, son seul objet), c'était refuser à d'autres conceptions une place dans la théorie linguistique. C'était limiter le terme « linguistique théorique » à une seule manière d'aborder le langage. C'est en effet ce qui s'est produit dans le champ de la linguistique aux Etats-Unis. Nombre d'idées, de statut théorique, que des linguistes, moi y compris, ont développées à propos du langage ne se sont jamais vu reconnaître la dignité de relever de la « linguistique théorique ». Il y a, semble-t-il, de la part de Chomsky, plus de dix ans plus tard, quelque mauvaise foi, à prétendre que sa suggestion était innocente et donnait simplement à penser qu'on découvrirait peut-être quelque chose d'intéressant. En 1965, cette suggestion fut perçue, et à juste titre, comme un acte de préemption.

Revenons un instant sur l'analogie qu'établit Chomsky entre l'économie politique marxiste et le recours à l'abstraction poussée. Le marxiste anglais Stuart Mill a noté (1974 : 137) :

« *L'économie politique a tendance à éthérifier, à universaliser et à dé-historiser les rapports de production bourgeoise. Mais que se passe-t-il si nous insistons, comme le fait Marx, pour mettre au départ un principe de spécification historique ?... le type d'abstraction... qui dégage la plus élémentaire caractéristique commune d'un concept et identifie ce noyau non problématique à son contexte scientifique... est un mode de théorisation qui opère à un niveau théorique vraiment très bas... Pour pénétrer une structure aussi dense et aussi chargée de fausses représentations que [je substituerai ici : la compétence linguistique], nous avons besoin de concepts de nature plus fondamentalement dialectique... de conceptions qui différencient au moment même où elles révèlent des rapports cachés. De façon assez similaire, Marx fait observer que des concepts qui différencient ce qui rend possible le développement spécifique de différentes langues sont plus importants qu'une « abstraction » de quelques « universaux du langage » simples, fondamentaux, communs. »*

Dans une perspective autre, Ollman avance que soit Marx était aussi incompétent et stupide que le présentent beaucoup de ses critiques (mais alors pourquoi ses travaux ont-ils autant d'importance ?), soit il utilisait une méthode qui ne correspond pas aux démarches de catégorisation et d'abstraction formelles invariantes qui caractérisent une grande partie de la science occidentale. L'interprétation d'Ollman est que Marx fait usage d'une logique dialectique où l'interdépendance des éléments du système dans un tout est telle que ses limites sont mouvantes ; elles se contactent ou se dilatent, selon le point de départ adopté. Partir d'une discussion sur l'argent et suivre les ramifications de cette question, c'est étendre le domaine de la catégorie « argent » beaucoup plus loin que si l'on partait d'une discussion des moyens de production. Les linguistes qui se penchent sur le lexique, la syntaxe et la sémantique comme entrées distinctes possibles pour une étude de la grammaire reconnaîtront peut-être un cas similaire et concluront qu'une langue est un système surdéterminé plutôt qu'un système aux découpages internes bien définis.

Il y a abstraction poussée dans les deux types de démarche identifiés ci-dessus, mais, ni dans un cas ni dans l'autre, il ne s'agit du type d'abstraction que Chomsky semble considérer comme le seul qui existe. Il souligne fréquemment l'opposition entre son propre objectif et la diversité, la particularité et l'irrégularité (e.g., 1980 :236-8). Une telle association est courante et attestée depuis longtemps dans la pensée occidentale, mais elle n'a rien d'inévitable. On peut rendre justice au degré d'autonomie des moyens linguistiques et à tout ce que peut bien être la faculté de langage, et reconnaître aussi d'autres niveaux d'organisation de ces moyens, niveaux qui donnent pour partie sa forme à l'objet d'étude. La conception qu'a Chomsky de l'abstraction ressemble à celle de Spinoza : toute limitation fait l'objet d'une appréciation négative (cf. Cassirer 1961-4-5, 24). L'autre façon de voir les choses, cultivée dans la pensée de Goethe, de Herder et de W. von Humbolt et poursuivie par l'anthropologie culturelle au XXe siècle, est de reconnaître qu'une « limitation » détermine parfois une configuration spécifique qui peut constituer la réalisation positive d'un potentiel. Cassirer résume (p. 25) :

« Tout universel dans le domaine de la culture, qu'il soit découvert dans la langue, l'art, la religion ou la philosophie, est aussi individuel qu'il est universel. »

Selon Cassirer, la formulation que donne von Humboldt de cette thèse pour ce qui concerne le langage conduisit ce dernier à découvrir le fondement même de l'universalité dans les individualités nationales et personnelles. Dès lors que la limitation, en tant que définition, n'était pas due à une force extérieure, c'était une puissance authentique et non dérivée ; la personnalité ne prend forme qu'en se formant elle-même.

Une telle conception des agencements culturels peut introduire ses propres gauchissements, au regard de la diversité effective de la vie sociale. Toutefois, elle a mené et continue de mener à la mise au jour justifiée de schémas historiquement établis, de régularités sous-jacentes, d'abstractions — c'est bien le terme qui convient — nécessaires à une compréhension de certains aspects de la compétence linguistique, et ceci à un niveau autre que celui de la faculté de langage. C'est le fait de ne pas reconnaître l'existence de ces niveaux d'organisation qui entache nombre des recherches sur la « compétence pragmatique » qui, pour l'étude des actes de parole, des maximes conversationnelles (cf. Lyons 1977 : 593), etc., reprennent des positions de type chomskyen. On postule certaines caractéristiques des utilisateurs d'une langue et ceci de manière tout à fait ethnocentrique. Le locuteur individuel des actes de parole chez Searle, par exemple, n'est pas un modèle valide pour les actes de parole des Ilongots des Philippines, comme le démontrent les travaux de Michelle Rosaldo. C'est une énormité que de donner à entendre que les maximes de Grice, énoncées sous forme d'impératifs, devraient être considérées comme faisant partie des systèmes de valeurs et des structures de la personnalité pour n'importe quelle communauté du monde, qu'elle soit musulmane, chinoise, esquimaude, etc., et que l'esprit d'un locuteur malgache est organisé de telle manière que chaque fois qu'il s'exprime de façon appropriée dans sa communauté, il (ou elle) a nécessairement le sentiment d'avoir enfreint une règle en observant le principe local de réticence en matière d'information. Certes, ces travaux sur les actes de parole et les implications conversationnelles mettent en évidence des DIMENSIONS de l'utilisation du langage qui sont peut-être universelles, dans la mesure où le système de toute communauté peut présenter une orientation par rapport à ces dimensions. Mais la valeur et le poids qui leur sont accordés, l'attitude positive ou négative prise à leur égard, leur organisation, ne sauraient être découverts que par induction. Une grande partie des travaux actuels semble manifester la conviction que l'on serait en train de découvrir un modèle fondamental que différentes communautés implémenteraient ensuite de façons différentes. Et pourtant, dans une très large mesure, ce que font ces travaux, c'est identifier des éléments que différentes communautés peuvent assembler de façons différentes.

Gadamer, le philosophe allemand de l'interprétation herméneutique exprime une opinion semblable (1975 : 415) :

> « *Le langage témoigne de la finitude, non pas parce que la structure du langage humain est multiple, mais parce que chaque langue est constamment en formation et en développement, à mesure qu'elle exprime son expérience du monde. Elle est finie non pas parce qu'elle n'est pas toutes les autres langues en même temps, mais simplement parce qu'elle est langage.* »

Pour Gadamer, comme pour Chomsky, les moyens finis sont au service d'un principe de portée infinie (416). Le principe cependant tient non pas au potentiel systémique de la grammaire, mais au lien entre les mots d'une part (et dans les écrits de Gadamer, *mot* peut parfois s'interpréter comme *texte*) et les traditions et mondes de l'autre (415-6) :

> « *Chaque mot fait résonner toute la langue à laquelle il appartient et fait apparaître toute la vision du monde qui se trouve derrière cette langue. Ainsi, chaque mot, dans sa momentanéité, porte avec lui ce qui n'est pas dit, et à quoi il est lié par réponse et indication. Le caractère occasionnel de la parole humaine n'est pas une imperfection fortuite de son pouvoir d'expression ; c'est plutôt l'expression logique de la virtualité vivante de la parole, qui met en jeu une totalité de sens sans pouvoir l'exprimer totalement. Toute parole humaine est finie en cela qu'il y a en elle une infinité de sens à construire et à interpréter.* »

Si le moment idéal, pour Chomsky, est celui où le *locuteur* fluent dit, grâce aux ressources de la grammaire, ce qui est approprié à une situation, le moment idéal, pour Gadamer, c'est « l'événement herméneutique », au cours duquel celui qui se sert du langage est, dans un certain sens, avant tout un « auditeur ». Il y a interaction tout comme dans la perspective de Voloshinov (1973) qui considère que le langage est fondamentalement discours social ; mais cette interaction n'a pas lieu avant tout entre individus. De fait, il y a là une conception logique et épistémologique distincte, qui exprime l'expérience de bien des chercheurs et des membres de nombre de communautés, mais qui n'est généralement pas prise en compte par la linguistique, conception qui, chez Gadamer, s'enracine dans l'idée que (419) :

> « *l'expérience herméneutique est de nature linguistique ; il y a mouvement converse entre la tradition et son interprète. Le point fondamental ici est qu'il se passe quelque chose... l'événement (herméneutique) réel n'est rendu possible que parce que le mot qui nous est transmis comme tradition et que nous avons à écouter nous rencontre vraiment et ceci de telle sorte qu'il s'adresse à nous et se rapporte à nous.* »

Il y a ici ouverture sur un sens nouveau, comme c'est le cas chez Chomsky, et sur une nouvelle intuition que l'on peut décider de poursuivre, comme le fait Habermas, pour qui la parole idéale, c'est le consensus par le discours. Mais, alors que Habermas construit une théorie critique du langage pour dépasser ce que peut avoir de systématiquement faussé la communication dans ses modes dominants d'organisation sociale du dit et du non dit, Gadamer, fidèle aux origines de l'herméneutique dans l'interprétation biblique, a recours au passé (420) :

> « *L'importance de l'expérience herméneutique est plutôt que, à la différence de toute autre expérience du monde, le langage ouvre une voie complètement nouvelle, la voie profonde qu'emprunte la tradition pour parvenir aux vivants d'aujourd'hui.* »

Cette conception est identifiée à la nature du langage (420) :

> « *Le mode d'être de la tradition, c'est... le langage et, quand il interprète ses textes, l'auditeur qui la comprend établit un rapport entre sa vérité et sa propre attitude linguistique envers le monde. Cette communication linguistique entre présent et tradition, c'est, comme nous l'avons montré, l'événement qui se réalise dans toute compréhension. L'expérience herméneutique doit considérer comme expérience authentique tout ce qui lui devient présent...* »

Mais cette nature du langage ne dépend pas des structures sur lesquelles se penchent les linguistes, sauf dans la mesure où celles-ci entraînent un certain type de discours ou, pourrait-on même dire, des façons de parler (421) :

> « *le langage constitue l'événement herméneutique même, non pas en tant que langage, que ce soit comme grammaire ou comme lexique, mais parce que survient dans le langage ce qui a été dit dans la tradition : événement qui est à la fois assimilation et interprétation* ».

Je ne suivrai pas Gadamer quand il affirme ensuite que l'événement n'est pas notre ation sur une chose, mais l'acte de la chose elle-même, ou quand il déclare qu'il est plus exact de dire que le langage nous parle que de dire que nous le parlons. Cela rappelle trop la conception de la culture contre laquelle s'est élevé Sapir (cf. Hymes 1964 a) et la conception de la structure sociale contre laquelle s'est élevée l'ethnométhodologie, conception qui réduit les humains à la passivité, ou y voit, comme on l'a dit, des « drogués culturels ». Mais il est utile de noter que la façon dont Gadamer envisage l'événement herméneutique relève d'une approche philosophique qui convient à la mise en évidence et à la description des points de vue de nombreuses cultures, comme par exemple celles des Indiens d'Amérique du Nord. Dans la mesure où une analyse valide doit se concentrer sur ce qu'une communauté définit elle-même comme étant sa situation, l'image que propose Gadamer de l'événement herméneutique aide à comprendre la vie du langage dans le monde traditionnel de l'Indien d'Amérique, ce que ne permettent ni l'image chomskyenne d'une appropriété libre, déjà donnée dans la nature de la syntaxe, ni, chez Habermas, l'image d'un consensus sans contrainte, pouvant être atteint parce que déjà présupposé dans la nature de l'acte de parole. Les textes par lesquels nous devons passer pour savoir une bonne part de ce que nous pouvons apprendre sur le discours dans de nombreuses langues indiennes sont des textes de mythes et de légendes, dont les conteurs ne croient nullement être à l'origine mais considèrent qu'il sont venus jusqu'à eux de temps immémoriaux. Les variations et les innovations, la flexibilité dans la réalisation relèvent non d'un sens d'être « auteur », mais d'un sens de la performance au sein d'une tradition dont on maîtrise intuitivement la logique tacite de l'action narrative, dont, enfant, entendant l'hiver ces légendes, on a soi-même visualisé les scènes, et dont les incidents et les dénouements en sont venus à prendre une valeur avant tout morale, au fil d'une silencieuse intégration à l'expérience personnelle de chacun.

Cela ne signifie pas que les images, les « anecdotes représentatives » (comme dit Kenneth Burke) de Chomsky et de Habermas soient dépourvues d'application pratique. Il y a des moments de créativité spontanée et des moments d'apparent consensus sans contrainte (Pour des exemples, voir respectivement Lowie 1935 : 104-5, et Brody 1981 : 35-40, 106). L'essentiel est de reconnaître ces « anecdotes représentatives » pour ce qu'elles sont : des perspectives particulières, utiles, dont la validité est garantie, non pas par des prémisses ou des théories, mais par les réalités particulières auxquelles elles s'avèrent convenir.

Au XIXe siècle et, en un sens, encore aujourd'hui, en cette fin du XXe siècle, certains théoriciens entendaient illustrer l'origine du langage par tel ou tel type de situation imaginée, situations en convenance avec telle ou telle conception de l'essence du langage. Aujourd'hui, on entend surtout proposer telle ou telle image particulière de l'utilisation du langage, images en convenance là encore avec telle ou telle vision particulière de l'essence du langage. (Aux positions que nous venons de rappeler, on pourrait ajouter, chez Bloomfield, l'image bien connue de Jill demandant une pomme à Jack (1933) et, chez Sapir, l'image d'ailleurs tardive de l'enfant acquérant sa culture (1934). De telles anecdotes représentatives sous-entendent quelque espoir pour l'avenir du langage dans la vie humaine et certaines préférence quant à la façon dont le langage devrait être étudié. Il semble qu'il existe chez les linguistes et les logiciens une préférence très marquée pour des conceptions qui, comme celle de Chomsky, prennent pour objet ce à quoi parvient tout individu normal à partir de son seul bagage inné pour ce qui est des pouvoirs génériques du langage et des calculs stratégiques rationnels pour son utilisation. Ce qui vient du dehors est secondaire. Les normes, les schémas culturels, l'écologie de la parole qui différencient divers modes d'organisation des moyens linguistiques avec des orientations et des buts distincts, tout cela est négligé. Ce qui relève de la tradition est réputé arbitraire et superficiel. Pourtant, l'anecdote représentative de Gadamer, l'événement herméneutique, nous rappelle que, pour de nombreux individus et de nombreuses communautés, le traditionnel n'est ni arbitraire ni superficiel, mais intimement lié à un réservoir de sens qu'il convient de prendre en compte, comme essentiel à une certaine façon de vivre. Se limiter et limiter sa théorie à une image qui ignore ou dévalorise ces vues, c'est, sur le plan scientifique, entraver une connaissance exacte de la compétence de communication et, sur le plan politique, être à son insu en accord avec l'optique de ceux qui s'emparent, afin de les exploiter, de ces communautés et de ces mondes (on trouvera dans Brody (1981) un compte rendu très révélateur de tout ce qui sépare, d'un côté, la compréhension, durement et patiemment atteinte, des modes de vivre et de communiquer d'une communauté particulière, et, de l'autre, la perception que peuvent en avoir des analystes procédant en fonction d'une rationnalité présupposée).

Il est donc préférable de considérer des conceptions philosophiques différentes sur le langage comme autant d'instruments heuristiques diversement utiles à la compréhension de formes et de façons de parler particulières. Ces conceptions, qui appartiennent à notre propre tradition culturelle, sont, en dernier ressort, à rapprocher des croyances qui informent les façons de parler dans d'autres traditions, comme exemples quant à l'éventail des possibilités dans ce domaine. S'il existe un critère pour préférer une conception à une autre, ce devrait être que la conception retenue resitue la part de vérité des diverses autres et s'avère ainsi la plus englobante possible (cf. Hymes 1974 : 67). Il est probable que répondrait à cette exigence une conception qui reconnaîtrait au langage une pluralité de fonctions, d'utilisations et de propos et comprendrait une définition, par la communauté elle-même, des participants aux événements de parole. Ce serait là une position tout à fait proche de la conception « dramaturgique » élaborée par Burke (1941, 1945, 1950).

En somme, Gadamer montre clairement que l'on ne saurait négliger les croyances, les valeurs et les attitudes de ceux qui se servent du langage, ni se limiter à l'interaction orale. L'événement herméneutique met en relation le « donné » et le « nouveau », et le texte : et cela d'une façon qui va plus loin que ne le fait généralement aujourd'hui la linguistique (cf. toutefois, Prince 1981, Fowler 1982).

La question des textes suggère une dernière observation quant aux limitations, pour notre propos, de la position de Chomsky.

La formulation initiale du concept de « compétence » semblait présenter un paradoxe en ce que le locuteur ou l'enfant de la situation imaginée par Chomsky avait, pour ce qui est de communiquer, toute liberté en théorie et un désordre total en pratique. Libre de dire tout ce qui est possible dans une langue, libre de tout contrôle par des stimuli situationnels, l'individu ne pouvait s'appuyer sur rien pour dire quoi que ce soit de particulier. La compétence linguistique allait de pair avec l'incompétence de communication. L'introduction d'une compétence pragmatique permet, en principe, de remédier à ce problème. Il semble toutefois que subsiste un second « paradoxe chomskyen ». L'argumentation grammaticale procède sur la base de phrases qui, essentiellement, se conforment à la norme écrite, et pourtant le modèle auquel s'applique la démonstration est censé être une « faculté de langage », qui est orale. Aucune explication principielle de l'existence de l'écriture et de l'alphabétisme n'est possible, en réalité, dans les termes de la démarche de Chomsky ; car l'écriture et l'alphabétisme sont précisément, de par leur nature, le type de phénomènes qu'exclut cette démarche. Bien qu'évidemment compatibles avec la nature humaine, ils ne sont pas pour autant inévitables. Des millions d'individus aujourd'hui, et, depuis l'origine, la plus grande partie de l'humanité, n'ont pas connu l'écriture.

Les systèmes d'écriture sont des inventions qui s'inscrivent dans l'histoire et qui jouent un rôle dans l'évolution sociale. Leurs caractéristiques intrinsèques sont quelque peu variables (écrire de gauche à droite, de droite à gauche, ou de bas en haut, par exemple), comme le sont les aspects du langage oral sur lesquels ils se fondent (alphabétique, syllabique, logographique). Les aptitudes individuelles dans ce domaine sont à l'évidence diverses et c'est un problème social majeur. Le rôle assigné à l'écriture et à l'alphabétisme déterminent des capacités qui s'avèrent essentielles pour les chances d'avenir de beaucoup d'individus. Toute analyse de la compétence de communication aux Etats-Unis ou dans n'importe quel autre grand pays doit les prendre en considération. La faculté de langage étudiée par Chomsky constitue, certes, un facteur, mais ce n'est qu'un facteur parmi d'autres. Une étude du langage ayant à voir avec la vie et les problèmes de l'humanité d'aujourd'hui doit prendre en compte la question de l'écriture et de l'alphabétisme. Ceci peut se faire sous la rubrique « compétence » (cf. Green 1982), mais le type et le niveau d'abstraction poussée à atteindre seront du type suggéré à propos de Marx et de Cassirer.

Il semble clair que ce que dit Chomsky de l'abstraction est lié au souci, présenté dès le début de ses travaux, d'isoler la grammaire comme objet suffisant à la linguistique. Dès lors, aussi longtemps que la grammaire pouvait être identifiée à des notions plus générales, il n'y avait pas de problème. Mais quand des notions telles que « communication » et « compétence » sont utilisées par d'autres linguistes pour pousser la linguistique au-delà de la grammaire et la lier à la vie sociale, elles sont critiquées et rejetées. Même « langage » subit désormais ce sort. Chomsky déclare maintenant que la « grammaire » est nécessairement réelle, mais qu'aucune définition satisfaisante qui donnerait une réalité à la notion de langage n'est possible (1982 : 106).

4. Lieux et lignes d'objection : portée et variation

Une grande partie des objections aux formulations de Chomsky vinrent du fait que ces dernières apparurent à un moment où l'étude du langage voyait son horizon s'élargir au-delà des centres d'intérêt traditionnels. Il va sans dire que ceux qui entendaient aborder l'étude du langage dans une perspective anthropologique ou sociologique ne pouvaient que voir un obstacle dans le type d'idéalisation proposé par Chomsky. Mais, pour nombre de linguistes ainsi que pour des psychologues séduits par le fait que Chomsky conçoit la linguistique comme une partie de la psychologie cognitive, ses formulations n'allaient pas non plus sans quelques difficulté. Ce sont ces points d'achoppement que je voudrais examiner dans cette section.

On peut les regrouper en trois zones de focalisation qui se recoupent quelque peu. Un grand nombre d'objections touchent au fait que le couple compétence/performance a été perçu comme bien autre chose qu'une distinction évaluative biaisée qui préoriente l'attention vers certains types de phénomènes et vers l'utilisation de certains types de méthodes. La présentation des concepts de compétence et de performance s'est vu mise en cause quant aux différents types de savoir ou de capacités, ou quant à la façon de concevoir le savoir et les capacités. Certains s'opposaient à l'idée même de définir le but de la linguistique en termes de savoir et de réalité psychologique.

Une dichotomie préjudiciable est rejetée

George Lakoff (1973) a analysé la dichotomie compétence/performance en termes très semblables à ceux qui sont utilisés ici. Il a relevé trois sens différents de « performance » télescopés dans la présentation de Chomsky :

1. ce que les individus font effectivement ;
2. les mécanismes de perception communs à tous les êtres humains ;
3. des règles linguistiques abstraites... qu'il faut spécifier, du moins en partie, dans la grammaire de langues individuelles (bien que ces règles puissent être, en partie, universelles).

Lakoff explique clairement comment cette dichotomie a été mise en place afin d'exclure certaines choses de la « linguistique » :

« *L'une des joies de présenter une contribution sur un sujet comme celui-ci, c'est que, une fois que c'est fini, on peut jouer au jeu de la Terminologie Performance/Compétence. Dans ce jeu, l'auteur se trouve aux prises avec un adversaire qui, de préférence, n'existe pas, bien que, de temps à autre, ce soit un adversaire réel (ce qui est loin d'être aussi amusant). L'objectif du jeu, pour l'auteur, consiste à donner la preuve que c'est lui le Bon Gars, en démontrant que ce qu'il fait, c'est étudier la Compétence (bravo !) et non la Performance (sssss !) ou bien — variante du jeu — qu'il est Rationaliste (ouais !) et non Empiriste (hou !). Le gagnant a le droit de dire « na, na, na ! »* au perdant. »

Deux ans plus tôt, Labov avait remarqué (1971 : 468)

> « *Il est maintenant évident pour beaucoup de linguistes que le but principal de cette distinction (« compétence »/« performance ») a été d'aider le linguiste à exclure des données qu'il trouve difficiles à traiter; c'est-à-dire de prolonger la définition restreinte que Chomsky donne de la linguistique dans Aspects (1965 : 3).* »

Halliday (1972), lui aussi, notait l'utilisation évaluative biaisée de « compétence ». Et il est probable que l'appréciation de Lyons (1977 : 586) rencontrerait aujourd'hui un large accord :

> « *L'utilisation chez Chomsky du terme « performance » pour renvoyer à tout ce qui n'entre pas dans dans le champ d'une conception délibérément idéalisée et restreinte, au plan théorique, de la compétence linguistique, était peut-être regrettable (cf. Hymes 1971).* » *(Lyons cite ici le projet de livre mentionné in Pride et Holmes 1972).*

Autres aspects des objections et révisions : la psycholinguistique

C'est peut-être du côté de la psychologie que se précisa le plus tôt un point de vue objectif sur la relation entre les deux parties de la dichotomie. De nombreux linguistes, jugeant dangereuse la formulation initiale étaient prêts à la rejeter complètement comme dévalorisant les phénomènes psychologiques ou contextuels ramassés sous l'appellation « performance ». Ainsi de Labov, maintenant que cette distinction n'avait aucune utilité dans ses travaux et qu'à vrai dire elle ne tenait pas (1971 : 468) :

> « *Si la performance inclut les limitations de la mémoire, de l'attention et de l'articulation, alors nous devons considérer que la quasi-totalité de la grammaire de l'anglais est une question de performance... Nous pourrions montrer que pratiquement toutes les transformations de l'anglais — relatifs, coordination, réflexifs — ont pour effet de rendre les phrases plus faciles à dire, plus faciles à comprendre et plus faciles à mémoriser.* »

Et Givon, qui s'intéresse à l'utilisation du langage dans la communication, comme nous l'avons indiqué au début de cet ouvrage, remarquait que l'une des positions communes aux auteurs ayant contribué à son recueil était (1979 : xv) :

> « *que la distinction méthodologique préliminaire entre « performance » et « compétence », considérée pendant des années comme capitale sur le plan théorique, en est venue à menacer l'intégrité empirique de la discipline.* »

En psycholinguistique, peut-être en raison de l'accent mis de toute manière sur la cognition et les capacités mentales, il semble qu'on ait tenu à mieux rééquilibrer la relation entre les deux volets de la dichotomie. Au début des années soixante, l'attitude des tenants de la grammaire générative avait paru être qu'il revenait aux psychologues et aux expérimentateurs de valider les résultats que les linguistes obtenaient grâce à l'intuition et à la logique ; les non-linguistes devaient concevoir et mettre en œuvre des « expériences ingénieuses ». Peu à peu, les psychologues affirmèrent une autonomie accrue dans la définition de leur propre rôle. On peut observer cette évolution dans les débats recueillis in Cohen (1974) (cf., en particulier, les réflexions sur « compétence » et « performance » de Hutchinson (63-5), Whitaker (85) et Clark et Haviland (92-3)).

Le résultat majeur fut une très large reconnaissance de l'interdépendance et même de l'intégration des aspects de la capacité linguistique mobilisés par le savoir grammatical et par les processus mentaux de mise en œuvre (cf. Bever, Katz et Langendoen 1976, Goodglass 1979 : 257). Certains chercheurs ont même soutenu une conception que Katz (1981 : 18) appelle le « performancisme », qui présente à une théorie de l'information grammaticale en tant que calcul dans le traitement « en ligne » de la parole. Un intérêt pour l'étude de l'organisation des moyens linguistiques dans la parole en temps réel rend apparemment redondant le recours à un modèle distinct, censé rendre compte, en termes de savoir idéal, de l'organisation de ces mêmes moyens linguistiques. Mais Katz défend le modèle « compétenciste » de savoir contre cette orientation autre (96-114). (Je reviendrai plus tard sur le problème des modèles linguistiques). On notera que la conception plus globale de la compétence ici retenue comprend à la fois le type de capacités auquel se réfèrent Bresnan, Fodor et d'autres à propos de la faisabilité, et le type auquel se réfère Chomsky à propos du potentiel systémique.

Tout en maintenant une priorité à la « compétence », Chomsky (1980 : 226) admet qu'une certaine interdépendance existe :

> « *L'étude de la performance dépend essentiellement des progrès dans notre compréhension de la compétence. Mais puisqu'une théorie de la compétence doit être incorporée à un modèle de la performance, toute information relative à l'organisation effective du comportement peut faire avancer de façon cruciale la théorie de la compétence sous-jacente. L'étude de la performance et l'étude de la compétence se renforcent mutuellement.* »

Reste que certains chercheurs, ayant accepté le défi proposé par Chomsky d'analyser la grammaire comme partie de la psychologie cognitive, en sont venus à rejeter ou à reformuler complètement les modèles de grammaire proposés par Chomsky lui-même. Quand on arrive à la conclusion que les jugements de grammaticalité et d'acceptabilité, que Chomsky a pris pour données fondamentales et pour objet, sont divers dans leurs fondements, on peut utiliser ces variables comme des stratégies de perception afin d'étayer les généralisations grammaticales souhaitables. Les contradictions relevées seront alors considérées comme ayant d'autres sources. Mais on peut aussi être conduit à considérer la grammaire et les jugements grammaticaux, non comme primaires, mais comme dérivés (Watt 1970 ; Dingwall 1971 : 771-2, 798 ; Clark et Haviland 1974 : 117 ; cf. Osgood 1980).

Si l'on accepte ce que Bever (1974 : 199) appelle « *un programme interactionniste de description linguistique* », qui suppose que « *les faits d'acceptabilité et les universaux du langage sont liés à une pluralité et à une diversité de savoir et d'aptitude linguistiques* » (cf. Hymes 1964 a : 35, 41), l'extension du domaine même de la grammaire se présente comme une question en quelque sorte ouverte. Il devient même concevable que les secteurs et les forces relatives d'interaction entre la grammaire et d'autres types de savoir et de capacité puissent varier selon les tâches et les individus. Ce qui va dans le sens de l'intégration des démarches psycholinguistiques et sociolinguistiques qu'annonce Hudson (1980 : 80). Les travaux de Chomsky ont, en fait, suscité un très vaste programme de recherches psycholinguistiques, dont une grande partie a rompu avec son propre modèle de grammaire. L'appel à la réalité psychologique s'est révélé à double tranchant. A cet égard, les notions de « compétence » et de « performance » se trouvent simplement disponibles en psycholinguistique et leur contenu empirique est fonction d'une vaste gamme d'objets de recherche (cf., de nouveau, Carroll 1979).

Autres dimensions : le style

Il n'en demeure pas moins que de nombreux linguistes continuent de travailler en suivant les voies ouvertes par Chomsky ; même à l'heure actuelle, certains pensent qu'il est nécessaire de remettre en cause une définition limitée de la compétence, afin de pouvoir inclure un style particulier. Ainsi, Eble (1981) écrit que la position de Chomsky exclut l'argot, mais que l'argot devrait être inclus dans une « *théorie générale de la capacité linguistique* », parce que les processus productifs qui y sont à l'œuvre le sont aussi dans la langue en général ; quelqu'un qui n'a pas la maîtrise des « *stratégies de l'argot (non pas des mots spécifiques de vocabulaire) n'a pas la maîtrise de sa langue* » (271).

L'argumentation d'Eble vaut pour toute une classe d'argumentations du même ordre. D'une part, tout se passe comme si un bon nombre de linguistes continuaient d'ignorer une littérature spécialisée (ce texte — sous ces diverses formes — et beaucoup d'autres) qui a proposé une conception générale différenciée de la compétence. D'autre part, on suggère d'ajouter un style, une variété, un effet d'utilisation de la langue, sans prendre garde qu'il faudrait, dans ce domaine, adopter une optique interculturelle et ethnographique. Ce qui est considéré comme « argot », par exemple, peut être en usage pour une génération particulière (les adolescents zuni) et peut être en relation étroite, sur le plan structural, avec une variété formelle rituelle (langue cérémoniale zuni). Ces processus de formation parallèles et distincts grâce auxquels l'argot donne de nouveaux sens à des mots connus et la langue cérémoniale crée de nouvelles circonlocutions pour des sens connus, partage exclusif entre initiés, sont à rapprocher des processus contrastés de changements linguistiques dont Derek Bickerton a montré l'importance dans la créolisation (voir discussion in Hymes 1981).

D'une façon générale, les propositions tendant à inclure des utilisations particulières d'une langue dans une analyse des capacités linguistiques sont justifiées en celà qu'elles répondent au souci de caractériser ces utilisations, qui ne résultent pas automatiquement, ou même ne découlent pas du tout, de certains modèles de grammaire (cf. la création de termes pour différents types de compétence, notée dans la section II de cette postface). Toutefois, ces propositions ne vont pas assez loin si elles ne font que fournir un moyen de reconnaître la classe de phénomènes en question d'une façon générale, comme, par exemple, quand on définit une séquence narrative minimale ou quand on libère (brillamment) le concept d' « ironie » de toute dépendance par rapport à la vérité propositionnelle en soulignant l'élément commun de « *mention échoïque* » (Sperber et Wilson 1979). D'une part, une analyse de ce que le groupe sait et fait exige que l'on inclue l'utilisation particulière en question dans son répertoire verbal. Le caractère et l'étendue de cette utilisation seront, pour partie et avec des variations, fonction de ses relations de contraste et de place par rapport aux autres variétés. Sa présence et son appropriété dans un groupe dépendent du degré auquel les membres du groupe encouragent ou découragent l'acquisition de la capacité en question (disons, l'ironie) : autorisent, prescrivent ou proscrivent l'accès à ses formes jugées acceptables par rapport à tels types d'activités, de statuts, de rôles spécifiques ; élaborent les formes qu'elle prend ; l'intègrent à d'autres capacités et d'autres dispositifs. Une analyse de l'ironie en anglais, par exemple, irait de la table familiale à l'heure du dîner jusqu'à l'oraison funèbre de Jules César par Marc Antoine dans la pièce de Shakespeare, et devrait examiner les façons dont l'ironie manque son effet ou est perçue là où elle n'était pas voulue. D'autre part, il est peu probable que l'acquisition et l'exercice de quelque capacité générale que ce soit ne constituent qu'une composante additionnelle. Si le jugement grammatical lui-même dépend d'un ensemble complexe de facteurs, les capacités dont fait partie ce jugement grammatical, doivent *a fortiori*, en dépendre encore plus.

Ces observations sont également à prendre en considération pour l'un des secteurs majeurs d'objection à Chomsky : la variation et le changement linguistiques.

Lieux d'objection : la variation et le changement linguistique

Une des objections majeures formulée très tôt à l'encontre des conceptions de Chomsky touche à la variation et au changement linguistiques. Cette objection fut, pour partie, motivée par les travaux, en grammaire même, de John Ross, George Lakoff et d'autres.

Chomsky, comme beaucoup de ceux qu'il a appelés « linguistes structuraux », a mis l'accent sur une grammaire traitant de relations discontinues, discrètes. L'objection de Lakoff, citée au-dessus, était faite au nom d'une prise en compte des jugements scalaires et variables (ce qu'il a appelé : « grammaire floue »). L'objection de Labov, bien sûr, tenait en partie à ses recherches sur l'utilisation par les locuteurs de leur connaissance de la variabilité. Très tôt, Kiparsky, qui, comme Lakoff et Labov, se situait par rapport au modèle de Chomsky, observait (1968 : 175) :

> « *comme l'a remarqué Jakobson, l'information métalinguistique relative à la valeur sociale de différentes formes de parole constitue une partie importante de ce que sait un locuteur et les études récentes de Labov... en démontrent tout à fait clairement la pertinence diachronique.* Une conception de la grammaire dans laquelle ces **aspects plus vastes de la compétence** [C'est moi qui souligne] *seront explicitement pris en compte donnera, on peut l'espérer, une base générale à l'étude de leur rôle dans le changement linguistique.* »

L'étude de la variation présente une histoire quelque peu incertaine quant à ses relations à des théories de la compétence. En sociolinguistique, certains travaux admettent la conception chomskyenne d'une linguistique faisant partie de la psychologie cognitive (cf. Wolfram et Fasold 1974) et cherchent à construire une analyse de la variation en termes de compétence (cf. G. Sankoff 1974, Cedergren et D. Sankoff 1974). Les récents débats sur le point de savoir si les modèles statistiques utilisés par Labov et D. Sankoff disent quelque chose sur le savoir effectif des locuteurs ou servent simplement d'outils quantitatifs (cf. Kay et McDaniel 1981, Romaine 1982 b : 247-51) laissent planer quelque hésitation quant à la relation entre ces travaux et les modèles de compétence.

Les discussions critiques portant sur les recherches de Labov (ou d'inspiration labovienne) se concentrent sur trois questions qui sont liées : la forme des règles, les critères de style et les critères de communauté linguistique. Lavendera et d'autres se sont demandé si la forme de règle variable mise au point par Labov dans ses études phonologiques et morphologiques peut être étendue avec succès à d'autres aspects du langage, dans le cadre d'une étude générale de la variation et du choix linguistiques. De Camp (1971) et Bickerton (cf. Platt 1977) ont proposé une représentation de type scalaire des schémas de variation dans une communauté créole et Rickford y a intégré les règles variables dans une étude du créole guyanais. Les techniques et les modèles utilisés par Labov et par d'autres dans ce même champ continuent à évoluer. Mais il reste que le travail de Labov, pour important et admirable qu'il soit, comporte des limitations analogues à celles qui affectent les travaux de Chomsky. Chomsky s'attaque à la faculté de langage avec un certain mode de rigueur et de précision, Labov poursuit la variation et le changement observables avec un autre type de rigueur et de précision. Chacune de ces deux quêtes produit une riche moisson de données et de résultats nouveaux. Dans les deux cas, des questions se posent, touchant à la relation entre les modes de précision et la visée générale.

Ces questions tiennent, en particulier, à l'utilisation du terme « style ». Certes, il est difficile d'imaginer quel autre terme Labov aurait pu utiliser pour nommer les différences dont il a démontré l'existence. « Style » est le terme toujours et partout disponible pour décrire une façon de faire et Labov a apporté une contribution majeure à l'étude du langage en démontrant l'existence d'une variation systématique liée au degré d'attention porté à la parole, au contexte, au sujet, variation qui jette un éclairage révélateur sur les changements en cours. La difficulté, c'est que les techniques et les variations mises en évidence dans une telle approche ne semblent pas adéquates à une explication générale des styles d'une communauté. Il semble que le degré d'attention porté à la parole présente aussi d'autres propriétés et que ces propriétés ne soient pas nécessairement les mêmes dans tous les groupes. Labov a tendance à faire du vernaculaire la base d'où divergent les autres variétés ; mais il existe des locuteurs pour lesquels le vernaculaire serait la variété qui exige l'attention la plus soutenue. En général, les traits qui entrent dans une définition de ce que l'on peut considérer comme étant les styles d'un groupe ne sont pas limités aux traits qui caractérisent le changement linguistique en cours. Dans une étude importante, Romaine et Traugott examinent ces problèmes à propos de l'histoire de la langue anglaise (1981). La discussion concernant le yokuts dans le texte qui précède, et les perspectives ouvertes par les observations anthropologiques de diverses communautés dans le monde mènent à la même conclusion. Ce qui semble tout particulièrement faire défaut dans les recherches de certains sociolinguistes qui travaillent sur l'anglais, c'est un sens aigu du répertoire verbal, rassemblant aussi une mutliplicité de genres, comme principe organisateur des ressources d'un groupe, principe que l'on ne peut réduire à la stratification de différentes variétés.

Ces considérations affectent par ailleurs la façon dont on présente ou dont on peut concevoir ce qu'est une communauté linguistique. La notion d'appartenance à une communauté implique plus qu'une identité postulée de savoir, comme il est implicite chez Chomsky, mais plus aussi qu'une uniformité mesurée pour ce qui est d'une ou de plusieurs variétés, comme il apparaît dans les travaux de Labov (e. g., 1980). Le problème fondamental, c'est que l'appartenance à une communauté ne se ramène jamais seulement à des propriétés linguistiques. Dès lors que la notion de « communauté » a pour extension « ceux qui possèdent les règles de grammaire suivantes » ou « ceux qui possèdent les traits phonologiques et morphologiques suivants (dans les proportions indiquées) », elle ne peut être que redondante et trompeuse. Redondante, parce qu'elle n'est que la face sociologique d'une pièce strictement linguistique. Trompeuse, parce que la notion de « communauté » est ainsi réduite à une variété de langue possédée en commun, et ignore la complexité de nombreuses communautés réelles, avec leur multilinguisme et des schémas divers d'utilisation de variétés identiques ou similaires.

Il reste que c'est grâce à Labov qu'il est possible de soulever ces questions à propos des données empiriques et que ses méthodes permettent à d'autres d'aller plus avant à partir de ses travaux. Le concept de **réseau** de Lesley Milroy (1980), par exemple, tient compte de la notion de compétence de communication (85-6) et utilise une démarche comparative des différents types de communautés linguistiques dans son interprétation du parler de la classe ouvrière de Belfast (87 et suiv.). Milroy fait également des observations importantes concernant le problème du locuteur individuel (ch. 6).

En général, il ne semble pas possible de traiter convenablement du changement linguistique et encore moins des façons dont les usagers d'une langue appartiennent à des groupes sociaux, sans retenir, d'une part, une perspective tout à fait générale sur les capacités, et d'autre part, une perspective ethnographique. Ce qui implique une étude dans laquelle les caractéristiques essentielles d'un groupe sont à découvrir, plutôt que spécifiées à l'avance par un modèle unique du changement ou de la variation, comme je l'affirme dans le texte qui précède et dans mes autres travaux sur l'ethnographie de la communication. Le récent volume britannique publié sous la direction de Romaine (1982) constitue un pas important dans cette direction. Il combine en effet les avancées techniques dues à Labov, y compris la quantification de la variation, et une attitude ouverte à l'égard des combinaisons entre capacité et identité susceptibles de s'avérer essentielles dans des cas particuliers (cf. pp. 4, 24).

Dorian (1982) présente un intérêt particulier, car elle analyse un cas dans lequel des locuteurs qui ne s'expriment pas aisément, et même n'ont pas un grand contrôle de la grammaire ou de la phonologie, peuvent cependant être membres d'une communauté linguistique grâce à une utilisation adroite du peu de proficience qu'ils possèdent, grâce aussi à leurs capacités en tant que récepteurs et à leur connaissance de ce qui est approprié dans l'emploi de réponses toutes faites et autres expressions figées. Dorian ne découvre aucune évaluation sociale de la variation linguistique dans cette communauté gaélique du Sutherland de l'Est. Il semblerait inexact de caractériser cette capacité en disant, comme le fait Romaine dans son introduction (p. 4) qu'elle permet d' « *opérer sans compétence* ». Il y a bien là une certaine sorte de compétence (pour autant que le terme n'est pas réduit à son usage chomskyen). Mais il est clair que la participation à certains types d'interaction et l'importance symbolique du simple maintien de la langue convergent ici pour faciliter, au niveau même des attitudes, l'intégration, en tant que membres, de semi-locuteurs et de bilingues quasi passifs auxquels des définitions idéalisées dénieraient toute place dans la communauté. (On se souviendra à ce propos du cas de Tonnerre Blanc dans le texte qui précède.)

L'analyse de Dorian montre que définir une communauté linguistique en termes soit de « fluence » idéale, soit de compétence productive et d'évaluation sociale de la variation n'est guère adéquat. Pour ma part, cependant, j'aimerais présenter les résultats de ses recherches un peu différemment. Reprenant une distinction présentée dans une révision de mon article de 1972c (Hymes 1974 : 50-1) entre être **participant** et être **membre,** Dorian l'applique à sa propre capacité à participer, grâce à sa maîtrise productive des règles linguistiques, et à son inaptitude à devenir membre de la communauté, faute d'une maîtrise des savoir-faire réceptifs et des normes socio-linguistiques d'interaction (1982 : 30). Je dirais plutôt qu'elle ne pourra peut-être jamais devenir « membre », si la communauté gaélique en question considère qu'on est membre ou non par la naissance, et que la distinction opérée par Dorian porte en fait sur différents degrés de participation. Si nous utilisons les termes de l'essai que je viens de citer, nous pouvons dire que son savoir linguistique a introduit le gaélique du Sutherland de l'Est dans son **champ personnel de langue,** avant que sa compréhension de l'interaction ne l'introduise dans son **champ personnel de parole.** Seule l'union effective des deux en ferait une partie de son **réseau personnel de parole** (Hymes 1974 : 50).

Ce problème de participation montre bien en quoi une communauté linguistique est avant tout affaire de façons de parler et constitue, en quelque sorte, un théâtre implicite pour des événements de communication de types spécifiques. Ceux d'entre nous qui ont travaillé avec des locuteurs de langues en voie de disparition, comme l'a fait Dorian, ont vécu l'expérience d'une « communauté » en train de se créer autour de nous, pour ainsi dire, grâce à la mise en utilisation de la langue. Il ne s'agit pas alors d'une véritable communauté sociologique, certes, mais d'un événement à prendre en compte dans la continuité d'une communauté non encore considérée comme disparue. Et dans le cas de langues qui continuent à remplir des fonctions majeures pour des groupes relativement autonomes, la fluence et l'interaction polie sont bien loin d'être le tout du complexe de compétences que la communauté considère comme essentielles. Il y aura des compétences pour des événements publics autres dont l'existence est étroitement liée au maintien même de la communauté. De la participation à l'interaction domestique, comme en gaélique du Sutherland de l'Est, jusqu'aux événements publics, il est besoin d'une conception du type « dramaturgique » de la compétence, pour reprendre ici le qualificatif qu'utilise Kenneth Burke (Burke 1941, où les pages du début et de la fin de l'essai sont comme une préfiguration concise de la sociolinguistique). Le concept de communauté implique le concept d'identité, et l'identification, même si elle ne se réduit pas à cela, est une dimension essentielle de l'acquisition du langage et du changement. Certains des tout premiers travaux de Labov et beaucoup de travaux plus récents dus au même et à d'autres, tels Le Page, tiennent compte d'un recours nécessaire aux concepts d'identité et d'identification, mais il n'en va vraiment de même pour les études plus formalisées.

De façon générale, l'étude de la variation, tout comme l'étude des jugements d'acceptabilité en grammaire, conduit à la question ethnographique fondamentale : qu'est-ce que les membres d'une communauté donnée considèrent comme faisant partie de l'objet de la description ? Quand j'ai formulé cette interrogation (Hymes 1964 a : 35), avant que les travaux de Labov ne placent au premier plan la variation sociolinguistique, il était déjà clair qu'il était :

> « *difficile, sinon impossible, de séparer, sur le plan ethnographique, l'acceptabilité des produits de la grammaire générative* — certains, on doit s'en souvenir, ne font pas partie, en principe, des expériences antérieures du locuteur et auditeur — de l'acceptabilité de la variation et de l'innovation... le critère d'acceptabilité est une voie qui relie la description structurale interne à la distribution différentielle d'éléments structuraux dans l'espace social et dans le temps social ». (souligné dans le texte original).

Si l'acceptabilité grammaticale implique la variation, je pense que la variation, de son côté, implique des traits et des structures d'ordre expressif mais aussi d'ordre représentationnel ou référentiel. Ainsi, le changement phonétique possède des attributs autres que la complétude et la variation structurée tendant vers la régularité. Il peut accroître le répertoire de communication d'une communauté parce qu'il met à part un état antérieur dès lors utilisable pour des effets d'archaïsme, des routines et des genres spécialisés, des stéréotypes d'accents et des jeux verbaux. L'innovation et les emprunts à d'autres langues et dialectes peuvent avoir le même type de conséquences, à savoir une expansion des ressources offertes au style et à l'effet. Une étude du changement qui ne se concentre que sur une seule norme vernaculaire ou un seul style naturel court le risque de masquer une grande partie du réservoir significatif de traits et capacités dont dispose une communauté. Il faudrait étudier, par exemple, la capacité qu'ont les locuteurs de parodier, d'imiter et de citer le parler d'autres types de locuteurs, réels ou inventés, et repérer les sources des traits ainsi mis en œuvre. (Pour un exemple, cf. « Comment parler comme un ours en Takelma » (Ch. 2 in Hymes 1981).)

Certes, il s'est publié un grand nombre de travaux sur ces questions. Mais ce qui semble faire défaut, généralement, c'est une prise en considération de tels phénomènes quand il s'agit d'étudier les capacités et la distribution des compétences dans une communauté. L'exception principale, dûe à Bickerton et quelques autres, reste la réflexion sur la compétence polylectale dans ses situations créolophones, mais ce genre d'analyse porte évidemment avant tout sur la direction du changement. En général, cet accent mis sur la direction du changement s'avère quelque peu préjudiciable à une conception d'ensemble de la compétence, que la direction soit celle des « procédures de découverte », attribuées aux néo-bloomfieldiens, ou des « procédures de restitution », utilisées dans les premiers temps de la grammaire générative transformationnelle, ou encore la modélisation du changement directionnel en sociolinguistique. (Pour une analyse très utile des relations structurales entre genres et compétences personnelles comme partie du fonctionnement verbal normal d'une communauté, cf. Sherzer (1983).)

En somme, le véritable champ du changement linguistique n'est pas enfermé dans le cadre qui s'est avéré si important pour la linguistique historique et la démarcation des langues et des dialectes. On a étudié le changement surtout en termes de différenciation génétique et de types structuraux, bien moins en termes de contacts d'aires et de spécialisation fonctionnelle ; pourtant, c'est par rapport à ces derniers types de classification des traits et des variétés linguistiques que la sociolinguistique a le plus à apporter et à gagner en tant que mode d'approche du langage dans son ensemble. En accord avec l'un des thèmes principaux du texte qui précède, je voudrais réaffirmer ici qu'augmenter et renouveler l'expressivité est une forme importante de capacité, la capacité à utiliser le langage à la satisfaction des usagers.

Trois autres observations :

1 Dorian (1980) nous fournit un bon exemple de l'importance à attribuer au groupe social, plus qu'aux moyens linguistiques, pour une compréhension du changement. Au cours des générations, la communauté gaélique qu'elle a étudiée a continué à exister, dans une certaine relation marginale, sur le plan linguistique Dorian résume (38-9) :

« *Pendant un siècle ou plus, l'identité ethnique des pêcheurs de Sutherland de l'Est a comporté une composante linguistique, mais celle-ci, jusqu'à une époque très récente, ne s'est pas manifestée par l'utilisation d'une langue ou d'un dialecte particuliers. Leur identité linguistique a plutôt pris la forme d'un retard marqué, tel qu'il existait toujours un décalage, sur le plan linguistique, entre leur communauté et la population environnante. Ce décalage a connu une variété d'espèces à travers le temps : d'abord un gaélique exceptionnellement pur ; puis un monolinguisme qui leur était propre ; ensuite un anglais imparfait à une époque où une maîtrise de l'anglais était la norme de la région ; et, finalement, un bilinguisme persistant à l'intérieur d'une population qui pour le reste est monolingue.* »

Nos conceptions de la communauté linguistique et de la compétence qui y est associée doivent être assez larges pour appréhender des situations de cet ordre. Et cette indispensable portée exclut que nous les limitions à des variétés de langue particulières. **Le changement linguistique va bien au-delà du changement dans les langues.** Il inclut le changement de statut des langues et ce qui peut en résulter pour la compétence ; il inclut l'obsolescence mais aussi l'invention de variétés et de codes ; et tout ce que les membres d'une communauté et les participants à des événements peuvent faire des moyens linguistiques à leur disposition.

2 Que des modèles quantitatifs du changement passent ou non pour des modèles des capacités de locuteurs, il est clair que les capacités des locuteurs comportent un aspect quantitatif que l'on doit prendre en considération. Une grande partie de ce qui se passe dans la manipulation des styles exige cette prise en compte et nous ne devons pas laisser ramener ce problème général aux débats portant, par exemple, sur les règles variables. On constate tous les jours que les usagers d'une langue portent des jugements du genre : il y a trop de traits de ce type, pas assez de traits de cet autre, et que le passage d'un niveau ou d'un style à un autre peut être ressenti comme trop brutal ou trop lent. De tels phénomènes impliquent une certaine régulation de la fréquence en référence à des normes.

3 En me citant, quand elle parle de la primauté d'une prise en compte du groupe social (1982 : 29) en tant que mode d'approche préférentiel dans un cas tel que celui des pêcheurs de Sutherland de l'Est, Dorian semble donner à entendre que ma façon d'envisager la communauté linguistique diffère de celle de Fishman, Gumperz et Labov, qu'elle cite dans un passage antérieur (27). En fait, je suis le premier, que je sache, à avoir défini la communauté linguistique en termes de connaissance, connaissance non pas seulement d'une variété de langue, mais aussi de son utilisation (1967 a). Comme le fait Dorian, on attribue souvent cette définition à Fishman (1971) ; mais je crois qu'il tient la définition de moi (Il avait collaboré au volume de 1967 où ma définition apparaît pour la première fois). La définition de Gumperz (1968) ne me semble ni identique, ni adéquate, mais paraît suivre Bloomfield, en ce qu'elle repose sur la fréquence d'interaction :

> *« tout agrégat humain qui se caractérise par une interaction fréquente et régulière au moyen d'un ensemble commun de signes verbaux, et qui se distingue d'agrégats similaires par des différences significatives dans l'usage du langage ».*

Cette définition ne semble pas permettre de différencier des groupes de tailles diverses, dont certains seraient avec raison nommés communautés, d'autres non. Il faudrait que le critère unique de « différences significatives » se voit assigner à chaque fois un sens local (puisque, selon les sociétés, des sens sociaux différents sont attribués à des degrés de différence équivalents sur le plan quantitatif) ; et un groupe de quelque dimension que ce soit, famille, groupe de travail, association, etc., pourrait juger significatives une ou plusieurs différences. Cette définition, par ailleurs, ne laisse pas place à l'existence de membres passifs ou absents.

La façon dont Labov conçoit New York comme une communauté linguistique semble compatible avec ma propre définition, étant entendu qu'elle ne concerne pas tous les aspects de ma conception générale. En tout état de cause, je voudrais insister sur le fait que prendre la communauté pour point de départ n'est en rien inconciliable avec l'idée de considérer comme propriété d'une communauté la possession commune d'au moins une variété ainsi que des normes d'utilisation de cette variété. A l'origine, la définition visait à battre en brèche les points de vue qui réduisaient la communauté à la simple notion de variété. Comme il est indiqué ci-dessus, j'ai associé cet aspect à la notion de « champ de langue » partagé. Les normes, prises de façon isolée, seraient liées à un « champ de parole » partagé. L'union des deux est liée à la notion de « réseau », aujourd'hui remarquablement mise en œuvre par les auteurs représentés in Romaine (1982). Là où on prête particulièrement attention aux individus, le concept de réseau s'est révélé très fécond. Il permet aussi de décrire et de comparer des types d'organisation interne dans les communautés et les groupes (cf. Milroy 1982 : 150-1).

D'une façon générale, le défi qui présente la notion de communauté linguistique, en tant que contexte de la compétence, c'est qu'on doit la considérer comme étant plus qu'un locus, pour la grammaire ou la dialectologie ; et y voir plutôt une organisation de personnes utilisant une langue, personnes dont les conditions d'existence et les intérêts peuvent faire varier la portée et la forme de l'organisation même. La recherche actuelle sur la variation est devenue plus sophistiquée et plus souple quant à sa méthodologie linguistique et sociologique. Il reste à voir si elle deviendra aussi assez anthropologique, si l'on peut dire, pour reconnaître que la notion d'utilisation devrait se référer non seulement aux variétés, mais aussi aux événements de parole et aux façons de parler, suivant ainsi la voie tracée par Milroy (1980), déjà citée.

Lignes d'objection :
la communauté et l'individu

Les problèmes de variation et de changement dans la communauté linguistique sont étroitement liés aux problèmes de la relation entre communauté et individu, mais ils ne sont pas identiques. On pourrait insister sur une conception de la communauté linguistique comme hétérogène et pourtant localiser cette hétérogénéité dans la communauté même, ou dans une variété de langue parlée à l'intérieur de la communauté, comme en dehors de la compétence individuelle. C'est un point de vue de ce genre qui a été commenté dans la section VI du texte qui précède, en référence à De Camp, Hudson (1980 : 167, 183) et Romaine (1982 : 18-20, 1982 b : 250-80) critiquent cette conséquence du modèle labovien de la variation dans une communauté ; et J. Milroy (1981 : 106) conteste, dans les travaux de Fasold (1981), le recours à des moyennes établies pour un groupe lorsqu'on entend ensuite affirmer quelque chose de la compétence du locuteur individuel. Il écrit :

« Si nous voulons étudier la " compétence " dans le cadre d'un modèle variationniste, alors il me semble que nous devons, à de multiples fins, utiliser des données concernant des individus, non des groupes. Et les variationnistes sont particulièrement bien

> *placés pour étudier non seulement ce que les individus « savent » de leur langue, mais comment ils utilisent ce qu'ils savent des différentes situations sociales pour signifier symboliquement l'identité sociale et manifester leurs attitudes envers cette identité sociale (il s'agit peut-être là d'aspects de leur " compétence de communication ").* »

Il est bon de noter que Le Page (1969, 1973) a utilisé la notion de « compétence » dès le début, quand il parle des individus et de leur identité comme locus de cette compétence. Hudson (1980) ouvre son livre par une définition de la sociolinguistique comme étude du langage par rapport à la société (2), mais conclut très vite que la linguistique elle-même doit consister en cette étude et que « socio », tout compte fait, est un préfixe inutile (19). Tout en étant on ne peut plus clair quant à l'importance des contraintes et de l'identité sociales, Hudson estime que la variabilité est si fondamentale qu'elle réduit :

> « *L'objet de la socio-linguistique à l'étude des items linguistiques individuels de locuteurs particuliers* » *(72),*

et il n'accorde que de faibles chances à des généralisations portant sur des constructions à grande échelle telles que « langue » ou « dialecte » (232) :

> « *Une conséquence de cette contrainte est que les linguistes devraient peut-être renoncer à essayer d'écrire des grammaires, à moins qu'ils ne soient prêts à les traiter sérieusement comme des descriptions de la compétence d'un individu, que celui-ci soit monoglotte ou polyglotte.* »

L'emphase de Hudson sur l'individu est stimulante, et heuristiquement appréciable. D'un point de vue ethnographique, l'étude qu'il esquisse devrait au moins prendre en compte, chez les individus eux-mêmes, l'opinion ou l'attitude (on considère quelque chose comme « connu ») selon laquelle ils parlent une « langue » ou un « dialecte », et il faudrait reconnaître que cette construction à grande echelle possède certaines propriétés. Comme le note Kiparsky dans le passage cité à propos de la variation, de telles notions affectent ce que font les individus et la façon dont changent les langues. Et si la position de Hudson contribue à donner une très forte impulsion à l'étude de la compétence au niveau des personnes, elle pourrait bien apparaître, en dernière analyse, comme limitative pour une compréhension adéquate de ces mêmes individus. Et c'est bien ce qu'implique la notion d'identité, que Hudson a raison de mobiliser. Identité implique identification, une croyance ou un désir d'être comme ce à quoi l'on s'identifie. L'un des intérêts d'une sociolinguistique ancrée sur les problèmes et les besoins des individus pourrait bien être de déterminer jusqu'à quel point se réalisent les identifications qu'ils cherchent ou qu'ils assument. Des éclairages sur la seule compétence individuelle n'y suffiraient pas. On aurait aussi besoin de savoir quelle valeur des individus attribuent aux compétences d'autres individus. Repérer ce qui constitue ces normes de groupes serait, est, en fait, essentiel pour l'orientation des apprenants et des enseignants de langues.

En somme, être d'accord sur le fait que le locus de la compétence, c'est l'individu, n'équivaut pas à dire qu'il n'y a rien d'autre à décrire que les individus. Les réflexions de Hudson lui-même quant à la nature sociale de la parole et de la compétence de communication développent un point de vue plus complexe (cf. 116-20), point de vue qui n'est peut-être pas fondamentalement éloigné de celui de Fowler et Kress (1979 : 187), qui après avoir fait leurs mes arguments en faveur d'une compétence de communication, écrivent :

« *Il est clair que cette " compétence de communication " enrichie variera selon les individus, au lieu d'être la même pour tous les membres d'une population linguistique comme c'est le cas dans le modèle idéal de Chomsky. Ceci dit, il reste que nous parlons de l'individu en tant qu'être socialisé, non en tant que personne unique.* »

Fowler et Kress présentent ensuite une conception relevant d'un déterminisme linéaire :

« *Les rôles, statuts et positions des personnes dans le système de classe, les propriétés qui les lient aux autres et les séparent des autres, influent sur cette capacité communicative, si bien que leur capacité langagière dans son ensemble est un produit de la structure sociale.* » (*cf. leur page 194, point 2*).

L'attention que porte Hudson aux inégalités et aux préjudices a quelque chose de commun avec la « linguistique critique » de Fowler et Kress, et avec le projet que manifeste cette dernière d'exposer les sens cachés, l'idéologie, la « mystification » dans les utilisations du langage. Pourtant, ces deux approches semblent s'orienter vers des pôles opposés, pôles qu'une démarche critique dialectique devrait joindre. Si l'on n'a que des individus, comme chez Hudson, il est difficile de voir comment l'on peut traiter de ces aspects de l'inégalité et du préjudice qui exigent que l'on se réfère à la classe et à l'idéologie. Si l'on n'a que le déterminisme social global de Fowler et Kress (cf. pp. 194-5), il est difficile de voir comment on peut s'attendre à ce que les lecteurs individuels soient convaincus par la démonstration ou comment on peut rendre compte de la pratique critique que les auteurs eux-mêmes recommandent (pp. 197 et suiv.), puisqu'ils ne font aucune place théorique à l'intervention de l'individu. Et l'individualisme de Hudson et la perspective sociale que Fowler et Kress donnent prise à la critique de toute sociolinguistique qui postule ou implique une corrélation harmonieuse entre langue et ordre social. La recherche et la pratique critique requièrent l'une et l'autre une conception générale qui réunisse leurs vérités partielles.

Certains de ceux qui traitent des rapports entre compétence et individus semblent malheureusement continuer à s'enfermer dans l'identification initiale du terme, chez Chomsky, avec ce qui est grammatical, homogène, inné. Ainsi, Fillmore (1979 : 89-92) admet l'existence de différences individuelles, mais distingue celles qui tiennent au « sens technique » des grammaires intériorisées de celles qui tiennent aux stratégies que des individus préfèrent utiliser ou aux mécanismes linguistiques avec lesquels ils sont le plus familiers. Critiquant un auteur, il l'accuse de tergiverser entre ces deux sens, et déclare que l'utilisation du mot « compétence » chez Chomsky a eu pour résultat que ces deux sens sont devenus des concepts-clé dans « *deux modèles opposés de description et d'explication des différences linguistiques individuelles* » (91). L'un de ces modèles renvoie à une psychologie différentielle et s'intéresse aux aptitudes, aux capacités et aux réalisations, l'autre relève de la linguistique et s'intéresse aux grammaires intériorisées.

Fillmore poursuit en affirmant que la distinction entre compétence et performance n'est peut-être pas aussi importante qu'on le pense parfois (91) :

> « *C'est une distinction tout à fait utile lorsqu'on parle d'un monde où le langage est produit uniquement pour produire du langage. Mais dans une situation où l'utilisation du langage joue un rôle essentiel pour l'intervention du locuteur dans une matrice d'actions humaines, cette distinction ne semble pas particulièrement utile.* »

En d'autres termes, le terme « compétence » ne semble pas particulièrement utile en dehors du champ des grammaires intériorisées. Fillmore, à cet égard, prend comme exemple l'importance de la connaissance des « formules toutes faites », dans les jugements ordinaires évaluant la maîtrise d'une langue (cf. Dorian, supra, sur le gaélique du Sutherland de l'Est). Ces expressions sont en effet mémorisées — et non générées par la grammaire — et elles sont étroitement associées aux situations où on les emploie.

De toute évidence, Fillmore est comme contraint de maintenir dissocié ce que le présent texte a pour propos d'unir. De notre point de vue, le fait qu'il voit dans la maîtrise de formules toutes faites une bonne part de la capacité à se débrouiller dans une langue est aussi un argument pour considérer cette maîtrise comme un aspect important de la compétence.

Alors que Fillmore admet l'existence de différences individuelles au niveau de la compétence, mais limite cette dernière à la grammaire, Edmondson (1981) tombe d'accord que la compétence de communication a à voir avec la production des actions humaines, mais nie toute différence individuelle. Admettant la distinction posée par Widdowson entre « règles » et « procédures », il distingue entre la compétence « de communication » et la compétence « sociale » (274) :

> « *(La compétence de communication) peut être représentée par une série de règles relatives à l'encodage, décodage et à l'ordonnancement des actes de communication majeurs. Dans la conversation effective, les membres utilisent ou manipulent*

> *ces règles afin d'atteindre certains buts communicatifs et de maintenir ou de rétablir l'harmonie sociale. L'utilisation qui est faite de la compétence de communication manifeste donc la compétence sociale d'un individu. Certains d'entre nous sont « plus forts » que d'autres dans ce domaine... [la variété des qualités d'interaction] ne reflète pas ma compétence de communication comme membre de la communauté linguistique considérée ou d'un sous-groupe de cette communauté, mais ma compétence sociale en tant que membre social individuel. »*

Dans sa formulation théorique la plus récente, Bernstein (1981 : 356) semble associer la « compétence » à l'homogénéité, comme Widdowson, mais comme Fillmore, il semble la dissocier de l'action :

> « *Les théories qui mobilisent le concept de compétence (linguistique ou cognitive) sont des théories dans lesquelles les conditions pour l'acquisition de la compétence considérée requièrent une faculté innée* **et** *l'interaction avec un autre, culturellement* **non-spécifique***, qui possède également cette compétence* » (souligné dans le texte original).

Bernstein souligne que la condition qui voudrait qu'on soit sujet culturel sans être culturellement spécifique ne peut être satisfaite et que, de toute manière, son propre concept central, à savoir celui de « code », présuppose des compétences qui sont acquises et partagées par tous, de sorte qu'il n'est pas possible de parler de code en faisant état de déficiences de compétence. C'est là bien sûr ce qui le sépare de Hudson et de la notion d' « incompétence de communication ». En fait, on ne voit pas bien où les différences individuelles peuvent entrer en jeu dans la formulation de Bernstein, sauf en tant que différences entre groupes. « " code ", affirme-t-il, *s'applique à un réglage culturel spécifique dans la réalisation de compétences partagées en commun.* »

Les individus, tout comme les réalisations linguistiques, restent en effet à déterminer plus précisément. L'accent est mis sur la « classification » et le « cadrage ». La construction abstraite de Bernstein n'est pas facile à saisir, non plus que les différences entre « classification » et « cadrage » ne sont toujours aisées à distinguer dans l'examen des pratiques, mais l'essentiel se résume simplement comme suit (342) :

> « *Le code règle le* **quoi** *et le* **comment** *des significations : quelles significations peuvent être légitimement réunies et comment ces significations peuvent être légitimement réalisées.* »

La classification tient plus particulièrement au degré de séparation entre les catégories de ce qui est communiqué, et le cadrage au contrôle des pratiques grâce auxquelles quelque chose est communiqué. Tous deux peuvent varier d'intensité, de fort à faible. Un code peut séparer fortement des types de discours les uns des autres (+ Co), mais laisser à ceux qui en disposent un plus grand degré de contrôle sur la sélection, la mise en séquence, le rythme, la posture, l'habillement, etc. (− Ca).

C'est avec raison que Bernstein insiste sur la force de l'hégémonie culturelle. Joint à celui de Fowler et Kress, son modèle pourrait avoir une certaine puissance. Dans les deux cas, on considère que la strate fondamentale est celle des significations mais, tandis que Fowler et Kress s'intéressent plus particulièrement aux usages linguistiques, on pourrait dire que Bernstein s'interroge surtout sur les principes qui gouvernent la distribution sociale de ces usages linguistiques. Bien que les illustrations proposées concernent d'abord les sociétés industrialisées contemporaines, ce modèle pourrait être appliqué dans une optique comparative à n'importe quelle société. Bien qu'il soit surtout posé a priori dans sa catégorisation comme dans son organisation, il pourrait, pour ce qui est de ses grands axes, s'avérer assez flexible dans une perspective ethnographique. Et bien que sa représentation de l'ordre social soit celle d'une hiérarchie fortement orientée « du haut vers le bas », il laisse place néanmoins à l'émergence de tensions et aux possibilités de changement ; il a même recours à la notion de « voix », au sens de production de « voix » dominantes et dominées, avec une strate de pratiques tacites considérées comme « encore sans voix » (340). La limitation fondamentale du modèle est celle qu'on retrouve dans tous les modèles de Bernstein : ils reposent sur la seule dimension d'une gamme d'alternatives. Limitation qui, si elle permet de rendre compte de la **forme** des codes, ne permet pas, en dernier ressort, d'en expliquer les significations. A cet égard, ne pas considérer aussi les questions sous l'angle des individus particuliers ou des types d'individus, tant pour ce qui est de l'organisation des codes que pour leur signification du point de vue de ceux qui en ont l'usage, paraît bien être un manque fatal.

Et ce n'est peut-être pas un hasard si Bernstein n'utilise pas le terme « compétence », mais continue de le rejeter, en lui donnant un sens proche de celui qu'il avait d'abord chez Chomsky (Bernstein ne note même pas la notion ultérieure de « compétence pragmatique »). On pourrait penser pourtant que l'emploi de ce terme, avec l'évolution qu'il a connue dans le champ, présenterait l'avantage d'établir une passerelle avec la considérable littérature qui, pour l'enseignement des langues et d'autres aspects de la scolarisation, fait usage de la notion de compétence de communication (cf. infra). De fait, étant donné l'utilisation constante chez Bernstein de l'expression « contexte de communication », il semblerait que ce qu'il entend actuellement par « code » est comparable à l'idée de divers types de compétence de communication liés à des groupes socialement différenciés. L'organisation de catégories et d'activités (classification, cadrage), qu'il considère comme d'importance centrale dans la reproduction, notamment par le biais de l'école, des différences de classe, est à rapprocher des dimensions qui sous-tendent et informent les « façons de parler » (où « parler » doit être pris comme succédané de « communiquer » en général). Il ne serait pas difficile de traduire les conceptions de Bernstein en termes de compétence de communication. Mais ceci en ferait non plus un modèle autonome, mais plutôt une source de composantes reprises dans une pratique d'un autre type.

Une telle pratique, qui prendrait pour point de départ la capacité individuelle, toucherait à toutes les questions qu'aborde l'important ouvrage publié sous la direction de Fillmore, Kempler et Wang. Son domaine serait toutefois plus vaste que l'organisation cognitive, lieu d'attraction de la plupart des travaux à orientation psychologique, et que l'organisation de classe, lieu d'attraction de la plupart des travaux à orientation sociologique. Il devrait inclure les satisfactions et frustrations liées à la capacité linguistique (fonction de la diversité culturelle) et aussi à la réalisation de la personnalité. L'utilisation chez Bernstein du mot « voix » est la bienvenue, mais il ne suffit pas de placer cette « voix » en termes de hiérarchie sociale (dominante, dominée, « encore sans voix »). Une caractéristique des communautés linguistiques, caractéristique ineffaçable pour ceux qui viennent à les connaître, c'est le type de voix auquel elles donnent vie, voix au sens d'identités et de performances personnelles.

Si l'on prend comme exemple la société américaine, il faut faire une place à des types de voix qui sont acceptés, du moins jusqu'à un certain point, un peu à part de toute échelle hiérarchique de variation ou de contrôle : la puissante voix d'un pasteur noir à un meeting ou une commémoration politiques ; une voix anglaise cultivée, dans certaines réunions académiques ; une voix française d'un certain type ; etc. C'est là, dans une très large mesure, le domaine des stéréotypes, mais certains stéréotypes sont positifs et on peut en tirer parti. Leur analyse peut être en partie quantitative mais exige qu'on se représente toute une gamme d'identités et qu'on conçoive à certains égards la vie sociale comme une scène dramatique sur laquelle tels ou tels rôles sont les bienvenus. Chacun d'entre nous en tient certains de la famille, d'autres du voisinage, de la profession, des déplacements.

Le concept de « voix » est une façon de mettre l'accent sur la relation compétence sociale/compétence individuelle par rapport au changement non pas des langues en tant que telles, mais de la société. Comme je l'explique dans ma contribution au volume de Fillmore, Kempler et Wang (Hymes 1979 : 43-4) :

> « *La question critique pour un traitement des différences individuelles comme problèmes de compétence et de signification sociale se ramène peut-être à ceci : quelle est la relation entre la distribution actuelle de la compétence individuelle dans notre société et la distribution et l'organisation que nous aimerions y voir ? Et comment pourrait-on passer de l'une à l'autre ? En termes de " voix " : la différence de voix est une donnée naturelle, mais non la réalisation de cette voix. Une des façons de penser une société consiste à s'interroger sur les voix qu'elle a et sur celles qu'elle pourrait avoir.* »

Un lieu majeur d'objection et une source constante de problèmes, sont à trouver, s'agissant de la compétence, dans son identification à un savoir. Les ramifications de cette question exigent que je lui consacre une section spéciale.

5. Lieux et lignes d'objection : types de savoir et sources du savoir

Communauté et individus, encore une fois

Dans le texte principal de ce livre, j'ai parlé de la nécessité de considérer la communauté comme une « organisation de la diversité », et je suis revenu sur ce point dans la section qui précède. Il s'agissait surtout de montrer en quoi la diversité de variétés et de styles de langue parmi les membres d'une communauté invalidait le postulat d'une identité « naturelle » qui serait due à la connaissance d'une norme. De tels constats ont joué un rôle important dans l'évolution de la recherche sociolinguistique, et une nécessaire prise en compte est sans aucun doute pour quelque chose dans l'intérêt que portent les enseignants de langues à une conception communicative de la compétence. Comme la linguistique formelle en est venue à étendre son champ à la pragmatique au cours des dix dernières années, un autre aspect de la diversité s'est peu à peu imposé à notre attention. On ne saurait postuler que les individus sont tous identiques quant au savoir permettant d'interpréter les significations des phrases et la portée des actes de parole. Ressurgissent donc à ce propos certaines questions touchant aux relations entre individus et entre individus et communautés.

Il est utile de noter en passant que ces deux sphères d'investigation sont distinctes. Pour un individu, le savoir qu'il partage ou ne partage pas avec un autre comporte à la fois des traits distinguant les formes de parole et des traits porteurs de valeurs d'expérience. Ces deux types de traits peuvent être en jeu dans le même cas, comme lorsqu'un ami indien, à Warm Springs, dans l'Oregon, utilise « bushden » (bosdn) en parlant des injustices commises par les Blancs, sachant que je reconnaîtrai ce mot comme faisant partie de la parlure familière locale (terme venu de « Boston », en passant par le jargon chinook), comme péjoratif, et ne s'appliquant pas à moi (je serais inclus dans d'autres noms, non-péjoratifs, servant à désigner la classe et, de toute façon, je possède mon propre épithète individualisateur dans la langue indienne qu'il utilise). Le dialecte temporaire d'une remarque peut donc indiquer comment il faut prendre cette remarque. Pourtant, bien que ces deux types de savoir aient figuré dans les travaux de Labov et bien que l'attention que porte J. Milroy (1980) aux réseaux établisse un lien entre eux, tout se passe, dans la plupart des recherches linguistiques, comme si la connaissance des variétés et la connaissance des intentions de signification relevaient de mondes différents. L'une des vertus d'une conception d'ensemble de la compétence est qu'elle suppose un effort d'intégration des deux types dans le monde des utilisateurs du langage.

Le problème du « savoir mutuel » du point de vue de la pragmatique formelle est abordé de façon tout à fait stimulante dans le livre de Smith (1982), qui pose au départ une théorie du langage fondée sur la compétence (dans son sens restreint) et l'incorpore à une théorie générale de l'usage linguistique. L'article de Dan Sperber et Deirdre Wilson, « Mutual knowledge and relevance in theories of comprehension » (61-85) est particulièrement intéressant, en ce qu'il cesse de faire dépendre d'un savoir propositionnel la théorie standard des actes de parole et des maximes conversationnelles de Grice — les deux lignes majeures de la recherche pragmatique formelle. Tout comme Sperber et Wilson (1981) avaient montré que l'ironie repose sur le principe de la « mention échoïque », que des utilisations de l'ironie ne peuvent s'expliquer par référence à la vérité ou à la fausseté des propositions et dépendent d'un autre principe, la « mention échoïque », ils avancent cette fois la notion d'un standard de « pertinence maximale ». Ce standard semble prometteur sur le plan ethnographique, mais il met l'accent malheureusement sur la forme logique et le traitement psychologique (y compris la mémoire), aux dépens de l'interaction. Et aucun des collaborateurs à ce livre ne semble conscient de la longue histoire qu'ont eu, en anthropologie, depuis le début du siècle, les débats et définitions du concept de « culture » comme savoir partagé.

Mes propres idées sur ce sujet (inspirées en partie par Sapir) sont présentées dans une note sur le terme « capabilité » (Hymes 1964 b : 29, n. 8 = Hymes 1974 : 21, n. 6).

Le « culturel » y est caractérisé comme potentialité de partage de communication, et non en termes de « déjà partagé » :

> « *Dans la réalisation même d'une bonne part des comportements culturels, y compris le comportement verbal, les participants ne savent pas ou peuvent se demander si, pour partie, ce qui se passe et est accepté comme culturel s'est ou non déjà produit auparavant.* »

Bien entendu, il y aura conformité à une certaine attente et, le plus souvent, à des principes généraux. La situation est très semblable à celle de l'acceptabilité de variantes auxquelles on n'a jamais été exposé auparavant, comme je l'explique dans la section qui précède.

Prince (1981) offre un essai de valeur et tout à fait dans l'esprit de cette démarche. Essayant d'abord de traiter du donné et du nouveau, strictement en termes de prédictabilité linguistique par une analyse des traits saillants, elle en vient au « savoir partagé » et considère que ce dernier, d'ordre culturel, constitue peut-être un prérequis par rapport aux deux autres. Elle abandonne ensuite la notion de « savoir partagé » pour adopter celle de « *familiarité postulée* » (233) et formule la question fondamentale, comme étant de déterminer quelles sortes de postulats concernant l'autre (locuteur/scripteur ou auditeur/lecteur) influent sur la forme du texte en voie de production ou sur ce qu'on infère de cette forme. Une entité **nouvelle** dans le discours peut soit être **inutilisée** soit être **toute neuve** ; si elle est toute neuve, elle peut être **ancrée** ou **non-ancrée.** Une entité déjà en jeu est **évoquée,** soit **textuellement,** soit **situationnellement.** Le type d'entité le plus complexe

161

est celui des **inférables**. Prince prend ensuite deux textes en guise d'illustration. L'un est une narration orale enregistrée par Nessa Wolfson, l'autre un passage écrit par moi (Hymes 1974). Elle montre combien est faux le postulat très répandu selon lequel le langage écrit serait plus explicite que le langage oral. Dans ce cas, c'est le contraire qui est vrai. Le discours écrit dépend beaucoup plus de l'inférence. De toute évidence, il restreint bien davantage le sous-groupe dans les pratiques communicatives duquel il peut être compris. Prince y relève en particulier un brouillage, un flou (absent de la narration orale) entre ce qui est inutilisé et ce qui est inférable ; flou causé par un recours beaucoup plus important à ce qu'elle appelle les **inférables contenants**, où ce dont on infère se trouve contenu dans un syntagme nominal lui-même inférable. Et il existe encore d'autres sources de complexité.

Cette question de la complexité (cf. aussi Romaine 1982 b, section 6.5) vient confirmer l'importance de deux points déjà abordés : l'existence d'une dimension quantitative de la compétence et la nécessité de tenir compte de l'écriture et de l'alphabétisme lorsqu'on situe socialement les « phrases » ou le discours dont traite une théorie linguistique. Les recherches travaillant sur des phrases conformes à un standard écrit peuvent mésestimer la compétence de beaucoup de « locuteurs », découvrir un savoir qu'ils ne possèdent pas ou ignorer un savoir qu'ils possèdent. Et bien entendu, il y a de très fortes raisons de penser que la « phrase » n'est pas l'unité fondamentale de parole, ou du moins pas la seule unité.

A cet égard, on peut se référer à Kreckel. Celle-ci, tout d'abord, propose une distinction utile du point de vue de l'interaction (1981 : 38, cf. 25-29) :

> « ... *à l'intérieur d'une communauté linguistique, on peut distinguer entre les sous-codes développés au cours de l'interaction mutuelle et reposant donc sur un savoir* partagé, *et les sous-codes acquis séparément et reposant donc sur un savoir* commun. *Pour le premier, j'introduirai le terme* homodynamique *et pour le second,* hétérodynamique... *Les sous-codes et leurs éléments, les signes, sont de nature dynamique, puisqu'ils sont acquis grâce à l'interaction passée et qu'ils changent grâce à l'interaction présente et à venir.* » (C'est moi qui souligne).

Kreckel montre ensuite que les locuteurs natifs naïfs ont une aptitude à segmenter le discours en groupes intonatifs et qu'ils identifient immédiatement les significations d'une série de groupes intonatifs en termes de catégories « métapragmatiques », c'est-à-dire en types d'intentions d'actes de parole. Son analyse détaillée de l'interaction familiale ne tient malheureusement pas complètement les promesses de départ. Comme beaucoup d'autres, Kreckel est désorientée par la notion de discours « naturel » et se concentre donc sur la capacité des membres d'une famille, qui partagent vraisemblablement un code homodynamique. Elle montre en effet que les membres de cette famille opèrent des segmentations de groupes intonatifs plus subtiles et sont d'accord sur l'identification d'actes de parole plus souvent que ne le sont des non-membres. Mais elle n'inscrit pas cette analyse dans un contexte social. Une véritable analyse des capacités des membres d'une famille doit tenir compte du fait que ces derniers ont souvent affaire au discours d'autres, qui ne sont pas membres de la famille. Ils deviennent alors eux-mêmes des « non-membres », impliqués dans un code « hétérodynamique ». Il n'est pas non plus raisonnable de laisser entendre que parler à des non-membres est moins « naturel » que parler à des membres. Une véritable prise en compte des capacités, et Kreckel ne l'évoque pas, montrerait toute la gamme des dispositions qu'ont les locuteurs à segmenter et à classifier les groupes intonatifs en actes de communication. Cette gamme co-varierait avec l'expérience partagée passée et l'expérience partagée à venir... (Kreckel voit dans ces deux perspectives, le passé et l'avenir, les conditions d'une convergence dans les sous-codes). Et une analyse vraiment « dynamique » étudierait les différences de segmentation et d'identification à l'intérieur même des familles et entre les familles. Il se pourrait bien que des types de famille différents et des histoires familiales différentes présentent à ces égards des degrés de convergence eux-mêmes fort différents.

En réalité, la découverte la plus importante de Kreckel pour ce qui est de l'identification des actes de parole est peut-être à trouver dans ses premiers résultats : il y a une très grande fiabilité de l'identification du même acte par le même individu à des moments différents, mais l'accord entre individus et même entre membres d'une même famille est plus faible. (Ce résultat comportait aussi l'utilisation d'un grand nombre de termes anglais ordinaires pour qualifier ces actes.) Plutôt que de discuter *a priori* des modèles de catégories d'actes de parole et, à plus forte raison, plutôt que d'utiliser un système limité pour coder l'interaction, les chercheurs qui s'intéressent à la compétence et à son occurrence feraient bien de commencer par se demander quel degré et quel type d'accord ils observent entre leurs jugements respectifs d'interprétation. Une caractéristique heureuse des travaux de Kreckel est qu'elle évite les deux pièges opposés qui reviennent soit à postuler une identité des interprétations à l'intérieur d'une communauté, soit à considérer que toute interprétation est constitutivement individuelle. Elle met l'accent sur des degrés de conventionnalisation qui sont fonction des degrés d'interaction et d'orientation partagée.

Une telle conception de la distribution des capacités dans les communautés n'a évidemment d'attrait que pour ceux qui pensent que ces capacités, y compris le savoir, demandent qu'on s'y intérèsse. D'excellents linguistes ont estimé impossible de partager cette appréciation ou bien, et ceci est encore plus frappant, ils ont changé d'avis.

Lieux d'objection : le savoir même

Le linguiste britannique Peter Matthews a pris la notion de compétence suffisamment à cœur pour transformer une série de conférences (à partir de 1971/2), en un manuscrit (vers 1974) et, enfin, en un livre (1979). C'est un livre intelligent et engageant, écrit sous forme de dialogue et qui aborde tout à la fois, et de façon plus ou moins parallèle, la notion de « compétence » chez Chomsky (31-40) et l'étude par Labov de la variation dans les communautés linguistiques (41-66). Dans les deux cas, Matthews discute (dialogiquement) la possibilité (ou, plus exactement, la plausibilité) d'établir les distinctions précises que semble exiger la conception de la grammaire en question. D'abord, il met en doute l'idée que le but de la grammaire soit de rendre compte de ce que veut dire : être locuteur d'une langue, et il invente des exemples plausibles de la différence de pratiques qu'implique, dans une tribu donnée, le fait d'être locuteur de plusieurs langues différentes ; il cite Hymes 1971 pour des exemples tirés de la réalité. Il y aurait peut-être donc deux types de règles, une grammaire noyau et une certaine compétence pragmatique, appartenant à la compétence de communication au sens de Hymes (35). Mais, dans certains cas, il ne semble y avoir aucune raison naturelle de distinguer entre une règle de grammaire et une règle de parole (paragraphes 50, 55). Matthews s'en prend ensuite à l'extension que Labov donne à la notion de grammaire pour y inclure la relation entre individu et communauté en termes de règles variables (45-50), si ces dernières font bien partie de la compétence des locuteurs ; il s'en prend aussi à une conception de la variabilité dont il pense que Chomsky pourrait l'approuver, le « multilinguisme idiolectal » (51-66) et il invoque contre cette notion le fait que l'adaptation et l'évolution de la parole d'un individu se poursuivent sa vie durant.

Il semble que le noyau de l'argumentation de Matthews soit que la conception de Chomsky exige l' « internalisation » d'une part et des catégories discrètes de l'autre. Pour Matthews, l' « internalisation » n'a aucun sens (10, 16) et, de toute façon, il convient de distinguer la grammaire générative comme type de système, comme interprétation du système et comme quelque chose que possède le locuteur (4). Les grammairiens ne s'intéressent pas aux grammaires génératives au deuxième et au troisième sens, mais seulement au premier. Ils se contentent de décrire des langues (p. 13). Par ailleurs, dans la vie, rien n'est discret, que ce soit les règles, les communautés linguistiques ou les types de savoir ; on se trouve partout sur le fil d'une plume d'oiseau (j'utilise ici le terme « feather edge » du regretté A. L. Kroeber). Il est difficile de savoir quels faits iraient à l'encontre des propositions fondamentales et peu de tentatives se comprennent — voire, aucune — au regard d'une « *réflexion de bon sens sur les grammaires* » (9). Un certain nombre de choses utiles que l'on fait quand on décrit des langues (y compris les modèles sémantiques et les dictionnaires) doivent être laissées au travail du linguiste et non pas présentées comme internalisées par le locuteur (113-114). Une grammaire générative est utile pour une étude de la syntaxe, mais pas comme base pour une théorie intégrée du langage (3, 158, 173).

Le petit livre de Matthews est écrit de façon claire et réfléchie, et la position qu'il manifeste ne manque sans doute pas d'attrait pour beaucoup de linguistes. On peut faire toutefois deux remarques critiques sur son mode d'argumentation. Tout d'abord, à plusieurs reprises, Matthews s'en tient à affirmer que la complexité n'est pas plausible quand sont mises en évidence les ramifications d'une prise en compte des dimensions psychologiques et sociales du langage. Mais les complexités de la grammaire elle-même ne sont pas évoquées. Si elles l'étaient, on constaterait que les difficultés posées par des frontières étanches et celles posées par la modélisation de la complexité sont semblables et partagées.

Matthews a anticipé ce genre de remarque en comparant la grammaire à l'élaboration des cartes (8-12, 63), dont chacune a ses usages et ses limitations, et en choisissant pour épigraphe une phrase de Fred House-Holder :

> *« Un linguiste que ne pourrait pas imaginer une grammaire meilleure que celle qui se trouve dans le cerveau d'un locuteur quel qu'il soit devrait s'essayer à un autre métier » (p. 11).*

Bref (3) :

> *« En tant que grammairiens, nous ne sommes pas concernés par ces problèmes. Notre travail, ce sont les problèmes que pose l'investigation des langues. La nature de la compétence linguistique est l'objet d'une autre investigation, pour laquelle nous portons une autre casquette. »*

Ce qui manque ici, c'est une stipulation, dans le travail même du grammairien, permettant de considérer que les grammaires peuvent aussi devoir quelque chose à la constitution psychologique et à la vie sociale de ceux qui utilisent les langues qu'elles décrivent. Comme nous l'avons vu, Matthews ne fait état des aspects sociaux du langage que pour prendre ses distances à leur égard. Il n'y a pas non plus la moindre indication sur le genre de casquette que pourrait porter le grammairien lorsqu'il étudie la réalité psychologique ou sociale.

Il est compréhensible que ce soient les idées de Chomsky que discute Matthews et son livre s'ouvre d'ailleurs sur un compliment à Chomsky (on mesure l'importance de ce que ce dernier a apporté au fait que d'autres écrivent des livres pour discuter sa pensée). Pourtant, les questions soulevées sont indépendantes de la formulation qu'elles trouvent chez Chomsky. S'il est facile de montrer qu'on ne saurait tracer de limites bien définies entre les règles de grammaire et les règles de parole, pourquoi ne pas réunir ces deux objets d'étude, et ceci sur des bases plus accueillantes que celles de la grammaire générative, si besoin est ? Si les frontières temporelles et sociales des communautés sont difficiles à déterminer en termes de compétence individuelle, pourquoi ne pas chercher à proposer une conception plus adéquate ? Mais le grammairien traditionnel chez Matthews « refuse le gambit, montre une certaine fatigue ». On peut avoir du respect pour ce qu'il fait si bien dans ses propres travaux et pour la réflexion et l'intérêt dont il fait montre dans cette discussion. Mais reste que, au bout du compte, la référence même de ce qu'étudie la grammaire traditionnelle est considérée comme allant de soi. Le seul nom d'une langue pourtant, par exemple « l'anglais » ou « le latin », masque toute une série de questions sur le où, le quand et le pourquoi certains types de cartes marchent mieux que d'autres, et établies par qui. Après tout, ceux qui s'intéressent à la surface de la terre ne sont pas tous cartographes ; certains interviennent en tant que géologues et cherchent à expliquer une formation. Comme c'est souvent le cas, l'appel au bon sens remystifie ici l'objet du savoir.

Si Matthews fait appel au bon sens, un ancien associé de Chomsky, Jerrold Katz, fait maintenant appel à la philosophie platonicienne. Et si Matthews considère que les grammaires sont des cartes, dont il peut exister plusieurs sortes pour des usages spécifiques, Katz (1981) voit maintenant dans :

> « *L'étude de la structure grammaticale des langues naturelles une discipline* a priori, *comme les mathématiques* »...

> « *A une conception psychologique des grammaires et de la théorie linguistique, il faut substituer une conception qui traite celles-ci comme des théories des phrases d'une langue, prenant les phrases comme objets abstraits, tels des chiffres* » (pp. 3, 6).

Il en découle, pour Katz, que les locuteurs se trompent lorsqu'ils croient que leur langue est une partie d'eux-mêmes. Dans « *apprentissage de la langue* », (p. 9) :

> « *Ce n'est pas l'anglais lui-même que nous acquérons, mais plutôt la connaissance de l'anglais ; ce que nous sentons faire partie de nous, ce à quoi nous nous sentons intimement liés et ce qui, de fait, dépend de nous, c'est notre* connaissance *d'une langue. Il faut distinguer entre la connaissance qu'a un locuteur d'une langue et la langue elle-même — l'objet de quoi la connaissance est connaissance.* »

Un grammairien comme Matthews pourrait trouver quelque vertu à cette distinction, mais probablement pas à la conception platonicienne que Katz développe et en termes de laquelle il opère cette distinction entre savoir et langue (p. 9).

> « *Une langue est une structure objective, inchangeable, intemporelle ; la connaissance d'une langue est temporelle, sujette au changement et subjective. Un individu devient locuteur d'une langue parce qu'il acquiert un ensemble de croyances ou de*

principes tacites qui sont en relation de " connaissance de " avec un des membres de cet ensemble des structures linguistiques. »

Katz admet son engagement antérieur aux côtés du « compétencisme » de Chomsky, où grammaire et réalité psychologique étaient unies, et le justifie par le fait que le « compétencisme » se présentait comme le seul choix raisonnable quand il n'y avait pas d'autre alternative à la linguistique structurale. L'image que donne Katz du structuralisme américain est, certes, d'une pauvreté affligeante. Il reprend le cliché erroné selon lequel celui-ci ne faisait aucune place au sens (p. 3), l'identifie à une vision stéréotypée de Bloomfield et à Harris, le mentor de Chomsky (pp. 25 et suiv.) ; en un endroit Katz va même jusqu'à parler de (70, cf. p. 3) :

« *la position des structuralistes américains selon laquelle la linguistique est affaire de bruit et de traces d'encre et de graphite* ».

C'est ignorer complètement la diversité de ce qui en est venu à être appelé « linguistique structurale » et la place explicite qu'ont faite au sens la plupart de ses tenants (cf. Hymes et Fought 1981, publié pour la première fois en 1975). En tout état de cause, ce nouveau platonisme a refait surface chez Katz quand celui-ci a compris que le rationalisme à la Chomsky ne pouvait pas rendre compte de la vérité nécessaire, alors que l'ancien rationalisme, qui avait jadis déjà séduit Katz, était à même de le faire. La théorie de Chomsky nie en fait toute possibilité d'une authentique vérité nécessaire dans les langues naturelles, en posant le nécessaire comme toujours relatif aux lois des processus cognitifs humains. « *Rien ne peut s'ensuivre de ce qui est vrai de toute manière et en toute circonstance* »(6).

Katz fait intervenir des critères qu'il considère être ceux de la méthodologie scientifique générale pour évaluer la version Chomskyenne du « compétencisme » par rapport aux conceptions platoniciennes (10). Il cherche, au-delà, à résoudre le problème philosophique de savoir si oui ou non les objets abstraits existent (12). Les niveaux d'abstraction et de simplicité sont particulièrement importants (cf. 91-2, 232-8). Katz cultive tout à fait sérieusement l'expérience mentale consistant à montrer qu'une grammaire de l'anglais qui prétend être une théorie des structures cognitives **humaines** est une théorie chauvine, puisqu'il se pourrait fort bien qu'un extraterrestre doté d'un esprit ou cerveau complètement différent du nôtre soit capable de communiquer avec nous en anglais d'une façon que nous ne pourrions pas distinguer de la nôtre (89-91). La contrainte de la réalité psychologique impose donc :

« *une limite au niveau d'abstraction que peuvent atteindre les grammaires, parce qu'elle exige que leurs représentations reflètent la psychologie propre à une seule catégorie de créatures capables d'avoir une connaissance d'une langue naturelle* »... (92).

Certes, un système de symboles donné peut avoir plus d'un substrat physique (Simon 1982 : 31) et même :

> « *il peut exister des systèmes de symboles équivalents sur le plan fonctionnel qui utilisent des substrats complètement différents.* »

Dans une très large mesure, la parole, l'écriture et les ordinateurs en sont des exemples, dans le cas du langage. Mais un substrat physique, en tant que support matériel des schémas et processus d'un système de symboles, ne saurait être confondu avec le système lui-même. L'expérience mentale de Katz, prenant argument d'une intelligibilité mutuelle imaginée qui serait dépourvue de différences détectables, semble affirmer l'existence de performances qui devraient le conduire à inférer une grammaire commune (de type platonicien), mais pour lesquelles il n'existerait en fait aucune grammaire commune chez ceux qui produiraient ces performances. La relation entre intelligibilité et savoir grammatical est rompue, rendue arbitraire. C'est si flagrant que l'on pense avoir mal compris. Mais je crains bien que Katz ne confonde ici la notion de substrat physique avec celle de système de symboles.

Notons que les implications de l'argumentation en faveur d'une réalité psychologique de la compétence sont distinctes des implications de la position de Chomsky. Le programme de Chomsky vise à l'identification d'une triple unicité : une grammaire unique pour une langue donnée, une base unique pour la grammaire du langage en général et une base qui est unique par rapport aux autres capacités symboliques (la « faculté de langage »). On pourrait soutenir que la grammaire d'une langue donnée n'est pas déterminée de façon unique (du moins, dans l'état actuel de nos connaissances), mais est compatible avec plus d'un modèle existant ; que les universaux qui sous-tendent le langage ne sont pas actuellement susceptibles d'une formulation unique ; et que l'acquisition du langage est interdépendante des processus symboliques en général ; et pourtant, trouver encore beaucoup à apprendre sur l'esprit humain et la réalité psychologique des phénomènes linguistiques en poursuivant ces buts. Nombre de ceux qui se penchent sur ces problèmes en ce moment ne seraient pas d'accord avec les formulations que retient Chomsky. Ils pourraient dire, comme le fait Katz :

> « *il n'y a aucune raison que la linguistique doive se contenter de rien de moins que les meilleures théories* » (92),

mais en entendant pertinence psychologique et réalité là où il veut entendre abstraction et simplicité. Katz toutefois conclut (238) :

> « *Si, par hasard, une théorie linguistique devait coïncider mieux que d'autres avec une théorie psychologique, cela n'aurait pas plus d'importance pour la linguistique que n'en a pour les mathématiques pures la coïncidence de la géométrie riemannienne avec la théorie physique.* »

La théorie linguistique est entièrement une théorie des universaux du langage, une théorie dans laquelle la compétence et la performance n'ont aucune place, quelle que soit la place qu'elles peuvent avoir ailleurs.

> « *Le platonisme... nie seulement que les théories de la compétence et de la performance constituent des contributions à la linguistique. Le platonisme laisse ouverte la question de savoir si ces théories constituent des contributions à la psychologie.* » (59).

Si j'ai cité Katz longuement, c'est afin de lui faire justice et de permettre au lecteur d'examiner ses affirmations telles qu'elles sont exprimées dans son texte. Son examen critique de l'évolution des positions de Chomsky, de leur cohérence et de leurs alternatives logiques présente un intérêt certain. Mais sa thèse générale est contradictoire. D'un côté, il veut élaborer une certaine construction philosophique de la théorie linguistique qui ne soit pas limitée par les contraintes de la réalité psychologique (ou sociale) ; de l'autre, il essaie de rendre plausible au regard du monde réel sa théorie particulière. En fait, il faut bien dire que soit il n'a pas le courage de ses convictions, soit il manifeste l'ignorance qu'il en a.

Une position cohérente, une fois nié qu'il soit important que la théorie linguistique coïncide ou non avec la théorie psychologique, n'aurait que faire de l'idée que le langage réel est un

> « *artefact culturel, un héritage historique de la communauté, et non pas une fonction instinctive, comme marcher* » (8).

La simplicité, l'abstraction, les universaux sont indifférents à cette distinction. Mais Katz essaie de mettre en question la nature sociale du langage. Celle-ci « *ne peut plus être considérée comme évidente* » (8). Je ne voudrais pas avoir à le protéger au milieu d'un groupe d'indiens d'Amérique qu'il essaierait de persuader que leur langue n'est pas un héritage historique, mais passons ; ce n'est là qu'un nouvel exemple d'un prétendu progrès en philosophie qui s'avère réactionnaire dans la pratique réelle. Katz affirme ensuite qu'il n'est pas vrai que seule une conception sociale puisse expliquer le changement linguistique (9). Voici ce qu'il écrit ensuite :

> « *Dans la conception platonicienne, on peut considérer qu'il y a changement linguistique quand les locuteurs, dans une certaine trajectoire d'évolution linguistique, en viennent à avoir un système de savoir grammatical tellement différent du système de leurs prédécesseurs que ces deux systèmes se présentent comme connaissance de deux ensembles différents d'objets abstraits. Le platonisme n'a aucune difficulté particulière quant à ce qui compte pour suffisamment différent. Déterminer où l'on fait passer la séparation est un problème que tout le monde doit bien résoudre.*

Voilà qui est sans aucun doute simple, sans aucun doute abstrait. Cela signifie, semble-t-il, que l'on peut considérer que le changement linguistique a lieu quand... selon un certain critère, le changement linguistique a eu lieu. La conception platonicienne en revient à dire que l'on peut expliquer le changement linguistique en le montrant du doigt.

Bien évidemment, une démarche qui exclut la vie psychologique et sociale ne peut rendre compte du changement. La faillite d'une telle approche et l'ignorance, chez Katz, de la linguistique historique sont ici flagrantes (comparer Romaine 1982 b). Encore une fois Katz distingue entre la langue et la connaissance de la langue ; ce que possèdent les locuteurs, et la source de leurs sentiments envers leur langue, c'est la connaissance, comme s'il s'agissait d'affirmer que la cognition suffit à expliquer les émotions (8-9). Dans ces conditions, d'où vient donc cet objet abstrait appelé « anglais » qui fait partie du projet d'étude platonicien ? Quelles phrases sont donc ces phrases, posées en tant qu'objets abstraits comme des nombres, dont traite la théorie ? Katz ne semble formuler à cet égard aucune proposition et ne voir là aucun problème, pour partie sans doute parce qu'il associe de si près la logique et la théorie linguistique. Postuler que l'ensemble des phrases non-contestables est très vaste, c'est aller complètement à l'encontre de ce qu'a été l'expérience de la discipline au cours des dix ou vingt dernières années. Chomsky a fait monter l'enjeu de la théorie grammaticale en liant l'analyse à des distinctions très subtiles, des distinctions qui vont au-delà des configurations grossières. Il est souvent, dans ce genre de cas, d'un grand intérêt théorique pour la précision et la puissance des modèles que des désaccords se soient manifestés, faisant ainsi naître le besoin de prendre d'autres facteurs en considération : les origines dialectales de ceux dont les jugements d'acceptabilité sont en jeu ; le statut des phrases en termes de style, de genre et de contexte ; un modèle de degrés de grammaticalité ou d'acceptabilité. Il semble que la linguistique platonicienne de Katz soit inéluctablement une linguistique du plus petit dénominateur commun. En tant que théorie des phrases, ne faisant place ni aux « groupes intonatifs » ni à d'autres dimensions du discours, elle semble également incapable de distinguer un étranger qui parlerait de façon cohérente d'un autre qui ne le ferait pas.

En somme, une linguistique katzienne serait de peu d'intérêt et ne mériterait ni grande attention ni défense particulière. Ce qui ne fait que souligner combien Chomsky mérite bien qu'on lui sache gré d'avoir posé la linguistique comme théorie tout ensemble du langage et de la réalité (psychologique) humaine et d'avoir cherché à y « dégager des généralisations » qui valent pour les deux.

Certains philosophes et théoriciens localisent la compétence chez les usagers du langage et y reconnaissent un sujet d'analyse valable mais nient que ce soit là le type de savoir avec lequel Chomsky a associé ce terme. Devitt (1981), par exemple, maintient que la compétence dans une langue, comme d'autres types de compétence, est une capacité (100) et non un type de savoir. On peut être d'accord avec Devitt sur le fait que la compétence linguistique est une capacité ; qu'elle peut mettre en jeu plusieurs compétences isolables (à penser, comprendre, parler, lire, écrire (102)) ; que la compétence à penser dans une langue peut dépendre causalement d'une ou de plusieurs autres quant à son acquisition (103) ; et pourtant ne pas être d'accord quand il nie qu'elle implique un type de savoir, ou quand il affirme que la compétence à penser dans une langue, en tant que capacité, est un préalable à toutes les autres.

Une remarque sur ce dernier point : quand on considère tout ce que les gens peuvent faire avec les langues, on s'aperçoit que certains usages d'importance toute particulière impliquent un recours *par cœur*. Dans les pays où l'Islam est répandu, mais où l'arabe n'est pas la langue locale, par exemple, les fidèles peuvent très bien apprendre à réciter des prières en arabe sans comprendre cette langue. Ces exercices de répétition peuvent même donner lieu à compétitions publiques, comme cela a été noté en Malaisie, il y a quelques années. Il est clair qu'une telle habileté à l'expression « de mémoire » est très valorisée tout en restant distincte de la capacité à penser dans la langue en question.

Une remarque sur le premier point ; Devitt rejette la notion de savoir tacite sans le moindre argument, simplement sous prétexte qu'elle obscurcit le problème (100). Pourtant, cette notion n'est pas dûe à Chomsky ; la rejeter, c'est ignorer toutes les données et résultats qui permettent à Polyani (1958, deuxième partie ; 1966) ; de la défendre ; c'est oublier aussi combien cette notion a été indispensable à Boas, Sapir et d'autres fondateurs de l'anthropologie linguistique pour rendre compte de la précision et de la stabilité de nombreux schémas subtils dans les langues et les modes de vie. Sapir (1927, cité d'après 1949 : 548), parlant de l'intuition et du sens de la forme, n'a pas recours au mot « savoir » ou « connaissance » parce qu'il n'y a pas là opération consciente ni formulation explicite. Et pourtant, il est presque allé jusqu'à employer le terme :

> « *Et ce faisant, il agit comme si la règle lui était parfaitement connue. Et en un sens*, elle lui est parfaitement connue [souligné dans le texte original]. *Mais ce savoir ne peut pas être manipulé consciemment à l'aide de symboles verbaux. Il y a là plutôt, très délicatement nuancé, un sens aigu des rapports subtils, à la fois vécus et possibles. On pourrait appliquer à ce type de savoir le terme « intuition » qui, ainsi défini, n'a pas à prendre la moindre connotation mystique.* »

L'intuition, bien sûr, c'est précisément le terme adopté par Chomsky et d'autres à propos du savoir grammatical.

Cette question a des implications sociales et politiques qu'il faut noter. Devitt, comme bien d'autres, identifie le « savoir » au savoir théorique, de telle sorte que seuls les théoriciens possèdent ce savoir (100). En revanche, une bonne partie de l'anthropologie et de la linguistique présente des implications démocratiques en ce qu'elle conçoit la recherche comme une mise en commun de savoir ; celui du chercheur, surtout de type analytique et comparatif, et celui du membre de la communauté, touchant à sa langue et à sa façon de vivre. Certes, il y a des questions et des relations qui dépassent la capacité de saisie d'un individu, quel qu'il soit, et l'analyse qu'informe le savoir comparatif (y compris les modèles théoriques) est à la fois plus et moins que ce que savent les individus. Il demeure que le chercheur est réceptif au savoir que possèdent les individus et aux façons qu'ils ont de le posséder, pour des raisons tout à la fois de validité scientifique et de déontologie scientifique. Une telle manière de voir comporte des implications démocratiques dans la mesure où elle s'accompagne de respect pour les capacités des gens dont on étudie les façons de vivre et les langues, dans la mesure aussi où elle propose un principe de coopération (Ceci est développé in Hymes 1972 a, 1980 : 104-18).

Dimensions d'objection : type de savoir et source du savoir

Plusieurs linguistes et philosophes ont, comme Devitt, adopté la position selon laquelle maîtriser une langue relève d'une capacité, mais ont considéré que cette capacité est un type de savoir. Ils ont établi une distinction entre savoir « comment » et savoir « que » (Hockett 1968, Harman 1967, 1968, 19689) et ont mis l'accent sur le « comment ». D'autres ont inclus les deux types de savoir dans la « compétence de communication », comme Hudson (1980), qui suggère que « capacité » serait un meilleur terme que « savoir » pour désigner l'utilisation appropriée des formes linguistiques. J'ai moi-même recours à « capacité » comme terme le plus général, mais, pour moi, il a à voir avec les facettes de la performance qui vont au-delà de ce qu'on peut appeler « savoir » (les attitudes, la motivation et d'autres aspects de la mobilisation du savoir « que » et du savoir « comment »). On pourrait en revenant rapidement sur des distinctions qui ont été au centre de nombreux débats, caractériser, comme suit quelques grandes options :

1 Il y a en premier lieu une distinction entre ce que l'on observe et ce que l'on infère, entre le comportement et ce qui informe le comportement (habitude, savoir, etc.). La nécessité de cette distinction est très largement reconnue (cf. Lyons 1977 :586). C'est sur le contenu de chacune des parties que porte le débat : qu'est-ce qu'on considère comme observation et données pertinentes. Quel est le statut de ce que l'on infère ? Quel est le modèle général à l'intérieur duquel on établira cette distinction ?

2 Pour ce qui est de l'observation et de l'intuition, Itkonen (1975, 1981) a rendu justice à leur importance respective. Il caractérise l'intuition (qu'il distingue de l'introspection) comme ayant trait aux concepts ou aux règles existant dans la réalité normative intersubjective. L'observation, tout en incluant toujours plus ou moins d'éléments théoriques, s'applique aux objets et aux événements de la réalité spatiotemporelle intersubjective, tels que saisis par l'un des cinq sens. La testabilité intersubjective est une caractéristique essentielle du travail scientifique de type intuitionnel tout autant que du travail observationnel, puisque les règles et la connaissance des règles qui intéressent la science intuitionnelle ne peuvent exister que dans une communauté. Il est bien évidemment possible de faire mauvais usage de ces deux types de savoir si l'on prend indûment l'un pour l'autre. L'analyse de Itkonen s'accommode de l'interaction entre données et interprétation qui est caractéristique de la linguistique et de l'ethnographie. De plus, Itkonen reconnaît, d'une part, comme le faisait Hockett (1955) que même les travaux à orientation observationnelle font appel à une capacité intuitive et, d'autre part, que l'intuition ne parviendra jamais à saisir les réalités du langage dans l'espace et dans le temps.

3 Pour ce qui est du statut de ce que l'on infère, il tient en large part au modèle utilisé. Je m'en tiendrai ici aux distinctions entre types de savoir. Les partages majeurs, comme nous l'avons vu et comme chacun le sait, ont été posés entre le savoir « que » et le savoir « comment » et entre le savoir conscient et le savoir qui n'est pas nécessairement accessible à l'introspection ni verbalisable (cf. l'examen lucide de ce dernier point par Schlesinger 1971 : 156-64). Le point de vue général retenu ici est de considérer que tous ces aspects du savoir intéressent la compétence des individus.

L'objectf, après tout, est de comprendre les capacités des membres de communautés linguistiques. Nos propres distinctions culturelles ont un certain statut scientifique ; mais elles entretiennent aussi des relations problématiques avec les distinctions faites dans d'autres communautés du monde. Une analyse adéquate des capacités devrait prendre en compte la façon dont chaque culture considérée se représente les dites capacités. Encore qu'il ne puisse s'agir là que d'une première approximation, il est probable qu'une telle approche n'est pas sans effet sur la réalité à découvrir. De nombreuses cultures, par exemple, opèrent une distinction entre la connaissance d'un fait, d'une vérité, d'une information et le savoir ce qu'il faut faire et quand. Chez les haya du nord de la Tanzanie, par exemple, deux termes existent pour qualifier un bon locuteur. L'un désigne une personne qui peut exprimer des assertions vraies et citer à l'appui des informations puisées à des sources reconnues de savoir, pimentant son discours de proverbes, dictons, citations de chansons et de contes, etc. L'autre terme, qui veut dire mot à mot « celui qui cause que l'on soit lié », désigne quelqu'un capable de mettre fin à la discussion au bon moment, de dire ce qu'il faut dire et éviter ce qu'il ne faut pas dire (Seitel 1974). Aux Etats-Unis, Mehan et d'autres ont estimé nécessaire de distinguer différents types de savoir, ou de capacité, chez les enfants d'âge scolaire, de distinguer, notamment, entre connaître les règles d'interaction — par exemple, comment obtenir la parole — et savoir ce qu'il faut dire quand on en a l'occasion. Une description adéquate de la compétence dans une communauté devra indiquer les dimensions et la distribution de ces deux types de savoir.

Le problème du savoir conscient et inconscient est semblable. Il reste bien sûr essentiel de souligner qu'une analyse adéquate ne peut se fonder uniquement sur ce que disent les gens, que ce soit sur leurs propres intuitions, ou en réponse à des questions. Il faut aussi observer l'usage, consulter textes et enregistrements. Les gens omettent souvent certaines choses, quand ils ne se trompent pas carrément sur eux-mêmes. L'éducation et l'intérêt peuvent être cause de rationalisations secondaires. Au moment surtout de l'essor des sciences sociales et de la linguistique, il était nécessaire de bien marquer le caractère inconscient des régularités d'organisation d'une bonne partie du comportement. Procéder ainsi, c'était insister sur la nécessité d'une approche scientifique et chercher à asseoir rigoureusement l'analyse. Toutefois, à l'époque où est apparue la grammaire générative transformationnelle, il était tout à fait légitime de mettre l'accent sur les apports du jugement intuitionnel, eu égard à l'inadéquation des descriptions purement observationnelles ou statistiques, même si on négligeait à tort que beaucoup de linguistes de l'école structurale, y compris Sapir, avaient fait valoir la même position.

Il y a une part de vérité d'un côté comme de l'autre. Ce que les usagers d'une langue peuvent dire de leur propre utilisation de cette langue est sans conteste une source d'information essentielle mais demande en même temps une appréciation critique par rapport aux contextes.

D'une part, il y a des traits de grammaire qui ne peuvent être compris ni par l'observation directe ni par les modèles abstraits et pour lesquels (Silverstein 1978 : 247) :

« *Nous devons dépendre d'une analyse de ce que j'appelle les propriétés " métapragmatiques " de la langue en question (c'est-à-dire la façon dont les locuteurs natifs peuvent commenter ou décrire les emplois de leur propre langue) aussi bien que de l'observation de l'usage linguistique lui-même.* »

Silverstein démontre que l'interprétation d'une construction de « voix » apparue récemment dans une variété de chinookien est fonction des réponses situées des utilisateurs de la langue.

D'autre part, certains types de connaissance de la langue peuvent être requis de certaines positions sociales ; que ce savoir requis soit inadéquat, ainsi que le constatent souvent les linguistes dans notre société, n'est pas une raison pour l'écarter complètement.

Dans une conception étroite du propos de la linguistique, un savoir erroné est à rejeter parce que parasite. Mais dans l'optique de la compétence de communication, il faut prendre en compte les idées des usagers eux-mêmes quant à ce qui est considéré comme savoir. Ces représentations peuvent en effet modeler l'usage et le changement linguistiques et s'avérer déterminantes pour ce qui est de la façon dont évolue la capacité langagière. Une bonne partie de la linguistique mise en œuvre à des fins éducatives peut être caractérisée comme une médiation entre ce que les gens savent et ce que l'on pense qu'ils devraient savoir.

Une autre façon de formuler la même exigence serait de dire que l'on doit, en tant que linguiste, réfléchir à la relation entre ses propres idées et celles des membres de la communauté en question.

En somme, rendre compte de ce qu'est la compétence de communication à l'intérieur d'une communauté consisterait pour partie à déterminer en quoi cette communauté ressemble à d'autres ou s'en distingue quant au contenu, à l'étendue et aux relations des quatre aspects du savoir déjà mentionnés :

savoir

« comment »   « que »

conscient

inconscient

4 Pour ce qui est des modèles, je dirai seulement qu'il ne peut s'agir d'un type de modèle dans lequel le savoir est posé comme entièrement premier et ce qui est fait comme entièrement second — type de position, comme le dit Bourdieu (1977 : 24-5), où la parole et plus généralement la pratique ne peuvent être conçues que comme l'exécution, la mise en œuvre d'une règle à appliquer. Il faut inclure le savoir dans un modèle dialectique de sa relation avec l'expérience et la vie sociale.

Le savoir tout court

De nombreux spécialistes ont trouvé à redire à l'utilisation d'expressions qui comportent le mot « compétence » parce qu'ils pensent qu'elles impliquent nécessairement la **limitation** chomskyenne de ce terme à la sphère du savoir.

Certains semblent ignorer qu'il existe des analyses de cette notion qui diffèrent de la formulation chomskyenne initiale d'une dichotomie compétence/performance et ils interprètent par conséquent « compétence » comme se référant inévitablement aux intentions de Chomsky. C'est le cas, par exemple, de Bernstein (1981), dont nous avons discuté le point de vue précédemment. Cf. également Crick (1976 : 63, 73) et Rubinstein (1981 : 687-8) dans leur examen de questions anthropologiques ; Givon (1979 : XV) considère cette distinction paralysante et la rejette donc, tandis que Fillmore s'y accroche pour défendre le recours à l'utilisation intuitive de contextes hypothétiques contre l'observation (1977 : 119) et parce qu'une telle distinction exclut les énoncés-formules comme ne résultant pas maintenant d'un processus génératif (1979, discuté ci-dessus).

Ceux qui n'ignorent pas l'existence d'autres analyses de la notion de compétence croient malgré tout quelquefois qu'elles seraient limitées aux convictions philosophiques de Chomsky. Bell (1981 : 76-7), par exemple, écrit des pages très claires sur la conception sociolinguistique du langage en tant que savoir-faire social — « *la compétence de communication de l'utilisateur expérimenté de la langue* » — et sur les avantages que présente une telle conception pour la linguistique appliquée en matière de programmes d'étude, par rapport à la conception linguistique d'une utilisation contextualisée du code. Et pourtant, on m'étiquette là comme « rationaliste » (alors qu'on qualifie Labov d' « empiriste »). Dans un ouvrage réfléchi et fort intéressant, Hörmann (1981) critique vivement la dichotomie opérée par Chomsky, la priorité méthodologique accordée à la compétence et ce qui en résulte, à savoir que : « *la théorie de la compétence a été effectivement protégée de tout risque de confrontation avec la routine quotidienne du langage* » (26). Mais postuler d'autres types de compétence que la compétence grammaticale passe aux yeux d'Hörmann pour une opération de récupération vouée à l'échec, parce que restant toujours, selon lui, une idéalisation du même type (111, 198-9). Bien que la bibliographie de Hörmann inclue certains des ouvrages où je préconise un ancrage ferme sur « ce qui est réellement accompli », la formulation initiale de Chomsky semble avoir modelé la lecture qu'il en a faite. Wells (1981 : 55-6) prend une position semblable. Pour lui, la « compétence de communication » comporte un savoir additionnel nécessaire à l'interaction, mais (56) : « *nous pensons qu'il est plus utile de penser en termes de ce qu'un locuteur/auditeur est **capable de faire** qu'en termes de ce qu'il sait.* » (Cf. Halliday, cité par Wells et dont j'ai présenté les idées plus haut). Dans toutes ces discussions, on oublie que c'est parce que je prêtais particulièrement attention aux capacités des locuteurs que j'ai proposé la notion de « compétence de communication ». Ainsi, le raisonnement de Halliday expliquant que cette notion n'est pas nécessaire (1978 : 92) repose sur les préoccupations mêmes qui m'ont conduit à la développer : garantir une prise en compte du savoir comme élément indispensable aux jugements d'appropriété, mais aller au-delà du savoir.

Hammersley (1981 : 47-8) développe une argumentation du même type. Il considère que les modèles de compétence, y compris l'ethnographie de la parole, se rapportent à l'ordre social et aux normes générales, à la différence des modèles d'action qui portent avant tout sur les intentions, mobiles et stratégies à l'œuvre dans des situations particulières où les acteurs peuvent avoir des intérêts et des projets différents. Fredericksen (1981 : 305-6) exprime des vues similaires en admettant, d'une part, que la compétence de communication désigne une connaissance des structures de la langue et des principes d'utilisation de ces structures, mais en la distinguant, d'autre part, des processus d'interprétation en jeu dans l'interaction conversationnelle proprement dite. La différenciation — déjà mentionnée — faite par Edmondson entre la compétence « de communication » et la compétence « sociale » (1981 : 273-4), est du même type. Il s'agit de distinguer entre ce que « l'on peut dire que les locuteurs « savent », et ce qu'ils « **font** » en réalité, le second aspect impliquant une utilisation individuelle adaptative des règles.

Ces divers points de vue échappent aux limitations de la formulation initiale de Chomsky dans la mesure où ils manifestent une conception large de la « compétence » et font effectivement fonctionner le terme et la notion. Ils n'échappent pas pour autant au contexte créé par la formulation de Chomsky, un contexte où la visée essentielle était de reconnaître l'existence de types de savoir et de types de règles au-delà du grammatical. Et pourtant, l'intention derrière la notion de « compétence de communication » a été, dès le départ, de fournir un cadre tout à fait général pour les capacités qui sont en jeu dans l'utilisation du langage. La relation intime entre cette notion et l'ethnographie de la parole témoigne d'un souci de faire toute leur place aux méthodes d'observation du comportement réel et à la diversité des organisations particulières (contrairement à la « compétence pragmatique » à tendance universaliste de Chomsky). Et pourtant encore, l'essentiel est que la véritable portée de ces capacités et de ces méthodes soit reconnue.

Dans le prochain et dernier chapitre, je voudrais évoquer brièvement d'autres travaux qui reconnaissent cette portée. Ceci comme introduction à un examen d'études sur l'acquisition du langage et l'enseignement des langues, sphère où il est peut-être le plus urgent et nécessaire que soit pris en compte cet espace à explorer. Je conclurai ensuite par un certain nombre de remarques concernant les modèles généraux.

6. Utilisations et modèles

Le fait que la notion de « compétence de communication » ait connu une certaine audience et diffusion ne suffit pas à garantir une conception commune de la signification qu'on lui donne. Pour certains, elle désigne quelque chose qui vient s'ajouter au savoir grammatical. Ainsi, Schlesinger (1971 : 173) accepte l'expression comme se référant à un domaine au-delà de la grammaire. Trudgill (1978 : 7) semble partager cette opinion lorsqu'il écrit que l'on doit non seulement apprendre une langue, mais aussi apprendre à l'utiliser ; « *Il faut acquérir ce que Hymes appelle la* **compétence de communication** *dans cette langue (en plus de la compétence au sens de Chomsky).* » L'emploi retenu paraît voisin chez Wunderlich, où il s'agit de la capacité à se faire comprendre ou à comprendre des énoncés en situation de discours (compétence « pragmatique » étant chez lui un autre terme possible) (cf. Hörmann 1981 : 119, Wunderlich 1968, 1976). Schmidt et Richards (1980) procèdent par opposition en caractérisant « *le développement de la compétence de communication plutôt que linguistique ou grammaticale* » (129) et parlent de « *la progression de la compétence grammaticale à la compétence de communication* » (152). Et Peñalosa (1981 : 4) distingue

« *la compétence linguistique acquise par les enfants (lexique et grammaire) et la compétence de communication (l'utilisation effective, appropriée de la langue)* ».

D'autres ont voulu donner à l'expression un sens tout à fait spécifique. Clyne (1969), se basant sur les travaux de Wunderlich, les miens et d'autres, applique la notion de compétence de communication au contact entre cultures et la définit comme : « *des types d'actes de parole et des règles pour les réaliser.* » Schmidt et Richards (1980) mettent eux aussi plutôt l'accent sur les actes de parole, mais dans une construction plus large, White (1974) pense que la possibilité de manipuler les registres de parole est une composante importante de la compétence de communication et Van de Craen (1980 : 44) élargit cet aspect à une capacité peut-être « *identique à la notion de compétence de communication* » ; l'idée que l'on ne connaît la compétence qu'au travers de la performance (Sornig 1977 : 348) conduit Van de Craen à suggérer que « performance de communication » est peut-être préférable (46). Ayant pourtant noté, à propos de Canale et Swain (1980), qu'il existe une conception englobante de la compétence de communication, Bialystok (1981 : 31) définit perversement son problème comme étant d' « *examiner le concept de proficience de façon plus globale, afin de comprendre et d'établir des rapports entre la compétence de communication et d'autres types de compétence, telle la compétence linguistique* ». Le problème ne se pose que parce qu'elle substitue au sens large de cette expression le sens réduit de « *l'un des aspects de la proficience linguistique* », essentiellement l'interaction instrumentale (31). Apparemment, tout comme le mot « compétence » retient pour beaucoup l'acception initiale que Chomsky lui a donné, le mot « communication » conserve un sens instrumental étroit, comme c'était le cas dans les écrits de Boas, de Sapir et d'autres, avant la Deuxième Guerre mondiale. Comme je l'ai déjà montré dans cette postface, c'est d'un sens plus large que nous avons besoin. Aucun autre terme ne saisit l'étendue des modalités, la dialectique entre les participants, le caractère cybernétique de la « parole intérieure » même, nécessaire à une compréhension de l'apprentissage et de l'enseignement des langues.

Tandis que les auteurs dont il vient d'être question font porter l'accent sur quelque chose qui se trouve inclus à l'intérieur même de l'utilisation du langage, d'autres soulignent quelque chose qui se trouve au-delà de cette utilisation, quelque chose qu'ils pensent ne pas être contenu dans la « compétence de communication ». Cicourel (1981 : 57) établit un rapport entre compétence sociale et compétence de communication et semble définir la compétence sociale comme un savoir relatif aux valeurs, normes et pratiques institutionnelles. Peñalosa (1981 : 41) déclare que la socialisation linguistique met en jeu non seulement la compétence linguistique et la compétence de communication, mais « *aussi... les croyances et attitudes qu'acquièrent les enfants envers le langage* » (cf. p. 50). Il convient en effet de distinguer, dans l'analyse, les croyances, attitudes et valeurs, comme je le fais dans le texte principal de ce livre, puisqu'elles peuvent varier indépendamment des moyens de la parole et de leur utilisation. Les représentations peuvent rester les mêmes alors que les moyens de la parole changent, des individus ayant des représentations différentes peuvent avoir les mêmes utilisations en commun, et ainsi de suite. Mais une analyse de la compétence d'un individu ou d'un groupe doit inclure toutes ces conceptions. En particulier, « *l'utilisation effective, appropriée de la langue* » (Peñalosa 1981 : 41) est interdépendante des attitudes, croyances et valeurs de ceux qui y sont engagés ; et ce domaine a été inclus dès le départ dans mes travaux sur les capacités verbales des enfants et l'ethnographie de la parole (cf. Hymes 1961 a, 1962).

Un nombre plus élevé d'auteurs semblent pourtant reconnaître que la « compétence de communication » est proposée comme notion générale, d'ensemble et, en particulier, qu'elle comprend à la fois les capacités linguistiques (grammaticales) et plus que ces capacités linguistiques. C'est ce à quoi vise Fishman (1972 : 208) lorsqu'il définit cette notion comme « *les règles que les membres natifs des communautés linguistiques saisissent de façon implicite et qui sont constitutives de leur comportement sociolinguistique de natifs* » (cité par Coulmas (1981 a : 362) sous le nom de « compétence sociolinguistique de communication »). Schmidt (1973 : 110) incorpore la compétence linguistique comme composante de la compétence de communication (cf. Hërmann 1981 : 111). Lyons (1977 : 573) est très clair sur ce point, tout comme Spolsky (1978 : 82, 122, 125) et Hudson (1980 : 219-20) ; cf. également Widdowson (1978 : 163, n.1), Mackey et Ornstein (197-XX) et Walters (1981 : 7).

Nombre des écrits sur la compétence de communication comme notion incluante ont trait au savoir et aux règles, comme je le notais à la fin de la section précédente (V), et peuvent être considérés comme portant sur une communauté ou un groupe dans son ensemble. Une interdépendance avec le contexte et le comportement est toutefois explicite chez Ballmer et Brennenstuhl (1981 : 43), par exemple, Green et Wallat (1979), French et Woll (1981 : 81-2), Hartman (1980 : 16) et d'autres. La nécessaire focalisation sur l'individu (cf. notre discussion plus haut) est tout à fait claire chez Kaldor (1971), Kanngiesser (1972) et Romaine (1981 : 105, 107).

Il reste que la notion de compétence de communication a eu son plus grand impact sur les études concernant l'acquisition et l'apprentissage des langues et que, pour une compréhension de cette notion et de son histoire, les cas de l'enfant et de l'apprenant offrent un point de vue privilégié. C'est sous cet angle que la formulation initiale de Chomsky et ma conception des capacités et de l'ethnographie de la parole se sont toutes deux d'abord placées. Et dans les professions qui relèvent de ce point de vue privilégié que présentent l'enfant et l'apprenant, la portée des phénomènes langagiers nécessairement pris en compte a favorisé aussi une prise en compte de la notion de compétence dans sa plus large portée.

L'acquisition de la langue maternelle

La notion de « compétence de communication » fut adoptée très tôt dans un important projet d'étude sur l'acquisition de la langue maternelle (Slobin 1967). Cette étude a surtout porté, toutefois, sur l'acquisition des structures syntaxiques, l'élargissement de perspective tenant à la diversité culturelle des contextes considérés. Reste que l'étude du langage chez les enfants a constitué comme un microcosme de cette tendance générale des vingt dernières années à inclure dans le champ d'analyse une part toujours plus grande de discours, d'interaction et de contexte social, et à les inclure de façon de plus en plus intégrée (cf. Blount 1980 : 283, French et Woll 1981 : 86-7). Il se peut qu'ait compté un intérêt pour un certain type de personne, l'enfant, et pour un certain type de code. La critique du modèle chomskyen de l'acquisition a sans aucun doute également joué un rôle (e.g., Derwing 1973), tout comme l'intérêt des psychologues pour le langage en tant qu'ayant part au développement général des capacités de l'enfant (e.g., Flavell 1968, Krauss et Glucksberg 1969, Vetter et Howell 1971, Shatz et Gelman 1973, Connolly et Bruner 1974, Ervin-Tripp et Mitchell-Kernan 1977, Grief et Gleason 1980, Scarr 1982, Stoffan-Roth 1984).

« Compétence de communication » est apparu comme une expression particulièrement heureuse pour les travaux à orientation sociolinguistique et surtout anthropologique, comme ceux de Osser (1971), Cazden (1974), Keenan (1974), Grimshaw (1976), Saville-Troike (1977 : 93-138), Ervin-Tripp et Mitchell-Kernan (1977), Lein (1978), Cazden (1979), Ochs et Schieffelin (1979), Schieffelin (1979), Cazden (1981 a et 1981 b), Ochs (1982), Schieffelin et Eisenberg (1982), Heath (1983), Ochs et Schieffelin (1983 a, 1983 b). Et la notion de compétence de communication a désormais une extension internationale (e.g., l'anthologie dirigée par Kochan (1973), les travaux, en Hollande, de Van der Geest (1975), Van de Craen (1980) et d'autres ainsi que les recherches du Hongrois Savic (1980).

L'expression est aussi en usage, et de façon appropriée, parmi ceux qui s'intéressent aux modalités de communication non-verbales qui existent soit parallèlement au langage soit avant son apparition. Ainsi, Cicourel (1972 : 213) a montré, lors d'une importante conférence sur la sociolinguistique, qu'il faut aller au-delà de la parole dans l'étude de ce qu'il appelle « la compétence d'interaction » (cf. Black 1979 : 39) ; cf. aussi Wiener, Shilkret et Devoe (1980). Duncan et Fiske ont étendu leur étude de l'interaction à la compétence de communication pré-verbale chez l'enfant (je cite ici un projet de recherche non publié). On a commencé à analyser l'art non-verbal en termes de compétence symbolique ou esthétique (Gross 1974), et l'on considère dans certains travaux que le processus de communication est premier et qu'il constitue en soi un processus d'apprentissage (Geest 1981 : 341-5). Il faut également noter l'attention portée aux formes d'interaction où la maîtrise de l'appropriété situationnelle de la parole quotidienne prend le pas sur la maîtrise de sa teneur sémantique (Grief et Gleason 1980, Cazden 1981 a, 1981 b).

Malgré l'usage relativement étendu de la notion de compétence de communication, il y a encore beaucoup de progrès à faire pour préciser son contenu spécifique. Jusqu'à présent, une grande partie des efforts a consisté à faire admettre l'importance des facteurs sociaux. Ce qui donne sa réalité et sa pertinence particulières à une conception globale de la compétence de communication, ce sont les différences bien précises entre ce que l'on attend des enfants en matière de communication, et ce qu'il advient d'eux, à cet égard, selon les cas. Des études comme celles de Michaels (1981) et Heath (1982, 1983), qui comparent ce que sont les histoires ethniques différentes, restituent toute leur accuité à des problèmes qui, sans cela, resteraient plutôt abstraits. Ce dont nous avons besoin, c'est de travaux contrastifs révélateurs comme ceux dont font état les contributions aux recueils de Ervin-Tripp et Mitchell-Kernan (1977), de Lein (1978), d'Ochs et Schieffelin (1979), entre autres. Ainsi, en mettant en relief les différences dans la manière dont parlent aux enfants ceux qui ont à s'occuper d'eux et à les garder, et en dégageant les présupposés sous-jacents à ces façons de parler, Ochs (1982) nous aide à mieux comprendre combien nos pratiques sont conditionnées par l'histoire et par la culture. Trop souvent, en effet, nous ne résistons pas à la tentation de penser que nos pratiques sont inhérentes à la nature du rôle ou de la fonction en jeu (cf. Cazden 1981 a). Les résultats d'études contrastives nous permettent aussi de saisir des relations récurrentes entre les moyens linguistiques, les pratiques sociales et leurs conséquences pour les enfants. A cet égard, l'ethnographie n'est pas du tout une discipline plus « molle » que les expériences de psychologie, mais bien une composante nécessaire de tout projet de recherche, un moyen de contrôle essentiel de l'inférence causale (cf. Saville-Troike 1982, ch. 6, « Acquisition of communicative compétence ».

Ce genre d'études est indispensable aux modèles généraux. Elles contribuent à établir quelles dimensions sont vraiment universelles. De plus, puisque la compétence est toujours relative à un but ou à un contexte particulier, de tels travaux nous permettent de prendre en compte sa directionnalité. En linguistique, il existe, d'une part, divers plans généraux de structure (phonologie, morphologie, etc.) et d'autre part, divers types généraux de langues selon la distribution de la charge fonctionnelle et le mode d'équilibre entre les plans. Il en va de façon analogue pour la compétence. Dire qu'une langue a une certaine « coupe », un certain « style » ou une orientation sélective a souvent paru relever de la figure de style. Mais, dans le processus d'acquisition de la compétence, cette sélectivité n'est affaire que d'observation, si l'on a des yeux pour voir.

Dans l'étude de l'acquisition du langage par les enfants, donc, la « compétence de communication » apparaît pour beaucoup comme une option terminologique et pour certains comme un lieu focal de recherche. Pour les deux groupes, le terme a une portée générale et recouvre l'interdépendance du langage avec d'autres modes de communication et avec les relations sociales. Pour le second d'entre eux, l'expression implique qu'on différencie entre des types de réalité culturelle. Elle est susceptible de devenir l'un des modes d'approche et d'observation des univers culturels et de constituer ainsi une perspective en partie autonome pour une théorie de la société, dans la mesure où elle touche à une forme essentielle de reproduction de l'ordre social.

Pour que cette potentialité ait des chances de se réaliser, il importe que l'acquisition du langage soit comprise comme l'acquisition de dispositifs et de styles divers, dont la durée moyenne d'existence ou la fréquence d'occurrence ont peut-être un rapport aléatoire avec l'appropriété (cf. Black 1979 : 39, Shields (1979 : 252).

L'enseignement des langues et l'acquisition d'une langue seconde

Dans ce domaine, le fait qu'une approche communicative ait rencontré une large adhésion a été souligné par nombre d'auteurs, tels Widdowson (1978). Wolfson (1981 : 117) note : « *La compétence de communication est maintenant largement reconnue comme une partie importante de l'enseignement.* » Il ne fait pas de doute qu'au-delà des facteurs mentionnés dans la section précédente, les enseignants de langue aient eu, du fait de leurs responsabilités particulières, un rôle majeur dans cette évolution.

Comme je l'ai noté plus haut, l'expression « compétence de communication » a été adoptée très tôt en pédagogie des langues (Jakobovits 1970, Savignon 1972, Rivers 1973). Dans ce domaine, Paulston (1974, 1979, 1981) a joué un rôle de tout premier plan. Le mot « compétence » lui-même a été utilisé très tôt pour désigner un large éventail de capacités langagières (Di Pietro 1970 a, 1970 b). Les centres européens ont pris une part active à ce développement, comme en témoignent le volume dirigé par Roulet et Holec (1976), le recueil, en traduction allemande, de Kochan (1973) et d'autres ouvrages. On trouve dans Canale et Swain (1979) une importante discussion et une sorte de guide critique de beaucoup de ces travaux.

Au cours des dernières années, la notion de « compétence de communication » est devenue sujet de controverse dans la préparation des programmes d'étude (Munby 1977, 1978, Brumfit et Johnson 1979, Johnson 1979 : 192, Valdman 1980, 1981) et objectif dans la mise au point d'épreuves d'évaluation (Palmer, Groot, Trosper 1981, Walters 1982). La notion a trouvé une place centrale dans des introductions générales à la linguistique dite « éducationnelle » (Spolsky 1980 : 122) ainsi que dans des recueils consacrés au même objet (Hymes 1980 : 155-6), dans une introduction à la linguistique appliquée (Bell 1981 : 76-7) et dans une introduction à la communication sociale en contexte éducatif (Bachmann, Lindenfeld, Simonin 1981). Il y a d'autres indications de cette attention accrue, tels les articles de White (1974), Holmes et Brown (1980) et Schmidt et Richards (1980), la section initiale, « Communicative competence and language learning », de Pride (1979 :

2-41), des références faites en passant dans des ouvrages à orientation autre (Hartman 1980 :16), une attention critique dans des ouvrages comme celui de Widdowson (1978 : 149, 163) et celui de Wells (1981), l'examen analytique de Canale et Swain (1981) et le livre de Richards et Schmidt (198-), qui porte pour titre « communicative competence ». Egalement à noter, les études en contexte éducatif de Erickson et Schultz (1981 : 147) et de Wilkinson (1981 : 253), les orientations de Green et Wallat (1981), et des contributions contenues dans Wilkinson (1982), en particulier Cook-Gumperz et Gumperz (1982).

Une fois prise en compte cette perspective communicative, nombreux sont ceux qui se sont efforcés d'établir des distinctions plus complexes que celle qui revient à différencier entre le « grammatical » et tout le reste. Dans leurs importants travaux, Canale et Swain (1979, 1980, 1981) identifient trois secteurs de compétence, le grammatical, le sociolinguistique et le stratégique. Le secteur sociolinguistique comprend les règles socioculturelles d'utilisation et les règles de discours (cohésion, cohérence) ; le secteur stratégique comprend à la fois les stratégies verbales et non-verbales qui sont susceptibles de servir à réparer les ruptures dans la communication et peuvent aussi être considérées comme incluant les stratégies de communication et d'apprentissage des apprenants d'une seconde langue (un sujet que développent Evelyn Hatch et d'autres).

Palmer, Groot et Trosper (1981) procèdent un peu différemment. Au sein de la « compétence de communication globale » (VIII), ils distinguent d'abord entre parler et lire et reconnaissent, dans un cas comme dans l'autre, une compétence linguistique, sociolinguistique et pragmatique. La compétence sociolinguistique se limite à la cohésion, ainsi qu'à l'appropriété du registre et des références culturelles, tandis que la compétence pragmatique tient aux conventions qui mettent en relation la forme de l'énoncé et l'intention de signification. Ces trois types de compétence donnent lieu à évaluation aussi bien quant à leur étendue que quant à leur finesse. Une quatrième dimension, la fluence, fut laissée de côté parce qu'elle paraissait impossible à apprécier à l'aide de techniques majeures d'évaluation, telles l'analyse par items et le recours aux choix multiples.

On touche ici à deux questions d'importance générale. D'une part, il est possible de regrouper les dimensions de la compétence de communication de différentes façons, toutes plausibles : en l'occurrence, Palmer, Groot et Trosper divisent le secteur sociolinguistique de Canale et Swain et deux parties : le « sociolinguistique » et le « pragmatique ». D'autre part, dans certains travaux, des dimensions qui sont connues peuvent être omises pour des raisons méthodologiques (en la circonstance : la fluence et peut-être aussi le secteur stratégique de Canale et Swain ; autre cas : dans un manuscrit non publié, Walters (1982) propose de faire porter avant tout l'accent sur les actes de parole pour des raisons méthodologiques).

En fait, il existe d'autres manières tout à fait plausibles de concevoir l'organisation des types de savoir et de capacités. Lyons développe la troisième des quatre questions de mon texte principal (portant sur le potentiel systémique, le faisable, l'approprié, ce qui se fait) en fonction de six types de savoir (1977 : 574-85) : le rôle et le statut propres, la localisation dans l'espace et dans le temps, le caractère plus ou moins formel de la situation, le médium approprié à la situation, ce qui est approprié au sujet, ce qui est approprié au secteur ou au domaine considéré. D'un point de vue ethnométhodologique, Kjolseth (1972) affirme qu'il faut distinguer quatre types de savoirs coexistants, relatifs respectivement au « background » (arrière-plan, pertinent toujours et partout), au « foreground » (premier plan, catégoriquement pertinent au cadre), au savoir émergent (spécifiquement pertinent à un moment donné), et au savoir transcendant (potentiellement pertinent). Bien sûr, on pourrait aller plus loin et affiner ces distinctions en termes de ce qui vaut pour tout être humain, pour tout individu dans une communauté donnée, pour différents types d'individus, etc. Abbou (1980 : 15) a proposé cinq types de compétence : linguistique, socio-culturelle, logique, « argumentaire » et sémiotique, les trois dernières étant plus ou moins équivalentes à la cohésion et cohérence du discours, au discours stratégique et au degré de sophistication métalinguistique.

Il serait inopérant de privilégier une classification et une seule à des fins pédagogiques. Maley (1980) a raison de noter qu'on ne peut pas tout simplement substituer des fonctions aux structures des méthodologies classiques, puisque, comme il le souligne lui-même il n'existe pas de taxinomie adéquate des événements de communication (si on entend par là une description qui se contente de ranger les usages à l'intérieur de catégories). Je n'irais pas jusqu'à dire, comme le fait Maley, que l'on ne peut admettre comme fonction que ce qui résulte d'un besoin de communication de l'apprenant et fait partie d'un processus continu de création du sens. On ne saurait ignorer ces besoins et ces processus, mais on court le risque d'aller trop loin, comme le font nombre d'auteurs aujourd'hui, et d'en arriver à perdre de vue la stabilité des normes et des schémas récurrents qui existe dans beaucoup de cas. Les façons de vivre et de parler ne sont ni rigides ni variables ad hoc d'un instant à l'autre ; elles possèdent bien plutôt cette stabilité adaptative que Bourdieu (1977) décrit lorsqu'il définit sa notion d'habitus. On peut, dans une large mesure, caractériser les communautés et les situations en fonction d'une étiquette du comportement verbal ; ce type d'analyse a sa valeur. Et l'on peut reconnaître que certaines utilisations d'une langue seront nécessaires à l'apprenant à une étape ultérieure de sa vie, même s'il est difficile de donner corps dans une salle de classe à ces visées lointaines.

La flexibilité dont nous avons besoin n'est pas une flexibilité de l'instant, mais une flexibilité du long terme. Il faudrait considérer la théorie et la pratique comme inter-dépendantes, se renforçant mutuellement. C'est dans cette perspective que s'inscrit le présent essai. La communication y est définie en termes de niveaux émergents d'organisation et de complexité. Dans une situation donnée, on ne peut jamais savoir avec certitude quelle configuration de moyens et de significations émergera en fait. Il se peut que l'on en prédise correctement une grande partie, mais ceux qui participent effectivement à la situation doivent être à même de l'évaluer et donc de la décrire. Les enseignants et ceux qui peuvent rendre plus claire la configuration de moyens de communication et des significations à l'intérieur des situations auxquelles ils sont partie peuvent fournir des informations fondamentales pour la mise au point et l'établissement de modèles généraux. En fait, étant donné que le nombre de situations différentes est immense et que chacune de leurs réalisations présente probablement une certaine individualité, la collaboration de praticiens à la recherche est nécessaire pour donner une fondation empirique adéquate à la théorie et pour la mettre à l'épreuve (cf. Hymes 1980 : 119-25).

L'absence d'un modèle général unique ne constitue pas un désavantage pour l'étude de la compétence de communication par rapport à l'étude de la grammaire. D'ailleurs, le projet initial de parvenir à un indiscutable modèle universel de grammaire ne s'est pas réalisé. On entretient une variété de modèles et il n'y a même pas accord quant aux limites des différents secteurs et à leurs relations. Les chercheurs débattent du champ et de la priorité de la pragmatique, de la sémantique, de la syntaxe ou du lexique, de l'approche convenant le mieux à la phonologie, de l'étendue et même de l'utilité des transformations, de la question de savoir si certains modèles faussent certaines langues, etc.

Il y a quelques leçons utiles à tirer de cet état de choses. D'une part, une large gamme de cas particuliers confirment les dimensions générales de la structure. Tout modèle doit traiter de la place de la phonologie, de la morphologie, de la syntaxe, du lexique ainsi que de leurs relations à la phonétique, à la sémantique et, de plus en plus, à la pragmatique. D'autre part, il est évident que les langues diffèrent quant à la configuration qu'elles donnent à ces divers secteurs et quant à la quantité et au type de travail qui revient à chacun d'eux, sur le plan formel et sur le plan sémantique. La phonologie a un rôle dans toutes les langues, mais toutes les langues ne possèdent pas un riche symbolisme phonologique, ni des types de jeux, des formes d'art, de dissimulation déterminées par la phonologie, ni une morphophonologie complexe. L'accent, le ton, la structure syllabique, jouent des rôles différents. L'intonation peut jouer dans une langue le rôle que jouent dans une autre des particules syntaxiques. La phonologie peut être tout à fait autonome dans une langue, tout à fait dépendante de la morphologie dans une autre, avoir une influence sur la morphologie dans une troisième. Etablir la carte des relations entre phonologie et morphologie peut être une entreprise limpide ou ténébreuse, une promenade d'agrément ou un chemin de douleur. Et il en va de même pour les autres secteurs. Les langues présentent des dimensions ou des composantes universelles, mais des langues et des types de langues donnés font apparaître les conséquences particulières qu'entraîne toute sélection et tout groupement de composantes pour l'élaboration et l'interdépendance. Un autre exemple évident est celui des systèmes d'écriture : le chinois, l'hébreu, l'anglais, le cherokee sélectionnent et groupent des traits différents pour la manipulation et la représentation.

En somme, les langues mêmes et leurs manifestations dans des sons et des formes doivent être conçues, d'un point de vue fonctionnel, comme des configurations partiellement émergentes ayant certaines dimensions universelles. Cette orientation n'est pas nouvelle. Il y a quarante ans, dans un compte-rendu d'essais dédiés à Bally, Holmes écrivait (1940 : 239) : « *La grammaire fonctionnelle, qui s'oppose à la grammaire statique en ce qu'elle montre le langage en action, illustre comment les ressources du langage sont adaptées aux besoins communs.* » L'école de Prague s'est située dans cette perspective, jusqu'à reconnaître une fonction « expressive » aussi bien qu'une fonction « référentielle » (e.g., Daneŝ 1960 : 43). Parmi les ouvrages plus récents, on peut noter Dik (1980), Givon (1979), Heath (1978, 1982), Silverstein (1978), Van Valin et Foley (1980) et Hymes (1978) sur les implications des travaux de Bolinger.

Etant donné la longue abondance des descriptions de langues et le nombre fort limité d'analyses linguistiques précises de leur utilisation, il n'est pas surprenant que l'on ne puisse que suggérer les dimensions ou les composantes universelles de la compétence de communication. Il nous manque les analyses de cas qui permettraient d'aller plus avant dans l'examen. Mais, dans la mesure où un modèle général qui puisse être utilisé en pédagogie dépend de l'accumulation et de l'interprétation de tels cas, il est clair que deux des points de vue les plus connus sur la compétence restent d'un intérêt et d'une utilité limités. Ils peuvent l'un et l'autre apporter une contribution à la linguistique appliquée en offrant des perspectives plus flexibles et plus créatrices, comme le pense Newmeyer (1982 : 102) qui défend un « modèle de compétence » de type chomskyen et comme le pense Sampson (1982) qui argumente en faveur d'un modèle inspiré de la critique que fait Habermas de certaines présuppositions (qui sont en fait chomskyennes) — concernant le problème de la primauté du monologue — selon lesquelles le primat sémantique serait indépendant de l'expérience individuelle et le contenu sémantique indépendant de la vision du monde d'une société. Mais ils s'abstiennent tous les deux de décrire des cas particuliers.

Aussi longtemps que Newmeyer se borne à affirmer que la « compétence linguistique » met en jeu une grammaire formelle dont les propriétés structurales générales sont universelles et ne sauraient être dérivées de facteurs cognitifs, contextuels ou sociologiques (1982 : 90), il peut rencontrer une large adhésion. La plupart des spécialistes, sinon tous, tomberaient d'accord que les langues ont des propriétés universelles et que ces propriétés, à certains égards, dépendent de facteurs innés. Les réserves n'apparaîtraient que sur l'extension à donner au mot « général ». Et déterminer l'étendue et la nature des propriétés que l'on ne peut dériver d'autres facteurs paraîtrait plutôt être un problème d'ordre empirique. Là où le désaccord se manifeste, c'est lorsque l'on affirme que la compétence linguistique modèle la grammaire indépendamment de l'utilisation. Pour qu'il puisse être dit que les modèles de grammaire fondés sur la compétence apportent une contribution à la linguistique appliquée, comme l'affirme Newmeyer, il ne suffit pas de faire état de travaux utiles réalisés dans divers domaines par des linguistes qui souscrivent à ces modèles. Il faut que le contenu de ces derniers soit organisé de telle manière qu'ils soient utilisables dans la sphère plus large de la « compétence de communication ». Il est trop tard pour déclarer que l'expression est malheureuse et prête à confusion (97). Ce dont on a besoin, c'est de travaux qui permettent de mieux saisir ce qu'elle comporte.

Quant à Habermas, il est tout à fait clair sur son option pour une abstraction idéale (1970b : n. 19) :

« Je propose d'utiliser ce terme (compétence de communication) de façon similaire à celle dont Chomsky caractérise la compétence linguistique. La compétence de communication devrait être mise en relation avec un système de règles qui génèrent une situation de parole idéale, sans prise en considération des codes linguistiques qui relient le langage et la pragmatique universelle à des systèmes de rôles effectifs. Dell Hymes, entre autres, utilise le terme compétence de communication dans un sens réduit au point de vue sociolinguistique. Je ne veux pas m'inscrire dans cette convention. »

En fait, s'il est possible pour Sampson de trouver une inspiration dans la critique que fait Habermas des notions chomskyennes, c'est parce qu'elle ignore d'autres perspectives (l'Ecole de Prague, Halliday, l'ethnographie de la parole, etc.). Habermas peut bien considérer ses propres travaux comme à la base d'une théorie générale de la socialisation qui prendrait la forme d'une théorie de l'acquisition de la compétence de communication (cf. l'introduction d'Habermas 1979 : XVII), il n'empêche que la différence entre distinctions universelles et réalités effectives demeure. Il pose que les engagements des usagers sont compréhensibles, vrais ou valides, sincères et appropriés dans toute utilisation du langage et que le « discours » (au sens d'une prise en compte réfléchie de la parole et des significations) implique un engagement à maintenir l'échange ouvert jusqu'à ce qu'un consensus soit atteint. On peut trouver là les fondements d'une analyse critique de l'ordre existant, mais cette critique devra s'appliquer à tout ordre, quel qu'il soit, car la nature de la vie sociale est telle qu'elle systématise les prises et les tours de parole par rapport au statut, à la tâche, à la capacité, etc. (cf. Hymes 1980 : 46-50).

La position de Habermas apparaît comme la projection d'une conception libérale, ethnocentrique, qui cherche dans le discours un levier pour la critique et la transformation de la société, étant donné la faillite de la classe ouvrière à remplir le rôle qui lui était assigné dans la tradition marxiste. Il en va des engagements, tels que les conçoit Habermas, comme des maximes de conversations de H.P. Grice et des conditions et catégories d'actes de paroles proposées par John Searle. Il ne s'agit pas de réalités inhérentes, présentes partout, mais plutôt de dimensions selon lesquelles une société peut orienter ses conduites de communication. Les vraies questions à poser sont du genre : qu'est-ce qu'un groupe donné pense, qu'est-ce qu'il fait quant à la compréhensibilité, la validité, la sincérité dans la parole, l'appropriété ? L'intérêt critique que Habermas porte au changement social est comme contredit par sa démarche d'idéalisation. Comme l'a fait remarquer Kenneth Burke (1931 : 184, n. 1), l'appropriété peut se manifester non seulement en termes d'accord avec ce qui existe, mais aussi en termes de réponse à un problème, et sous des formes éventuellement génératrices de changement. Et dans ce dernier cas, l'appropriété peut fort bien ne pas être perçue comme telle par les participants. Une construction non grammaticale peut être à la fois voulue et révélatrice (cf. Basso 1976 : 116, Hinds 1981). Récemment, Richard Nixon, l'ex-président des Etats-Unis, déclarait qu'un président peut avoir le devoir de mentir, et il est certain qu'il existe de nombreux rôles dans lesquels les engagements, tels qu'Habermas les conçoit, seraient considérés comme preuve d'incompétence. Bref, on ne peut avoir accès à la vie sociale que l'on veut comprendre, et peut-être même changer, que si l'on considère les principes de Habermas comme des dimensions donnant lieu à réalisations variables plutôt que comme des données a priori.

Les travaux de Habermas ont donné lieu à des analyses critiques tout à fait utiles de la part de Bar-Hillel (1973), Bernstein (1978, Part IV), Held (1980, voir l'index, sous la rubrique « compétence de communication »), Misgeld (1977, 1981), Schwartz (1981). Zifonun (1975) note que tous les individus ne prennent pas part aux situations de « discours » avec des capacités identiques, si bien que l'idéal de Habermas d'un consensus dû à une succession illimitée de tours, de prises de parole, ne peut jamais se réaliser, sauf à tenir compte de la distribution différentielle des capacités à l'intérieur des sociétés réelles. Toutefois, quelles que soient les faiblesses de la tentative de Habermas pour fournir une base assurée à une théorie critique de la société, il a donné à la notion de « compétence de communication » une notoriété internationale en philosophie, en sociologie et dans des domaines connexes. Que sa distinction catégorique entre la sphère du « travail » (contrôle sur la nature) et celle de l' « interaction » (rapports sociaux où la compétence de communication est centrale) résiste ou non à l'analyse, une telle entreprise est à considérer comme un ajout important à l'accent mis sur les facteurs économiques et les modes de production dans la tradition marxiste, d'où la théorie critique de Habermas est issue. On enregistre de nos jours une estime nouvelle pour le matérialisme historique de Marx (Cohen 1978, McMurtry 1978, Shax 1978), mais l'histoire des idées marxistes au XXe siècle, avec ses hauts et ses bas, peut être lue comme avant tout marquée par le souci de tenir compte et de rendre compte de l'aspect communicatif de l'histoire sociale, tel qu'il se réalise dans l'hégémonie culturelle et des domaines connexes. Habermas est le premier à avoir mis ce problème en relation avec l'analyse du langage. Mais encore faut-il que la méthode soit semblable à celle de Marx à l'égard du capitalisme, une méthode qui concentre l'attention sur la dynamique de formations historiques particulières. Une idéalisation universalisatrice occulte l'existence particulière et l'individualité concrète, qui, pour d'autres parmi ceux qui s'inscrivent dans une tradition marxiste ou radicale, apparaissent essentielles (e.g., Foucault 1981, ch. 6, sur le « specific intellectual », Ollman 1971 : 228, sur la théorie de l'aliénation comme « le marxisme considéré sous l'angle de l'individu agissant » et Shames (1981) sur Lucien Sève ; cf. également Polyani (1958, 1966), d'un point de vue tout à fait opposé au marxisme sous sa forme institutionalisée).

L'une des vertus des théories de Habermas, Grice et Searle, une vertu qui n'est apparemment pas reconnue, est qu'elles ajoutent au « savoir que » et au « savoir comment » la question du « savoir qu'on doit » ou « qu'on ne doit pas ». C'est-à-dire qu'elles ouvrent la définition de la compétence de communication à des problèmes d'ordre éthique, du fait qu'elles postulent des normes (universelles) pour les actes de parole et pour le discours. Une fois que leur idéal optimiste de discours illimité, de coopération, de sincérité, etc., aura été ajusté à des cas particuliers, en tant que dimensions, selon lesquelles des sociétés sont plus ou moins susceptibles d'orienter diversement l'organisation de leur conduite communicative, on se rendra compte que les questions touchant à l'autorité renvoient à des questions touchant à la structure sociale. Et on verra que l'analyse des actes de parole ne saurait être séparée de l'analyse des attitudes, valeurs et des opinions. Pour paraphraser Shelley, quand arrive l'éthique, la politique peut-elle être loin ?

L'accumulation progressive de travaux dans le domaine de l'ethnographie de la parole et de la communication contribue à cette reconnaissance de constellations diverses d'attitudes, de valeurs et d'opinions qui modèlent la compétence de communication. On peut en trouver de nombreux exemples dans les introductions de Bachman, Lindenfeld et Simonin (1981) et Saville-Troike (1982). Il y a des études fort utiles dans Finegan (1969), Bauman et Sherzer (1974), Seitel (1974), Milroy (1980), Duranti (1981), Russel (1981) et dans les travaux d'Ochs et Schieffelin sur l'acquisition du langage cités plus haut. A noter également, les discussions critiques de Leach (1976), Sherzer (1977) et Kreckel (1981 : 8).

Une autre tradition précieuse de discussion et d'analyse est celle qui est associée à la notion de « performance » dans l'étude du folklore et des traditions populaires et en anthropologie symbolique. Se manifestent là beaucoup d'aspects de la compétence et de la conduite de communication. Je noterai en particulier Lomax (1968), Abrahams (1969), Fernandez (1972), Bateson (1975), Bauman (1975, 1977) Hymes (1975, 1981, surtout les ch. 3 et 6) et Sapir et Crocker (1977), ainsi que les travaux ethnographiques de haute qualité qui touchent à ces questions chez Frake (1964), reproduit in Frake (1980). Une convergence des options est à remarquer, avec les travaux de Todorov ; cf. ses remarques (1967 : 511, 513) :

> « Cette future science de la parole dans la société — appelons-la ici la **linguistique anthropologique** »

et « *la rhétorique et la linguistique anthropologique ne sont que deux approches du même objet.* »

Le théâtre fournit un autre éclairage important. Je mentionnerai simplement Brown (1974), qui montre bien le caractère émergent de la performance dans une représentation théâtrale.

La notion de « performance », au bout du compte, est la Cendrillon de notre histoire. De dépotoir pour tout ce qui n'est pas « compétence », elle devient la sphère où les compétences connaissent leur plus complexe intégration. Une comparaison musicale a peut-être ici son utilité. On peut considérer un piano, un violon, une viole, un violoncelle ou d'autres instruments comme autant de moyens possibles pour l'exécution d'une série donnée de notes. Les différences de capacité et d'effet seraient alors secondaires. D'un autre point de vue, le choix et le groupement de certains instruments peut répondre à une motivation indissociable de la conception et de l'existence d'œuvres tels que les quintets de Schubert (la Truite, l'ut majeur).

Même les dimensions élémentaires, parler, entendre, lire et écrire ne peuvent être considérées comme autant de modes discrets de compétence ; les sociétés les sélectionnent et les groupent différemment. L'enseignement en classe lui-même constitue généralement une configuration complexe de ce genre, comme lorsqu'un enseignant lit un texte préparé, écrit au tableau, pose des questions, interprète les réponses. Les enseignants et les traditions éducatives diffèrent quand aux manières dont ces modalités sont placées en relation.

En somme, l'option communicative ne consiste pas en une simple mise en oeuvre de compétences ou de structures connues séparément et a priori, mais plutôt en une intégration de ces compétences et de ces structures dans l'action. L'étude du langage d'un point de vue fonctionnel amène inévitablement à cette option. Et une fois qu'on l'a atteinte, elle révèle des relations et parfois des traits qui échappent à une démarche atomiste. Une option globaliste fait apparaître une sphère où compétences et structures s'articulent et évoluent en interdépendance à l'intérieur des conduites humaines ; et certains des traits de chaque domaine — traits présents mais aussi traits absents — trouvent leur explication dans cette interdépendance.

Etant donné une telle conception d'ensemble, je pense que ce serait une erreur de poser comme fondamentale la distinction entre grammaire et utilisation qui revient sans cesse dans les discussions sur la compétence de communication. Premièrement, cette distinction nous ramène un peu trop au contexte qui a d'abord vu naître le concept de compétence de communication, contexte où il fallait argumenter la pertinence de la notion de compétence pour autre chose aussi que la grammaire. Un tel contexte se prête à une lecture de l'utilisation comme simple mise en œuvre de ce qui est déjà donné dans la grammaire. Or, comme nous l'avons vu, tout n'est pas donné dans la grammaire. Il faut partir de l'utilisation et de tenir compte des façons dont les traits de la grammaire, ainsi que d'autres traits, sont sélectionnés et groupés.

Deuxièmement, une simple distinction entre grammaire et utilisation perpétue une dichotomie qui, depuis le début du siècle, a affecté — et pas pour le mieux — toute la réflexion sur le langage : bien que certains linguistes, comme Albert Séchehaye, de l'Ecole de Genève, et E. Coseriu (cf. Posner 1970), entre autres, aient reconnu qu'il existe un niveau d'organisation au-delà du niveau grammatical, ce n'est qu'au cours des dernières années que l'on s'est véritablement penché sur la question. Même dans les études actuelles sur le « discours », il y a une tendance très répandue à essayer de trouver là, en sous-jacence, un équivalent de la « grammaire », juxtaposé au comportement, qui en serait l'exécution. Les couples récurrents du type « langue et parole », « language and speech », « culture et comportement » encouragent cette façon de penser. Même « compétence et performance » s'inscrit dans cette tendance, aussi longtemps que l'on considère que le problème n'est que la définition des deux termes.

Il me semble qu'il peut être utile d'opérer avec **trois** niveaux d'organisation du langage ou de tout autre mode de communication. Le principe méthodologique fondamental de la linguistique, la covariation forme/sens, qui distingue entre ce qui est répétition et ce qui est contraste significatif du point de vue communicatif, s'applique à ces trois niveaux. Le domaine de la grammaire qui est le plus souvent étudié est un domaine que j'appellerais volontiers « la grammaire-ressource ». La covariation forme/sens identifie des oppositions et des traits qui font partie du potentiel systémique du code. Un exemple paradigmatique serait le paradigme grammatical lui-même ou les transformations du type d'abord proposé par Zellig Harris. Du point de vue de la communication, ces oppositions peuvent apparaître dans des contextes tout à fait particuliers, comme par exemple, la clarification (« j'ai dit aime », pas « ame »). Mais les contrastes courants dans la conversation impliquent des ensembles paradigmatiques d'autres types (cf. Hymes 1980 : 80, Brumfit et Johnson 1979 : 203). Lorsqu'on demande aux utilisateurs d'une langue de dire quelque chose d'une autre façon, ils fournissent le plus souvent des contrastes non de phonème ou de transformation, mais de diction, de familiarité, de politesse, c'est-à-dire, en général, de style. On peut appeler l'organisation des moyens linguistiques à ce niveau la « grammaire du discours ».

Il est important de noter qu'à ce second niveau, les séquences tendent vers le statut de « texte », c'est-à-dire vers la stabilité et la répétition. Ceci est évident dans la systématicité des salutations, des échanges d'encouragement, des échanges réparateurs, etc. Il s'agit là d'un niveau de stabilité organisationnelle dont la grammaire ressource ne peut aisément rendre compte, comme le remarquent Pawley et Snyder (1980). Ces derniers font état de résultats qui indiqueraient que la fluence quasi-native et le contrôle idiomatique d'une langue reposent en très large part sur la maîtrise d'un corpus de « radicaux de phrases » qui sont « institutionalisés » ou « lexicalisés ». Ces éléments sont de la taille d'une proposition ou plus longs et ils se présentent comme des couplages forme/sens réguliers qui ne sont pas encore de véritables expressions idiomatiques. Pawley et Snyder considèrent qu'un bon usager de l'anglais en possède des centaines de milliers et qu'il existe en fait un continuum allant jusqu'à la « lexicalisation ». Ils distinguent ensuite un « style enchaînant », caractéristique selon eux des locuteurs natifs d'anglais, un style où les propositions sont intégrées. Ils notent que de tels éléments ne rentrent guère dans un compartimentage de type syntaxe/dictionnaire et concluent :

> « *Nous pouvons donc parler d'une* **facilité** *d'une seule proposition à la fois* » *comme d'un constituant essentiel de la compétence de communication en anglais : le locuteur doit pouvoir encoder régulièrement des propositions entières, avec tout leur appareil lexical, dans une opération d'encodage unique, et ainsi éviter les hésitations en cours de proposition.*

Bateson (1975), à propos de phénomènes parallèles dans les rites et autres performances, parle de « praxons » — nommant ainsi des segments utilisés ou interprétés comme unitaires, quelle que soit leur structure interne. Elle note que certains individus peuvent interpréter différemment la « structure praxonique » d'un événement. Ne pas reconnaître que la séquence « l'homme de la Maison Blanche » est un amalgame, le résultat d'une fusion, c'est en faire une interprétation erronée. La notion de « praxon amalgamé » est en fait une généralisation de la notion d'expression idiomatique.

Une autre analogie musicale sera peut-être utile ici. On pourrait dire que le niveau de la grammaire ressource correspond à une conception de « grammaire musicale », comme l'est par exemple le système dodécaphonique. Au niveau de la « grammaire du discours », on trouverait par exemple une partition complète, comme le concerto Dumbarton Oaks d'Igor Stravinsky. Reste bien évidemment un troisième niveau auquel s'applique également la covariation forme/sens, le niveau de la performance. On peut comparer des performances individuelles et des types de performance qui sont caractéristiques d'individus et de groupes. Pour prendre un autre compositeur, on peut distinguer la « grammaire » du style classique dans lequel Beethoven a écrit une sonate, le « texte » de la partition (pour laquelle le manuscrit peut fournir d'intéressants exemples de choix de forme/sens de la part du compositeur), et les différentes approches de la performance, de l'exécution, caractéristiques de périodes musicales différentes et de pianistes de formation, de tempérament et de goûts différents. On peut mettre en évidence des marques de différence : un choix de tempo, un usage sobre du rubato, la clarté ou l'obscurité des voix intérieures, une gamme dynamique limitée, etc. Lorsque la qualité de l'exécution, de la performance, n'est pas en cause, des contrastes formels de ce genre peuvent être associés à des différences de sens musical, perçues et voulues.

Il en va à peu près de même pour le langage. On peut distinguer les utilisateurs d'une langue les uns des autres en partie grâce à leur « voix » personnelle et ceci affecte notamment la façon dont les autres sont disposés à écouter le succès des actes et des réalisations de genres que l'on a à assurer, la satisfaction que procure ce que l'on a dit ou écrit. La compétence n'est peut-être pas en question, qu'il s'agisse de grammaire-ressource ou de grammaire de discours, et pourtant il y a là des covariations identifiables de forme et de sens. Et pour la musique comme dans la parole, la qualité de la performance peut être émergente, en ce sens qu'elle résulte de l'interaction entre participants — groupe de « performants », peut-être, ou groupe que constituent ensemble des performants et l'auditoire.

Ces trois niveaux, la grammaire-ressource, la grammaire du discours et la performance, témoignent d'une organisation stable des moyens et des capacités, que l'on considère une communauté dans son ensemble ou une activité, un genre, ou un individu spécifiques. A chacun de ces trois niveaux, la perspective retenue concerne l'organisation des moyens en vue d'une utilisation.

La complexité de l'utilisation elle-même peut être abordée notamment par le biais de l'ensemble heuristique de composantes dont j'ai parlé ailleurs sous le nom de SPEAKING (Hymes 1974, ch. 2). : la scène, le cadre, la situation (Setting) ; les participants (Participants) ; les buts projetés et les buts atteints (Ends) ; les séquences d'actes (Acts), les tonalités (Key), les instrumentalités codes et canaux (Instrumentalities) ; les normes d'interaction ou d'interprétation (Norms), les genres (Genres). Dans toute instance d'utilisation, certaines des composantes potentiellement pertinentes sont généralement considérées comme allant de soi et partie du contexte et le choix actif porte sur les autres. Les composantes sur lesquelles se concentre le choix actif — qu'il s'agisse d'un choix de code ou de canal, de scène ou d'interlocuteur, de genre ou de tonalité, etc. — peuvent être considérées comme des ingrédients de la forme et du sens de ce qui se fait. S'agissant d'utilisation, le terme le plus général pour la forme pourrait être « style » et pour le sens, « stratégie ». La formulation d'une occurrence d'utilisation préciserait donc le choix de style au service d'une stratégie dans une situation donnée. Il conviendrait de ne pas oublier que la situation (ou « contexte ») n'est ni un fourre-tout ni un environnement indifférencié, mais se trouve elle-même sélectivement associée, par certains de ses traits, au style et à la stratégie. Il me semble que l'on peut décrire ces deux dernières dimensions dans les mêmes termes en les distinguant simplement par une différence d'emphase. Le style est une organisation de **moyens** en fonction de fins dans une situation donnée. La stratégie est une organisation de moyens en fonction de **fins** dans une situation donnée.

Ces considérations concernent toute la sphère des « moyens de la parole » (et de leur sens) telle qu'elle est présentée par le diagramme à quatre secteurs qui, dans le texte principal de ce volume, a trait aux « façons de parler ». La grammaire-ressource, la grammaire du discours et le style de performance relèvent avant tout des niveaux d'organisation des moyens de la parole (et de la communication). L'organisation des composantes de la parole (et de la communication) en style, stratégie et situation relève aussi avant tout des moyens de la parole. Mais il est clair que la composante « normes d'interprétation et d'interaction », tout comme celle touchant aux fins, renvoient au domaine des « attitudes, valeurs et opinions ». Il est clair que la composante scène ou situation renvoie au domaine de l'économie de la parole. Le niveau de « performance » renvoie au domaine de l'acteur individuel, auquel je préférerais maintenant donner le nom de « voix ».

Il me semble donc maintenant qu'un schéma d'ensemble des façons de parler est toujours possible, qui suivrait dans ses grandes lignes celui du texte principal :

FAÇONS DE PARLER

MOYENS DE LA PAROLE	VOIX
ATTITUDES, VALEURS, CROYANCE	ÉCONOMIE DE LA PAROLE

Il faudrait comprendre ces quatre composantes non pas comme des compartiments exclusifs, mais comme des points de vue, des lentilles qui convergent sur l'ensemble (cf. l'analyse que fait Ollman de la méthode dialectique de Marx (1971). Ainsi, du point de vue des moyens de la parole, il faut tenir compte des voix, des attitudes et de l'économie de la parole, mais le centre de gravité est différent de ce qui se passe quand on considère l'ensemble du point de vue des types de voix, tout en tenant compte des moyens de la parole, des attitudes et de l'économie de la parole qui sont alors resitués autour de cet autre centre de gravité.

Je dirais maintenant que ce cercle central, qui unit les quatre compartiments, c'est la compétence elle-même, ou les capacités en tant que compétence. Les relations de styles et de stratégies dans des situations sont des exemples des capacités en tant que compétence.

Ce schéma me semble éviter les pièges qu'il y a à penser en termes de dichotomies. Je me rends compte à présent que le texte principal de ce livre est en grande partie une argumentation modelée par la dichotomie langue/parole. Etant donné le caractère restrictif de la conception chomskyenne identifiant langue et grammaire, j'ai essayé de montrer la complexité de la notion de langue. Le cheminement naturel est allé de la langue comme notion unitaire à la notion de répertoire verbal comme organisation d'une pluralité de codes et de styles. Continuant à prendre la langue essentiellement dans le sens chomskyen d'entrepôt ou de ressource, j'ai développé une argumentation selon laquelle la meilleure façon de comprendre l'organisation réelle des moyens linguistiques est de recourir à la notion de style.

Depuis l'époque où j'ai écrit le texte qui précède, on a vu paraître un ensemble considérable de travaux dont il est possible de dire qu'ils abordent la communication à travers la parole, ou bien à travers la parole en tant qu'action. Le déroulement naturel de leur propos revient à construire un modèle des rapports entre actes de parole et événements, et, pour certains, à passer ensuite aux stratégies, aux inférences contingentes et aux interprétations. Le point de départ le plus fréquent est à coup sûr la parole en tant qu'action. Partir de la langue, c'est courir le risque de retomber dans une conception de l'action comme simple exécution d'un code. Partir de la parole, c'est être à même de concevoir la langue comme moyen, comme un élément parmi d'autres.

Il demeure malgré tout certaines difficultés dans les démarches de ce type. D'une part, tous les moyens de la parole sont susceptibles, potentiellement, de comporter le genre de conséquences auxquelles s'intéressent les analyses d'actes de parole. Prenons, par exemple, le type d'acte de parole dont, peut-être, il a le plus souvent été question dans la littérature consacrée au sujet, ce que John Austin appelle les « performatifs » et ce que John Searle a récemment appelé les « déclaratifs ». Une énonciation déclarative, par exemple une déclaration de guerre, provoque en effet par des mots un changement de situation dans le monde, pour partie en vertu de l'autorité qui permet à certaines personnes de produire cette énonciation. Pourtant, comme le remarque Silverstein (1977 : 145), toute marque de déférence ou de politesse dans la parole possède également cette potentialité. Friedrich (1966, 1972) fait une étude très fine du choix des pronoms comme action sociale effective, qui change les rapports reconnus entre entités culturelles. Le choix d'un pronom familier ou formel en russe peut redéfinir ces rapports de façon permanente. Et les éléments mêmes auxquels mène une analyse de la notion de langage, langues distinctes, niveaux ou registres, peuvent être utilisés à cet effet, comme dans le cas où l'on passe de l'espagnol au guarani et vice versa au Paraguay. Du point de vue de l'action, donc, et, en général, du style et des stratégies dans les situations, les actes de parole sont loin d'être les seuls moyens d'accomplir des effets déclaratifs. Ce sont des moyens de parole parmi d'autres.

D'autre part, l'étude des actes de parole *per se* mène à reconnaître les façons dont certains types d'actes deviennent la base de genres — comme c'est le cas des salutations dans de nombreuses sociétés — et entrent donc encore une fois dans le domaine des moyens de la parole. En outre, la meilleure façon de caractériser certains styles est peut-être de le faire en termes de prééminence ou de hiérarchie de types d'actes de parole.

En conclusion, on privilégie une perspective centrée sur l'action parce que c'est celle qui autorise l'approche de la plus globale. En même temps, l'étude des actes de parole fait partie de l'étude des moyens de la parole en général. Comme dans la définition programmatique initiale de l'ethnographie de la parole, la première visée doit être de pouvoir décrire les schémas récurrents de la parole. En termes de compétence ou de capacité, cela implique avant tout une étude des moyens de la parole (et de la communication) auxquels les individus ont accès et dont ils ont la maîtrise. Dans la perspective plus large d'une description des façons de parler d'un individu, d'un groupe ou d'une société entière, une telle étude n'est qu'un des regards possibles sur un ensemble qui comprend aussi : les attitudes, opinions et valeurs ; l'économie de la parole ; la voix personnelle. Cet ensemble plus vaste peut également être étudié du point de vue de chacun des autres regards.

La conception de la compétence développée dans cet essai me semble devoir être retenue parce qu'elle contribue tout à la fois à notre compréhension du langage et à notre compréhension du langage dans la vie sociale. Dans l'étude du langage et de la communication, elle autorise un emploi du concept de compétence qui soit congruent avec l'usage qui en est fait dans l'étude de la vie sociale en général (e. g., Foote et Cottrell 1955, Buchner et Kelly 1974, O'Malley 1977, Wiemann 1977, Matt et Weakland 1981, Wiemann et Kelly 1981` et dans le domaine de l'éducation (cf. Ewens 1979, Grant et al. 1979, Noddings 1974), où elle aura peut-être un effet salutaire.

RÉFÉRENCES BIBLIOGRAPHIQUES*

* Cette importante bibliographie cumule les références accompagnant le texte de Hymes de 1973 d'une part, celui de 1982 d'autre part. Comme on l'a reproduite ici dans son intégralité, les contraintes d'espace n'ont pas permis d'indiquer (pour les cas où elles existent) les éditions en français des ouvrages cités :

ABBOU, André, 1980. La didactique de IIIe génération. Des hypothèses aux projets. *Etudes de linguistique appliquée* 37 : 5-21.

ABRAHAMS, Roger D., 1969. The complex relations of simple forms. *Genre* 2(2) : 104-128. (Reprod. in Dan Ben-Amos (ed.), *Folklore genres*, 193-214.) (Publications de l'American Folklore Society, Bibliographical and Special Series, vol. 26.) Austin : University of Texas Press, 1976.
- 1972. The training of the man of words in talking sweet. *Language in Society* 1 : 15-29.

ABRAHAMS, Roger D. ; BAUMAN, R. 1971. Sense and nonsense in St. Vincent : speech behavior and decorum in a Caribbean community. *American Anthropologist* 73 : 762-772.

AKHMANOVA, Olga, 1965. Generative models and linguistic usage. *Omagiu lui Alexandru Rosetti*, 9-10. Bucarest : Editura Academiei Republicii Socialiste Roménia.

ARDENER, Edwin (éd.), 1971. *Social anthropology and language*. (ASA Monographs 10.) London : Tavistock.

AVINERI, Shlomo, 1968. *The social and political thought of Karl Marx*. Cambridge : Cambridge University Press.

BACHMANN, Christian ; Jacqueline LINDENFELD, Jacky SIMONIN, 1981. *Langage et communications sociales*. (Langues et apprentissage des langues.) Paris : Hatier-Credif.

BACKVIS, Claude, 1958. *Quelques remarques sur le bilinguisme latino-polonais dans la Pologne du XVIe siècle*. Bruxelles : Editions de l'Institut de Sociologie de l'Université Libre de Bruxelles.

BALLMER, Th. et W. BRENNENSTUHL, 1981. *Speech act classification. A Study in the lexical analysis of English speech activity verbs*. Berlin, New York : Springer-Verlag.

BAR-HILLEL, Y., 1973. 'On Habermas' hermeneutic philosophy of language. *Synthese* 26 : 1-12.

BASSO, Keith M. 1976. 'Wise words' of the Western Apache : Metaphor and semantic theory. In K. H. Basso et H. A. Selby (eds.), *Meaning in anthropology*, 93-121. Albuquerque : University of New Mexico Press.

BATESON, Mary Catherine, 1975. Linguistic models in the study of joint performances. In M. Dale Kinkade, Kenneth L. Hale, Oswald Werner (eds.), *Linguistics and anthropology in honor of C. F. Voegelin*, 53-66. Lisse : The Peter de Ridder Press.

BAUMAN, Richard. 1975. Verbal art as performance. *American Anthropologist* 77(2) : 290-311.
- 1977. Linguistics, anthropology, and verbal art : Toward a unified perspective with a special discussion of children's folklore. In Saville-Troike, 13-36.

BAUMAN, R. et J. SHERZER (eds.). 1974. *Explorations in the ethnography of speaking*. New York : Cambridge University Press.

BELL, Roger T. 1976. *Sociolinguistics. Goals, approaches and problems*. New York : St. Martin's Press.
- 1981. *An introduction to applied linguistics. Approaches and methods in language teaching*. New York : St. Martin's Press.

BERNSTEIN, Basil. 1965. A sociolinguistic approach to social learning. In J. Gould (ed.), *Social science survey*. London : Pelican Books. (In Bernstein 1971, ch. 7).
- 1971. Class, codes, and social control. vol. 1 : *Theoretical studies towards a sociology of language*. London : Routledge and Kegan Paul.
- 1981. Codes, modalities, and the process of cultural reproduction : A model. *Language in Society* 10 : 327-364.

BERNSTEIN, Richard J. 1971 *Praxis and action*. Philadelphia . University of Pennsylvania Press.
- 1978. *The restructuring of social and political theory*. Philadelphia : University of Pennsylvania Press.
BEVER, Thomas G. 1972. The dominant hemisphere is the locus for perceptual learning in language behavior. In R. Huxley and E. Ingram (eds.), *Language acquisition : models and methods*. London and New York : Academic Press.
BEVER, T. G., J. J. KATZ and D. T. LANGENDOEN. 1976. *An integrated theory of linguistic ability*. New York : Crowell.
BIALYSTOK, E. 1981. The role of linguistic knowledge in second language use. *Studies in Second Language Acquisition* 4(1) : 31-45.
BICKERTON, Derek. 1975. *Dynamics of a creole system*. London : Cambridge University Press.
BINNICK, R. I. 1972. Compte rendu de E. H. Bendix, Componential analysis of general vocabulary. *Foundations of Language* 8 : 421-35.
BIRDWHISTELL, Ray L. 1967. Communication without words. L'Aventure Humaine. Paris : Société d'études littéraires et artistiques. (In Birdwhistell 1970).
- 1968. Communication as a multi-channel system. *International Encyclopedia of the Social Sciences*. New York : Macmillan. (In Birdwhistell 1970).
- 1970. *Kinesics and context : essays on body motion communication*. Philadelphia : University of Pennsylvania Press.
- 1972. A kinesic-linguistic exercise. The cigarette scene. In. Gumperz and Hymes, 1971 : 381-404.
BLACK, Janet K. 1979. Assessing kindergarten children's communicative competence. In Garnica et King, 37-51.
BLOCH, B. 1948. A set of postulates for phonemic analysis. *Language* 24 : 3-46.
BLOOMFIELD, L. 1926. A set of postulates for the science of language. *Language* 2 : 153-64.
- 1927. Literate and illiterate speech. *American Speech* 2 : 432-9. (In Hymes 1964 c, 391-6).
- 1933. *Language*. New York : Holt.
- 1945. About foreign language teaching. *The Yale Review*, n.s., 34 : 625-41.
- 1972. The original preface to Linguistic Structures of Native America. *International Journal of American Linguistics* 38 : 265-6. Publication posthume avec une introduction d'Ives Goddard.
BLOUNT, B. 1972. Aspects of socialization among the Luo. *Language in Society* 1 : 235-48.
- 1980. Compte rendu de N. Waterson et C. Snow (eds.) The development of communication. *Language in Society* 9 : 279-283.
BLUM-KULKA, Shoshana. 1982. Learning to say what you mean in a second language : A study of the speech act performance of learners of Hebrew as a second language. *Applied Linguistics* 3(1) : 29-59.
BOAS, Franz. 1887. The study of geography. Science 9 : 137-141. In his *Race, Language, Culture*, 639-647 (New York : Macmillan, 1940.)
BOLINGER, D. (éd.). *Intonation*. Harmondsworth, Middlesex : Penguin.
BONHOEFFER, Dietrich. 1965. What is meant by ' telling the truth ' ? *Ethics*, 363-72. New York : Macmillan. (Ed. par E. Bethge, et traduit de l'allemand, *Ethik* (Munich : Kaiser Verlag, 1949)).
BORMAN, Kathryn M. 1979. Children's situational competence : two studies. In Garnica et King, 81-113.
BOURDIEU, Pierre. 1977. *Outline of a theory of practice*. (Cambridge Studies in Social Anthropology, 16.) Cambridge : University Press. (*Esquisse d'une théorie de la pratique, précédé de trois études d'ethnologie kabyle* (Suisse Librairie Droz S. A., 1972).)

BRANDT, E. 1970. On the origins of linguistic stratification : The Sandia case. *Anthropological Linguistics* 12(2) : 46-50.

BRIGTH, W. (ed.). 1966. *Sociolinguistics*. The Hague : Mouton.

BRODY, Hugh. 1981. *Maps and dreams*. Vancouver/Toronto : Douglas and McIntyre.

BROWN, John Russel 1966. *Shakespeare's plays in performance*. London : Arnold.

– 1974. *Free Shakespeare*. London : Heinemann.

BRUMFIT, C. J. 1980. From defining to designing : Communicative specifications versus communicative methodology in foreign language teaching. *Studies in Second Language Acquisition* 3(1) : 1-9.

BRUMFIT, C. J. et K. JOHNSON. 1979. *The communicative approach to language teaching*. Oxford : Oxford University Press.

BUCHNER, A. P. et C. W. KELLY. 1974. Interpersonal competence : rationale, philosophy and implementation of a conceptual framework. *Speech Teacher* 23 : 279-301.

BURKE, Kenneth. 1931. *Counterstatement*. New York : Harcourt, Brace. (2e éd., Chicago, 1957 ; 3e éd., University of California Press, 1968.)

– 1941. *The philosophy of literary form*. Baton Rouge : Louisiana State University Press. Vintage Books, 1957 ; 2e éd., Louisiana, 1967 ; 3e éd., University of California Press, 1973.

– 1945. *A grammar of motives*. Englewood Cliffs, N. J. : Prentice-Hall. (éd., rev. Berkeley : University of California Press, 1969.)

– 1950. *Rhetoric of motives*. Englewood Cliffs, N. J. : Prentice-Hall. (éd., rev. Berkeley : University of California Press, 1969.)

– 1966. *Towards a better life*. Berkeley and Los Angeles : University of California Press. (Originally, 1932).

– 1967. *Language as symbolic action*. Berkeley : University of California Press.

CARROLL, J. 1968. Development of native language skills beyond the early years. In C. Reed (ed.), *Language learning*. Champaign, Ill. : National Council of Teachers of English.

CAMPBELL, R. et R. WALES. 1970. The study of language acquisition. In John Lyons (ed.), *New horizons in linguistics*, 242-60. London : Penguin.

CANALE, Michael et Merrill SWAIN. 1979. *Communicative approaches to second language teaching and testing*. Toronto : Ontario Institute for Studies in Education.

– 1980. Theoretical bases of communicative approaches to second language teaching and testing. *Applied Linguistics* 1 : 1-47.

– 1981. A Theoretical framework fort communicative competence. In Palmer, Groot, Trosper, 31-36.

CARROLL, John B. 1968. The psychology of language testing. In A. Davies (ed.), *Language testing symposium : A psycholinguistic approach*. London : Oxford University Press.

– 1979. Psychometric approaches to the study of language abilities. In Fillmore, Kempler, Wang, 13-31.

CASSIRER, Ernst. 1953. *An essay on man*. Garden City, New Jersey : Doubleday Anchor Book.

– 1954. The philosophy of symbolic forms, vol. 1 : *Language*. New Haven : Yale University Press. Traduit de l'original allemand de 1921, par Ralph Mannheim.

– 1961. *The logic of the humanities*. Trad. par Clarence Smith Howe de *Zur Logik des Kulturwissenschaften* (Göteborg, 1942). New Haven : Yale University Press.

CAZDEN, Courtney. 1966. Subcultural differences in child language : an interdisciplinary review. *Merrill-Palmer Quarterly* 12 : 185-218.

– 1967. On individual differences in language competence and performance. *Journal of Special Education* 1 : 135-50.

- 1974. Two paradoxes in the acquisition of language structure and functions. In Connolly and Bruner, *The growth of competence*, 197-221.
- 1979. Peekaboo as an instructional model : discourse development at school and at home. *Papers and Reports on Child Language Development*, No. 17, pp. 1-29. Stanford : Stanford University, Dept. of Linguistics.
- 1981 a. Environmental assistance revisited ; Variability and functional équivalence. Communication présentée à la réunion biennale de la Society for Research in Child Development, Boston, April, 1981.
- 1981 b. Performance without competence : Assistance to child discourse in the zone of proximal development. *Quarterly Newsletter of the Laboratory of Comparative Human Cognition* 3(1) : 5-8.

CAZDEN, C. ; JOHN-STEINER, V. ; HYMES, D. (eds.). 1972. *Functions of language in the classroom.* New York : Teachers College Press.

CEDERGREN, H. J. et D. SANKOFF. 1974. Variable rules : Performance as a statistical reflection of competence. *Language* 50 : 333-335.

CHOMSKY, Noam 1957. *Syntactic structures.* The Hague : Mouton.
- 1964. The logical basis of linguistic theory. In H. G. Lunt (ed.), *Proceedings of the Ninth International Congress of Linguists*, 914-77. The Hague : Mouton.
- 1965. *Aspects of the theory of syntax.* Cambridge : M.I.T. Press.
- 1966 a. Topics in the theory of generative grammar. In T.A. Sebeok, ed., *Current trends in linguistics*, vol. 3 : Theoretical foundations, 1-60. The Hague : Mouton.
- 1966 b. *Cartesian linguistics.* New York. Harper and Row.
- 1968. *Language and mind.* New York : Harcourt, Brace, and World.
- 1980. *Rules and representations.* New York : Columbia University Press.
- 1982. *The generative enterprise. A discussion with Riny Huybregts and Henk van Riemsdijk.* Dordrecht, Holland : Foris Publications.

CICOUREL, Aaron V. 1972. Cross-model communication : The representational context of sociolinguistic information processing. In R. Shuy (ed.), *Sociolinguistics : Current trends and prospects*, 187-222. (Georgetown University Round Table 23). Washington, D. C.
- 1981. Notes on the integration of micro-and macro-levels of analysis. In K. Knorr-Cetina et A. V. Cicourel (eds.), *Advances in social theory and methodology*, 51-80. London : Routledge and Kegan Paul.

CLARK, D. L. 1922. *Rhetoric and poetry in the Renaissance.* New York : Columbia University Press.

CLARK, H. H. et S. E. HAVILAND. 1974. Psychological processes as linguistic explanation. In David Cohen (ed.), *Explaining linguistic phenomena*, 91-124.

CLYNE, Michael. 1979. Communicative competences in contact. *I.T.L.* 43 : 17-37.

COHEN, David (ed.). 1974. *Explaining linguistic phenomena.* Washington, D.C. : Hemisphere Publication Corporation. (Distribué par Halsted Press (John Wiley).)

COHEN, G. A. 1978. *Karl Marx's theory of history. A defense.* Princeton : Princeton University Press.

CONNOLLY, K. et J. BRUNER (eds.). 1974. *The growth of competence.* New York : Academic Press.

COOK-GUMPERZ, Jenny et John J. GUMPERZ. 1982. Communicative competence in educational perspective. In Louise Cherry Wilkinson (ed.), *Communicating in the classroom.* New York : Academic Press.

COSERIU, E. 1952. *Sistema, norma y habla.* Montevideo, Uruguay : Montevideo University Press.
- 1958. *Sincronía, diacronía e historia.* El problema del cambio lingüístico. Montevideo : Montevideo University Press.

COSTE, D. 1978. Lecture et compétence de communication. *Le Français dans le Monde*, Lire, 141 (décembre), 25-34.

COULMAS, Florian (ed.). 1981 a. *A festschrift for native speaker.* (Juanua Linguarum, série maior, 97.) The Hague : Mouton.
- 1981 b. *Conversational routines. Explorations in standardized communication situations and prepatterned speech.* (Rasmus Rask Studies in Pragmatic Linguistics, 2.) The Hague : Mouton.

COULTHARD, Malcolm. 1969. A discussion of restricted and elaborated codes. In A. Wilkinson (ed.), *The state of language :* 38-50. (= Educational Review 22(1)). Birmingham : University of Birmingham.

CRICK, Malcolm. 1976. *Explorations in language and meaning. Towards a semantic anthropology.* London : Malaby Press.

CULLER, Jonathan. 1975. *Structuralist poetics. Structuralism, linguistics and the study of literature.* Ithaca : Cornell University Press.

DAHLSTEDT, Karl-Hampus. 1970. The dilemmas of dialectology. In Hrienn Benediktsson (ed.), *The Nordic languages and modern linguistics,* 158-184. Reykjavik Visindafelag Islendinga.
(Proceedings of the International Conference of Nordic and General Linguistics, University of Iceland, Reykjavik, 6-11 juillet, 1969.)

DANEŠ, Frantisek. 1960. Sentence intonation from a functional point of view. *Word* 16(1) : 34-54.
- 1967. Order of elements and sentence intonation. In Bolinger (1972 : 216-32).

DARNELL, Regna (ed.). 1972. Prolegomena to typologies of speech use. (Texas working papers in sociolinguistics, special number). Austin : University of Texas, Department of Anthropology.

DECAMP, D. 1971. A generative analysis of a post-creole speech continuum. In Hymes, 1971 d, 349-70.

DENISON, Norman. 1972. Some observations on language variety and plurilingualism. In Pride et Holmes (1972), 65-77. Extraits de Ardener (1971), 157-183.

DERWING, Bruce. 1973. *Transformational grammar as a theory of language acquisition. A study in the empirical, conceptual and methodological foundations of contemporary linguistic theory.* (Cambridge Studies in Linguistics, 10.) Cambridge : University Press.

DEVITT, Michael. 1981. *Designation.* New York : Columbia University Press.

DIK, Simon C. 1980. *Studies in functional grammar.* London, New York : Academic Press.

DINGWALL, W. O. 1971. Linguistics as psychology : A definition and some initial tasks. In Dingwall (ed.), *A survey of linguistic science,* 758-802. College Park, Md. : University of Maryland, Linguistics Program.

DI PIETRO, Robert J. 1970 a. Student competence and performance in E.S.L. *TESOL* Quarterly 4(1) : 49-62.
- 1970 b. Competence and performance. *Modern Language Journal* 52 : 594-7.

DITTMAR, Norman. 1976. *Sociolinguistics : a critical survey of theory and applications.* London : Edward Arnold. (Trad. de l'allemand par Peter Sand, Pieter A. M. Seuren, Kevin Whiteley.)

DORE, R. D. 1961. Function and cause. *American Sociological Review* 26. 843-53.

DORIAN, Nancy. 1980. Linguistic lag as an ethic marker. *Language in Society* 9(1) : 33-41.
- 1982. Defining the speech community to include its working margins. In Romaine (1982), 25-33.

DURANTI, Alessandro. 1981. *The Samoan Fono : a sociolinguistic study.* (Pacific Linguistics, Series B. n°. 80.) Canberra : Dept. of Linguistics, Research School of Pacific Studies, The Australian National University.

EASTON, L. D. and K. H. GUDDAT (éds.). 1967. *Writings of the young Marx on philosophy and society*. Garden City, N. Y. : Doubleday.

EBLE, Connie C. 1981. Slang, productivity, and semantic theory : a closer look. In James E. Copeland et Philip W. Davis (éds.), *The Seventh LACUS Forum 1980*, 270-275. Columbia, S.C. : Hornbeam Press.

EDMONDSON, Willis J. 1981. On saying you're sorry. In Coulmas 1981 b, 273-288.

EERSEL, C. 1971. Prestige in choice of language and linguistic form. In Hymes 1971 d, 317-22.

ELIOT, T. S. 1943. *Four quartets*. New York : Harcourt, Brace.

EMERT, Philip et William C. DONAGHY, 19 . *Human communication. Elements and contexts*. Reading, Mass., Menlo Park, Calif. : Addison-Wesley.

ENTWISLE, Doris. 1966. Developmental sociolinguistics : a comparative study in four subcultural settings. *Sociometry* 29 : 67-84.

ERICKSON, Frederick et Jeffrey SCHULTZ. 1981. When is a context ? Some issues and methods in the analysis of social competence. In Green and Wallat, 147-160.

ERVIN-TRIPP, Susan M. 1968. The acquisition of communicative competence by children in different cultures. *Proceedings of the VIIth International Congress of Anthropological and Ethnological Sciences, Tokyo and Kyoto*, 3 : 406-8. Ueno Park, Tokyo : Science Council of Japan.
- 1972. On sociolinguistic rules : Alternation and co-occurrence. In Gumperz and Hymes, 1972 : 213-250.
- 1972. Children's sociolinguistic competence and dialect diversity. In Ira Gordon (ed.), *Early childhood education : The seventy-first yearbook of the National Society for the study of education*, 123-160. Chicago : University of Chicago Press. (Reprod. in Pride 1979, 27-41.)
- 1978. Whatever happened to communicative competence ? *Studies in the Linguistic Sciences* 8(2) : 237-258. (Braj Kachru (ed.), Linguistics in the seventies : Directions and prospects.)

ERVIN-TRIPP, S. et C. MITCHELL-KERNAN (eds.). 1977. *Child discours*. New York : Academic Press.

EWENS, THOMAS. 1979. Analyzing the impact of competence-based approaches on liberal education. In Grant *et al*, 160-188.

FASOLD, RALPH. 1978. Language variation and linguistic competence. In David Sankoff (ed.), *Linguistic variation : Models and methods*, 85-95. New York : Academic Press.

FERGUSON, C. A. 1966. On sociolinguistically oriented surveys. *The Linguistic Reporter* 8(4) : 1-3.

FERNANDEZ, James W. 1972. Persuasions and performances : Of the best in beast in every body... And the metaphors of every man. *Daedalus* (hiver) : 39-60. (Proceedings of the American Academy of Arts and Sciences 101(1).)

FILLMORE, Charles A. 1977. Topics in lexical semantics. In Roger W. Cole (ed.), *Current issues in linguistic theory*, 76-138. Bloomington : Indiana University Press.
- 1979. On fluency. In Fillmore, Kempler, Wang, 85-101.

FISCHER, D. H. 1970. Fallacies of composition. *Historians' fallacies*, ch. 8. New York : Harper and Row, (TB 1595).

FISCHER, J. L. 1971. The stylistic significance of consonantal sandhi in Trukese and Ponapean. In Gumperz and Hymes 1971, 498-511.

FISHMAN, J. A. 1966. *Language loyalty in the United States*. The Hague : Mouton.

FLAVELL, John H. 1968. *The development of role-taking communication skills in children*. New York : John Wiley.

FODOR, J. et GARRETT, M. 1967. Some reflections on competence and performance. In J. Lyons and R. J. Wales (eds)., *Psycholinguistics papers*, 135-54. Edinburgh : Edinburgh University Press.

FOOTE, N. N. et L. S. COTTRELL. 1955. *Identity and interpersonal competency.* Chicago : University of Chicago Press.

FOUCAULT, Michel. 1981. *Power/Knowledge. Selected interviews and other writings*, 1972-1977. Sous la direction de Colin Gordon. New York : Pantheon.

FOWLER, Roger. 1982. *Literature as social discourse. The practice of linguistic criticism.* Bloomington : Indiana University Press.

FOWLER, Roger et Gunther KRESS. 1979. Critical linguistics. In R. Fowler, B. Hodge, G. Kress, T. R. Trew, *Language and control*, 185-213. London : Routledge and Kegan Paul.

FRAKE, Charles O. 1964. A Structural description of Subanun ' religious ' behavior. In Ward H. Goodenough (ed.), *Explorations in cultural anthropology*, 111-129. New York : McGraw-Hill. (Reprod. in Frake 1980 : 144-165.)
- 1980. *Language and cultural description. Essays by Charles O. Frake.* Sélectionnés avec une introduction de Anwar S. Dil. Stanford : Stanford University Press.

FREDERIKSEN, Carl H. 1981. Inference in preschool children's conversations — a cognitive perspective. In Green and Wallart, 303-334.

FRENCH, Peter and Bencie WOLL. 1981. Context, meaning and strategy in parent-child conversation. In G. Wells, *Learning through interaction*, 157-187.

FRIEDRICH, Paul. 1966. Structural implications of Russian pronominal usage. In W. Bright (ed.), *Sociolinguistics*, 214-253. The Hague : Mouton.
- 1972. Social context and semantic feature : The Russian pronominal usage. In J. J. Gumperz et D. Hymes (eds.), *Directions in sociolinguistics*, 272-300. New York : Holt, Rinehart and Winston.

GADAMER, Hans-Georg. 1975. *Truth and method.* New York : Sheed and Ward. New York : Crossroad, 1982. Publié pour la 1re fois sous le titre *Wahrheit und Methode* (Tübingen : J. C. B. Mohr (Paul Siebeck)).

GARFINKEL, Harold. 1972. Remarks on ethnomethodology. In Gumperz and Hymes 1972, 301-24.

GARNICA, Olga K. et Martha L. KING (eds.). 1979. *Language, children and society. The effect of social factors on children learning to communicate.* (International Series in Psychobiology and Learning.) Oxford, New York : Pergamon Press.

GARRETT, M. 1967. Comments. In J. Lyons and R. J. Wales (eds), *Psycholinguistics*, 175-9. Edinburgh : Edinburgh University Press.

GEEST, Ton van der. 1975. *Some aspects of communicative competence and their implications for language acquisition.* Amsterdam : Van Gorcum.
- 1981. How to become a native speaker : One simple way. In Coulmas 1981 a, 317-353.

GIGLIOLI, Pier Paulo (ed.). 1972. *Language and social context.* Harmondsworth, Middleson : Penguin.

GIVON, Talmy (ed.) 1979. *Syntax and semantics, 12 : Discourse and syntax.* New York : Academic Press.

GOFFMAN, E. 1955. On face work. *Psychiatry* 18 : 213-31.
- 1956. The nature of deference and demeanor. *American Anthropologist* 58 : 473-502.
- 1959. *The presentation of self in everyday life.* Garden City : Doubleday Anchor.
- 1963. *Behavior in public places.* London : Free Press of Glencoe.
- 1964. The neglected situation. In Gumperz and Hymes 1964, 133-7.
- 1967. *Interaction ritual.* Garden City : Doubleday Anchor.
- 1971. *Relations in public.* New York : Basic Books.

GOLDMAN, M. 1973. *Shakespeare and the energies of drama*. Princeton : Princeton University Press.

GOODENOUGH, W. H. 1957. Cultural anthropology and linguistics. In P. Garvin (ed.), Report of the 7th annual round table meeting on languages and linguistics, 167-73. Washington, D.C. : Georgetown University Press. (In Hymes 1964 c, 36-9).

GOODGLASS, Harold. 1979. Effect of aphasia on the retrieval of lexicon and syntax. In Fillmore, Kempler, Wang, 253-259.

GORMAN, T. P. 1971. Sociolinguistic implications of a choice of media of instruction. In W. H. Whitely (ed), *Language use and social change*. London : Oxford University Press (pour l'International African Institute).

GRANT, Gerald; Peter ELBOW, Thomas EWENS, Zelda GAMSON, Wendy KOHLI, William NEUMANN, Virginia OLESEN, David RIESMAN. 1979. *On competence. A critical analysis of competence-based reforms in higher education*. San Francisco : Jossey-Bass.

GREEN, Georgia M. 1982. Competence for implicit text analysis : Literary style discrimination in five-year-olds. In Tannen 1982, 142-163.

GREEN, Georgia M. et Jerry L. MORGAN, 1981. Pragmatics, grammar and discourse. In Peter Cole, (ed.), *Radical pragmatics*, 167-81. London, New York : Academic Press.

GREEN, Judith et Cynthia WALLAT. 1979. What is an instructional context : An exploratory analysis of conversational shifts across time. In Garnica and King, 159-188.

– (eds.). 1981. *Ethnography and language in educational settings*. (Advances in Discourse Processes, V.) Norwood, New Jersey : ABLEX.

GRIEF, E. B. and J. B. GLEASON. 1980. Hi, thanks and good bye : More routine information. *Language in Society* 9 : 159-166.

GRIMSHAW, A. D. 1974. Data and data use in an ethnology of communicative events. In Sherzer and Bauman 1974.

– 1976. Postchildhood modifications of linguistic and social competence. *Items* 30 : 33-42. (Reprod. in Grimshaw, *Language as social resource*, 128-174. Stanford : Stanford University Press.).

GROSS, Larry. 1974. Modes of communication and the acquisition of symbolic competence. *Seventy-Third Yearbook of the National Society for the Study of Education : Media and Symbols : The forms of expression, communication, and education*, ch. 3, 56-80. Chicago : University of Chicago Press.

GROVE, V. 1950. *The language bar*. London : Routledge and Kegan Paul.

GUIRAUD, P. 1961. *La stylistique*. (Que sais-je, 646). Paris : Presses universitaires de France.

GUMPERZ, John J. 1968. The speech community. *International encyclopedia of the social sciences* 9 : 381-386.

– 1972. Introduction. In Gumperz and Hymes 1972 : 1-25.

– 1982. The linguistic bases of communicative competence. In Tannen (1982), 323-334.

GUMPERZ, J. J. and HYMES, D. (eds). 1964. *The ethnography of communication*. Washington, D. C. : American Anthropological Association.

– 1972. *Directions in sociolinguistics : The etnography of communication*. New York : Holt, Rinehart and Winston.

GUMPERZ, J. J. and WILSON, R. 1971. Convergence and creolization. A case from the Indo-Aryan/Dravidian border in India. In Hymes 1971 d, 151-67.

GUNTER, Richard. 1974. *Sentences in dialog*. Columbus, S.C. : Hornbeam Press.

HABERMAS, Jurgen. 1970 a. On systematically distorted communication. *Inquiry* 13 : 205-18.

– 1970 b. Towards a theory of communicative competence. *Inquiry* 13 : 360-375.

(Reprod. in Hans-Peter Dreitzel (éd.), *Recent sociology* 2 : 114-148. (New York : Macmillan, 1970).
- 1971. Vorbereitende Bermerkungen zu einer Theorie der Kommunikativen Kompetenz. In Jurgen Habermas et Niklas Lohmann, *Theorie der Gesellschaft oder Sozialtechnologie : Was leistet die Systemforschung?* 101-141. Frankfurt am Main : Suhrkamp.
- 1979. *Communication and the evolution of society.* Boston : Beacon Press. (Trad. de P. Sprachpragmatik und Philosophie, et de Zur Rekonstruktion des Historischen Materialismus.) (Frankfurt am Main : Suhrkamp, 1976.)

HALL, Stuart. 1974. Marx's notes on method : A reading of the 1857 Introduction. Cultural Studies 6. Birmingham : Center for Cultural Studies.

HALLE, Morris. 1962. Phonology in generative grammar. *Word* 18(1-2) : 54-72.

HALLIDAY, M. A. K. 1964. Syntax and the consumer. In J.M. Stuart (ed.), *Report of the 17th Annual roundtable meeting on languages and linguistics,* 11-24. Washington, D.C. : Georgetown University Press.
- 1971. Linguistic function and literary style. An inquiry into the language of William Golding's *The inheritors.* In S. Chatman (ed.), *Literary style : a symposium.* London. Oxford University Press.
- 1973. c.t. de Center for Applied Linguistics, Sociolinguistics : A cross disciplinary perspective. *Language in Society* 3 : 94-103. (= ch. 4 in Halliday 1978.)
- 1978. *Language as social semiotic. The social interpretation of language and meaning.* London : Edward Arnold.

HAMMERSLEY, Martyn. 1981. Putting competence into action : Some sociological notes on a model of classroom interaction. In Peter French et Margaret Maclure, *Adult-child conversation,* 45-58. New York : St. Martin's Press.

HAMPSHIRE, S. 1967. *Thought and action.* New York : Viking. (First published, 1959.)

HARMAN, Gilbert H. 1967. Psychological aspects of the theory of syntax. *The Journal of Philosophy* 64(2) : 75-87.
- 1968. Three levels of meaning. *The Journal of Philosophy* 65(19) : 590-602.
- 1968-69. Réponse à Arbini. *Synthese* 19 : 425-432.

HARTMANN, R. R. K. 1980. *Contrastive textology. Comparative discourse analysis in applied linguistics.* (Studies in descriptive linguistics, 5). Heidelberg : Julius Cross Verlag.

HARVEY, Van A. 1964. *A handbook of theological terms.* New York : Macmillan.

HEATH, Jeffrey. 1978. Functional universals. In J. J. Jaeger, A. C. Woodbury et al, (eds.), *Proceedings of the fourth annual meeting of the Berkeley Linguistic Society,* 86-95. Berkeley.
- 1982. c.t. de S. C. Dik, 1980. *Language in Society* 11.

HEATH, Shirley Brice. 1982. What no bedtime story means : Narrative skills at home and school. *Language in Society* 11 : 49-76.
- 1983. *Ways With Words.* New York : Cambridge University Press.

HELD, David. 1980. *Introduction to critical theory.* Horkheimer to Habermas. Berkeley et Los Angeles : University of California Press.

HERDER, J. G. von. 1962. *God : some conversations.* A translation with a critical introduction and notes by Frederick Burckhardt. (Library of Living Arts, 140). Indianapolis : Bobbs-Merrill. (Première publication, 1940 ; original allemand, 1797.)

HILL, J. H. et K. C. HILL. 1980. Mixed grammar, purist grammar, and language attitudes in Modern Nahuatl. *Language in Society* 9(3) : 321-348.

HINDS, John. 1981. The interpretation of ungrammatical utterances. In Coulmas 1981 a : 221-235.

HOCKETT, C. F. 1955. *A manual of phonology.* (International Journal of American Linguistics, Memoirs, 11). Bloomington, Indiana.
- 1968. *The state of the art.* The Hague : Mouton.

HOLEC, Henri. 1980. Learner-centered communicative language teaching : Needs analysis revisited. *Studies in Second Language Acquisition* 3(1) : 26-33.

HOLMES, Janet et Dorothy F. BROWN. 1980. Sociolinguistic competence and second language learning. In Michael P. Hamnett et Richard W. Brislin (eds.), *Language and conceptual studies.* Honolulu : East-West Culture Learning Institute, East-West Center, University of Hawaii.

HOLMES, Urban T., Jr. 1940. c.r. de Mélanges de linguistique offerts à Charles Bailly. *Language* 16 : 237-240.

HÖRMANN, Hans. 1981. *To mean — to understand. Problems of psychological semantics.* Trad. de l'allemand par Boguslaw A. Jankowski. Berlin. New York : Springer-Verlag. (Publié pour la 1re fois sous le titre *Meinen und Verstehen*, Frankfurt am Main : Suhrkamp Verlag, 1976.)

HOUSEHOLDER, F. W. (ed.). 1972. *Syntactic theory 1 : structuralist.* Harmondsworth : Penguin.

HOWELL, A. C. 1946. Res et verba : words and things. *English Literary History* 13 : 131-42.

HUDSON, Richard A. 1980. *Sociolinguistics.* Cambridge, New York : Cambridge University Press.

HUNT, E. K. 1972. Orthodox and Marxist economics in a theory of socialism. (Compte rendu de : H. Sherman, Radical political economy : Capitalism and socialism from a Marxist-humanist perspective.) *Monthly Review* 24(8) : 50-6.

HUTCHINSON, Larry G. 1974. Grammar as theory. In David Cohen (ed.), *Explaining linguistic phenomena*, 43-74.

HUXLEY, R. et INGRAM, E. (eds.). 1917. *Language acquisition : models and methods.* London and New York : Academic Press.

HYMES, Dell. 1961 a. Functions of speech : an evolutionary approach. In F. Gruber (ed.), *Anthropology and education*, 55-83. Philadelphia : University of Pennsylvania Press. (Bobbs-Merrill Reprints in Anthropology A-124.)
- 1961 b. On typology of cognitive style in languages (with examples from Chinookan). *Anthropological Linguistics* 3(1) : 22-54.
- 1961 c. Linguistic aspects of cross-cultural personality study. In B. Kaplan (ed.), *Studying personality cross-culturally*, 313-59. New York : Harper and Row.
- 1962. The ethnography of speaking. In T. Gladwin and W. C. Sturtevant (eds.), *Anthropology and human behavior*, 13-53. Washington, D.C. : Anthropological Society of Washington.
- 1964 a. Directions in (ethno-) linguistic theory. In A. K. Romney nd R. G. D'Andrade (eds.), *Transcultural studies in cognition*, 6-56. Washington, D.C. : Americain Anthropological Association.
- 1964 b. Introduction : Toward ethnographies of communication. In J. J. Gumperz et D. Hymes (eds.), *The ethnography of communication*, 1-34. (*American Anthropologist* 66(6), Part 2.) Washington, D.C. : American Anthropological Association.
- (ed.). 1964 c. *Language in culture and society.* New York : Harper and Row.
- 1965 a. Some North Pacific Coast poems : a problem in anthropological philology. *American Anthropologist* 67 : 316-41.
- 1965 b. Review of J. L. Austin, How to do things with words. *American Anthropologist* 67 : 587-8.
- 1966. Two types of linguistic relativity. In Bright 1966, 114-65.
- 1967 a. Models of the interaction of language and social setting. In J. Macnamara (ed.), *Problems of bilingualism*, 8-28. (= *Journal of Social Issues* 23(2).)
- 1967 b. The anthropology of communication. In F.X.W. Dance (ed.), *Human communication theory*, 1-39. New York : Holt, Rinehart and Winston.

- 1967 c. Why linguistics needs the sociologist. *Social Research* 34 : 632-47.
- 1968 a. Linguistic problems in defining the concept of tribe. In J. Helm (ed.), *Essays on the problem of tribe*, 23-48. (Proceedings of the 1967 spring meeting of the American Ethnological Society). Seattle : University of Washington Press.
- 1968 b. Linguistics — the field. *International Encyclopedia of the Social Sciences* 9 : 351-71. New York : Macmillan.
- 1968 c. Review of Kenneth Burke, Language as symbolic action. *Language* 44 : 664-69.
- 1968 d. The 'wife' who 'goes out' like a man. Reinterpretation of a Clackamas Chinook myth. *Social Sciences Information* 7(3) : 173-99. (In Kristeva, J. ; Rey-Debove, J. ; and Umiker, D. J. (eds.), *Essays in semiotics*. The Hague : Mouton).
- 1969. Review of Kenneth L. Pike, Language in relation to a unified theory of the structure of human behavior. *American Anthropologist* 71 : 361-3.
- 1970 a. Linguistic method in ethnography. In P. L. Garvin (ed.), *Method and theory in linguistics*, 249-311. The Hague : Mouton.
- 1970 b. Linguistic aspects of comparative political research. In R. T. Holt and J. E. Turner, *The methodology of comparative research*, 295-341. New York : The Free Press.
- 1970 c. Bilingual education : linguistic vs. sociolinguistic bases. In J. E. Alatis (ed.), *Report of the 21st annual round table meeting on linguistics and language studies*, 69-76. Washington, D.C. : Georgetown University Press.
- 1970 d. Linguistic theory and the functions of speech. *International days of sociolinguistics*, 111-44. Rome : Istituto Luigi Sturzo.
- 1971 a. Foreword, and appendix, 'Morris Swadesh : from the first Yale school to world prehistory'. In M. Swadesh, *The origin and diversification of language*, ed. by J. F. Sherzer, v-x, 228-70. Chicago : Aldine-Atherton.
- 1971 b. Sociolinguistics and the ethnography of speaking. In E. Ardener (ed.), *Social anthropology and language*, 47-93. London : Tavistock Press.
- 1971 c : 1972. The contribution of folklore to sociolinguistics. In A. Paredes and R. Bauman (eds.), *Toward new perspectives in folklore*, 42-50. Austin : University of Texas Press. (Also : *Journal of American Folklore* 84 (1971) : 42-50).
- (ed.). 1971 d. *Pidginization and creolization of languages*. London and New York. Cambridge University Press.
- 1971 e. Competence and performance in linguistic theory. In R. Huxley and E. Ingram (eds.), *Language acquisition : models and methods*, 3-24. London and New York : Academic Press.
- 1971 f. On linguistic theory, communicative competence, and the education of disadvantaged children. In M. L. Wax, S. A. Diamond, and F. O. Gearing (eds.). *Anthropological perspectives on education*, 51-66. New York : Basic Books.
- 1972 a. Introduction. *Language in Society* 1 : 1-14.
- 1972 b. Introduction. In Cazden, John-Steiner, and D. Hymes, 1972, xi-lvii.
- 1972 c. Models of the interaction of language and social life. In J. Gumperz et D. Hymes (eds.), *Directions in sociolinguistics*, 35-71. New York : Holt, Rinehart and Winston.
- 1972 d. On communicative competence. In J. B. Pride et Janet Holmes (eds.), *Sociolinguistics*, 269-293. London : Penguin.
- 1973 a. Introduction : The use of anthropology, critical, political, personal. In D. Hymes (ed.), *Reinventing anthropology*, 3-58. New York : Pantheon.
- 1973 b. The scope of sociolinguistics. In R. W. Shuy (ed.), *Sociolinguistics : state and prospects*. Washington, D. C. : Georgetown University Press.
- 1973 c. On personal pronouns : formal and phonesthematic aspects. In M. E. Smith (ed.), *Studies in linguistics in honor of George L. Trager*. The Hague : Mouton.
- 1973 d. Syntactic arguments and social roles. Texas Working Papers in Sociolinguistics, n° 7.
- 1973 e. Anthropology and sociology : overview. In T. A. Sebeok, *Current trends in linguistics*, 12. The Hague : Mouton.

- 1973 f. Speech and language : On the origins and foundations of inequality among speakers. *Daedalus* (summer issue).
- m.s. The pre-war Prague School and post-war anthropological linguistics in the United States. (Ecrit en 1971 for Travaux Linguistiques de Prague.)
- 1974. *Foundations in sociolinguistics.* Philadelphia : University of Pennsylvania Press.
- 1975. Folklore's nature and the Sun's myth. *Journal of American Folklore* 88 : 345-369.
- 1978. c.r. de Dwight Bolinger, Meaning and form. *Lingua* 45 : 175-183.
- 1979. Sapir, competence, voices. In Fillmore, Kempler, Wang, 33-46.
- 1980. *Language in education : Ethnolinguistic essays.* Washington, D. C. : Center for Applied Linguistics.
- 1981. « *In vain I tried to tell you.* » Philadelphia : University of Pennsylvania Press.
- 1982. *Ethnolinguistic study of classroom discourse.* Rapport au National Institute of Education, Washington, D. C.

HYMES, Dell H. et John FOUGHT. 1981. *American structuralism.* (Janua Linguarum, série maior, 102.) The Hague, New York : Mouton.

IRVINE, J. T. ms. Caste stereotypes : the basis for interaction. For an unpublished University of Pennsylvania dissertation in anthropology.

ITKONEN, Esa. 1974. *Linguistics and metascience.* (Studia philosophica Turkuensia II.) Koemäki, Finland.
- 1975. *Concerning the relationship between linguistics and logic.* Indiana University Linguistics Club.
- 1977. The relation between grammar and sociolinguistics. *Forum Linguisticum* 1 : 238-254.
- 1981. The concept of linguistic intuition. In Coulmas 1981 a, 127-140.

JACOB, H. E. 1950. *Joseph Haydn.* New York : Rinehart.

JAKOBOVITS, Leon. 1970. Prolegomena to a theory of communicative competence. In R. G. Lucton (ed.), *English as a second language.* Philadelphia : Center for Curriculum Development.

JAKOBSON, Roman. 1960. Concluding statement : Linguistics and poetics. In T. A. Sebeok (ed.), *Style in language,* 350-377. Cambridge, Mass. : M.I.T. Press.

JOHN, Vera. 1967. Communicative competence of low-income children : assumptions and programs. Report of language development study group, Ford Foundation.

JOHNSON, K. 1979. Communicative approaches and communicative processes. In Brumfit et Johnson, 192-205.

JONES, R. F. 1953. *The triumph of the English language.* Stanford : Stanford University Press.

JOSEPH, Sister M. 1947. *Shakespeare's use of the art of language.* New York. Columbia University Press.

KALDOR, Susan. 1971. Langue-parole, competence-performance and related dichotomies from the point of view of sociolinguistics. In S.A. Wurm (ed.), *Festschrift for A. Capell.* Canberra : Australian National University Press.

KANNGIESSER, S. 1972. Untersuchungen zur Kompetenz Theorie und zum sprachlichen Handeln. *Zeitschrift für Literaturwissenschaft und Linguistik* 7 : 13-45.

KATZ, J. J. 1967. Recent issues in semantic theory. *Foundations of Language* 3 : 124-94.
- 1981. *Language and other abstract objects.* Totowa, New Jersey : Rowman and Littlefield.

KATZ, J. et J. FODOR. 1962. What's wrong with the philosophy of language ? *Inquiry* 5 : 197-237.
- 1963. The structure of a semantic theory. *Language* 39 : 170-210.

KATZ, J. J. et Paul M. POSTAL. 1964. *An integrated theory of linguistic descriptions.* Cambridge : M.I.T. Press.

KAY, Paul et C. K. MCDANIEL. 1981. On the meaning of variable rules. *Language in Society* 10 : 251-258.

KENNAN, Elinor. 1974. Conversational competence in children. *Journal of Child Language* 1 : 163-185. (= Elinor Ochs)

KIPARSKY, P. 1968. Tense and mood in Indo-European syntax. *Foundations of Language* 4 : 30-57.

KJOLSETH, Rolf. 1972. Making sense : natural language and shared knowledge in understanding. In J. A. Fishman (ed.), *Advances in the sociology of knowledge, 2 : Selected studies and applications,* 50-76. The Hague : Mouton.

KOCHAN, Detlev. C. (ed.). 1973. *Sprache und kommunikative Kompetenz. Theoretische und empirische Beiträge zur sprachlichen Sozialisation und Primärsprachdidaktik.* Stuttgart : Ernst Klett.

KRAUSS, R. M. et Sam GLUCKSBERG. 1969. The development of communication competence as a function of age. *Child Development* 40(1) : 255-266.

KRECKEL, Marga. 1981. *Communicative acts and shared knowledge in naturel discourse.* London, New York : Academic Press.

KRESS, G. 1981. c.r. de J. K. Alatis et G. R. Tucker (eds.), Language in public life. *Language in Society* 10 : 73-82.

KRESS, Gunther et Robert HODGE. 1979. *Language as ideology.* London : Routledge and Kegal Paul.

KUČERA, H. 1955. Phonemic variation of spoken Czech. *Word* 11 : 575-602.

LABOV, W. 1965. Stages in the acquisition of standard English. In R. Shuy (ed.), *Social dialects and language learning,* 77-103. Champaign, Illinois : National Council of Teachers of English.
- 1966. The social stratification of English in New York City. Washington, D.C. : Center for Applied Linguistics.
- 1967. Some sources of reading problems for Negro speakers of nonstandard English. *New Directions in Elementary English,* 140-67.
- 1969 a. The logic of nonstandard English. In J. Alatis (ed.), *Report of the 20th annual round table meeting on linguistics and language studies,* 9-43.
- 1969 b. Contraction, deletion and inherent variability of the English copula. *Language* 45 : 715-62.
- 1970. The study of Language in its social context. *Studium Generale* 23 : 30-87.
- 1971. The notion of 'system' in creole studies. In Hymes 1971 c, 447-72.
- 1972. Some principles of linguistic methodology. *Language in Society* 1 : 92-120.
- 1973. The linguistic consequences of being lame. *Language in Society* 2 : 81-116.
- 1981. Is there a creole speech community? In Albert Valdman et Arnold Highfield (eds.), *Theoretical orientations in creole studies,* 369-388. New York : Academic Press.

LABOV, W. et COHEN, P. 1967. Systematic relations of standard and nonstandard rules in the grammar of Negro speakers. Paper for 7th Project Literacy Conference, Cambridge, Mass.

LABOV, W., COHEN, P., et ROBINS, C. 1965. A preliminary study of the structure of English used by Negro and Puerto Rican speakers in New York City. New York : Columbia University, Cooperative Research Project n°. 3091.

LAKOFF, George. 1973. Fuzzy grammar and the performance/competence terminology game. *Papers from the Ninth Regional Meeting, Chicago Linguistic Society,* 271-291.

LEACH, Edmund. 1976. c.r. de Bauman and Sherzer, 1974. *Semiotica* 16(1) : 87-97.

LE PAGE, R. B. 1969. Problems of description in multilingual communities. *Transactions of the Philological Society* (London), 189-212.
- 1972. Preliminary report on the sociolinguistic survey of multilingual communities, Part 1 : Survey of Cayo district, British Honduras. *Language in Society* 1 : 155-72.
- 1973. The concepf of competence in a creole contact situation. *York Papers in Linguistics* 3 : 31-50. (Reprod. in D. Feldman (ed.), *Studia Gratularia in Honor of R. A. Hall, Jr.* (Madrid : Playor, 1977).)

LEIN, Laurie (ed.). 1978. [Papers on crosscultural analysis of child discourse.] Language in Society 7(3).

LÉVI-STRAUSS, C. 1955. *Tristes tropiques*. Paris : Libraire Plon. (Traduit sous le titre *A world on the wane* (New York : Atheneum, 1964).)

LOBAN, W. 1966. *Language ability*. Washington, D.C. : U.S. Department of Health, Education and Welfare.

LOCAL, John. 1982. Modelling intonational variability in children's speech. In Romaine (1982), 85-103.

LOMAX, Alan. 1968. *Folk song style and culture*. Washington, D.C. : American Association for the Advancement of Science.
- 1973. Cross cultural factors in phonological change. *Language in Society* 2(2) : 161-175.
- 1977. A stylistic analysis of speaking. *Language in Society* 6(1) : 15-47.

LOWIE, R. H. 1935. *The Crow Indians*. New York : Farrar and Rinehart.

LYONS, J. et WALES, R. J. (eds.). 1967. *Psycholinguistics*. Edinburgh : Edinburgh University Press.

LYONS, John (ed.). 1970. *New horizons in linguistics*. London : Penguin.
- 1972. Human language. In R. A. Hinds (ed.), *Non-verbal communication*, 49-85. Cambridge, New York : Cambridge University Press.
- 1977. *Semantics*, tome 2. Cambridge : Cambridge University Press.

MACKEY, William F. et Jacob ORNSTEIN (eds.). 197. *Sociolinguistic studies in language contact*. Methods and cases. (Trends in Linguistics, Studies and Monographs, 6.) The Hague : Mouton.

MAKKAI, Adam. 1972. *Idiom structure in English*. The Hague : Mouton.

MALEY, Alan. 1980. Teaching for communicative competence : Reality and illusion. *Studies in Second Language Acquisition* 3(1) : 10-16.

MALINOWSKI, B. 1937. The dilemma of contemporary linguistics. *Nature* 140 : 172-3. (In Hymes 1964 c, 63-4).

MANDELBAUM, D. G. (ed.). 1949. *Selected writings of Edward Sapir*. Berkeley and Los Angeles : University of California Press. (S.W.E.S.).

MARX, Karl. 1846. *Theses on Feuerbach*. In Easton and Guddat 1967.

MATTHEWS, P. H. 1979. *Generative grammar and linguistic competence*. London : George Allen and Unwin.

MCCARTHY, T. A. 1973. A theory of communicative competence. *Philosophy of the Social Sciences* 3(2) : 135-156.
- 1978. *The critical theory of Jurgen Habermas*. Cambridge : M.I.T. Press.

MCDOWELL, J. H. 1979. *Childrens' riddling*. Bloomington : Indiana University Press.

MCINTOSH, A. 1967. Some thoughts on style. In A. McIntosh and M. Halliday, *Patterns of language*. Bloomington : Indiana University Press.

MCLENDON, Sally. 1977. Cultural presuppositions and discourse analysis : Patterns of presupposition and assertion of information in Eastern Pomo and Russian narrative. In Saville-Troike (1977), 153-189.

MCMURTRY, John. 1978. *The structure of Marx's world-view*. Princeton : Princeton University Press.

MEAD, Richard. 1982. c.r. de Munby 1978. *Applied Linguistics* 3(1) : 70-7.
MEHAN, H. 1972. Language using abilities. *Language Sciences* 22 (October), 1-10.
MICHAELS, Sarah. 1981. 'Sharing time' : Children's narrative styles and differential access to literacy. *Language in Society* 10 : 423-442.
MILROY, James. 1981. c.r. de David Sankoff (ed.), Linguistic variation : Models and methods. *Language in Society* 10 : 104-111.
MILROY, Lesley. 1980. *Language and social networks.* Baltimore : University Park Press.
– 1982. Social network and linguistic focussing. In Romaine (1982), 13-24.
MINUCHIN, S. et MONTALVAO, B. 1966. An approach for diagnosis of the low socio-economic family. *Psychiatric Research Report* 20 : 163-74.
MINUCHIN, S. ; MONTALVAO, B. ; GUERNEY, B., Jr. ; ROSMAN, B. ; et SCHUMER, F. 1967. *Families of the slums.* An exploration of their structure and treatment. New York : Basic Books.
MISGELD, Dieter. 1977. Discourse and conversation. The theory of communicative competence and hermeneutics in the light of the debate between Habermas and Gadamer. *Cultural Hermeneutics* 4 : 321-344.
– 1981. Habermas' retreat from hermeneutics : Systems integration, social integration and the crisis of legitimation. *Canadian Journal of Political and Social Theory* 5(1-2) : 8-44.
MOORE, S. W. 1957. *The critique of capitalist democracy.* New York : Paine-Whitman.
MOTT, C. Wilder et John H. WEAKLAND (eds.). 1981. *Rigor and imagination. Essays from the legacy of Gregory Bateson.* New York : Praeger.
MUNBY, John. 1977. Applying sociocultural variables in the specification of communicative competence. In Saville-Troike *Linguistics and Anthropology,* 231-247. Washington, D.C.
– 1978. *Communicative syllabus design. A sociolinguistic model for defining the content of purpose-specific language programmes.* Cambridge : Cambridge University Press.
NEWMAN, S. S. 1964 (1940). Linguistic aspects of Yokuts style. In Hymes 1964 c, 372-7.
NEWMEYER, Frederick J. 1980. *Linguistic theory in America. The first quarter-century of transformational generative grammar.* London : New York : Academic Press, 89-120.
– 1982 a. On discourse-based syntax : A critical examination of Understanding Grammar by Talmy Givon. *Journal of Linguistic Research* 2(1) : 1-12.
– 1982 b. On the applicability of transformational grammar. *Applied Linguistics* 3(1) : 89-120.
NODDINGS, N. 1974. Competence theories and the science of education. *Educational Theory* 24 : 356-64.
OCHS, Elinor. 1982. Talking to children in Western Samoa. *Language in Society* 11 : 77-104.
OCKS, Elinor et Bambi B. SCHIEFFELIN (eds.). 1979. *Developmental pragmatics.* New York : Academic Press.
– 1983 a. *Acquiring conversational competence.* London : Routledge and Kegan Paul.
– 1983 b. Language acquisition and socialization : Three developmental stories and their implications. In R. Shweder et R. LeVine (eds.), *Culture and its acquisition.*
OKSAAR, Els. 1970. [Discussion]. In Benediktsson, Hreinn (ed.), *The Nordic languages and modern linguistics,* 174-5. Reykjavík : Vísindafélag Islendinga.
– 1972. Sprachlichen Interferenzen und die kommunikative Kompetenz. In

Herbert Pilch et Joachim Thurow (eds.), *Indo-Celtica : Gedächtnisschrift für Alf Sommerfelt*, 126-140. Hamburg : Max Hüber Verlag.
- 197 Models of competence in bilingual interaction. In W. F. Mackey et J. Ornstein (eds.), *Sociolinguistic studies in language contact. Methods and cases*, 99-115. (Trends in Linguistics, Studies and Monographs, 6). The Hague : Mouton.

OLLMANN, Bertell. 1971. *Alienation. Marx's conception of man in capitalist society*. Cambridge : University Press.

O'MALLEY, J. M. 1977. Research perspective on social competence. *Merrill-Palmer Quarterly* 23 : 29-44.

ORWELL, G. 1970. Politics and the English language. In Sonia Orwell and Ian Angus (eds.), *The Collected essays of George Orwell*, vol. 4 : In front of your nose. (1945-50). London : Penguin. (Première publication dans Horizon about 1946.)

OSGOOD, Charles E. 1980. *Lectures on language performance*. New York, Berlin : Springer-Verlag.

OSSER, H. 1971. Developmental studies of communicative competence. In *Sociolinguistics : A crossdisciplinary perspective*. Washington, D.C. : Center for Applied Linguistics.

PALMER, Adrian S., Peter J. M. GROOT, George A. TROSPER (eds.). 1981. *The construct validation of tests of communicative competence*. (Inclut les communications à débat d'un colloque de TESOL '79, Boston.) Washington, D.C. : TESOL.

PANDIT, P. B. 1969. Bilingual grammar : a case study of Tamil-Saurashtri bilingualism. Paper presented to Association for Asian Studies, Boston.

PAULSTON, Christina Bratt. 1974. Linguistic and communicative competence. *TESOL Quarterly* 8 : 347-362.
- 1979. Communicative competence and language teaching. In *Guidelines for communication activities* (R.E.L.C. Journal Supplement 1 (Juin)).
- 1981. Notional syllabuses revisited : Some comments. *Applied Linguistics* 2(1) : 93-95.

PAWLEY, Andrew et Frances HODGETTS SYDER. 1980. Two puzzles for linguistic theory : nativelike selection and nativelike fluency. A paraître in Richards et Schmidt, *Communicative competence*.

PEIRIER, R. 1971. *The performing self; compositions and decompositions in the languages of contemporary life*. New York : Oxford University Press.

PEÑALOSA, Fernando. 1981. *Introduction to the sociology of language*. Rowley, Mass. : Newbury House.

PETROVIC, Gajo. 1967. *Marx in the mid-twentieth century. A Yugoslav philosopher reconsiders Karl Marx's writings*. Garden City : Doubleday Anchor.

PHILIPS, S. 1972. Participant structure and communicative competence : Warm Springs children in community and classroom. In Cazden, John-Steiner, and Hymes 1972 : 370-94.

PLATT, John T. 1977. c.r. de D. Bickerton, Dynamics of a creole system. *Lingua* 42 : 270-273.

POLGAR, S. 1960. Biculturism in Mesquaki education. *American Anthropologist* 62 : 217-34.

POLYANI, Michael. 1958. *Personal knowledge. Towards a post-critical philosophy*. Chicago : University of Chicago Press. (Version revue, 1962 ; Harper and Row Torchbook, 1964.)
- 1966. *The tacit dimension*. Garden City, N.Y. : Doubleday. (Anchor Book, 1967).

POSNER, Rebecca. 1970. Supplement : Thirty years on. *An introduction to Romance linguistics, its schools and scholars*, traduit, en partie augmenté, revu et corrigé par John Orr. De Introducere in Studia Limbilor Romanice, orgu Iordan. 2ᵉ ed. Oxford : Basil Blackwell, 395-579. (1ʳᵉ ed., 1937).

POSTAL, P. 1968. *Aspects of phonological theory*. New York : Harper and Row.

PRIDE, John B. (ed.). 1979. *Sociolinguistic aspects of language learning and teaching*. Oxford : Oxford University Press.

PRINCE, Ellen. 1981. Toward a taxonomy of given-new information. In Peter Cole (ed.) ; *Radical pragmatics*, 223-255. New York : Academic Press.

QUIRK, R. 1966. Acceptability in language. *Proceedings of the University of Newcastle upon Tyne Philosophical Society* 1(7) : 79-92. (repris dans ses *Essays on the English language, medieval and modern*, 184-201. London : Longmans, Green, 1968).

QUIRK, R. et SVARTVIK, J. 1966. *Investigating linguistic acceptability*. The Hague : Mouton.

REICH, P. 1969. The finiteness of natural language. *Language* 45 : 831-43. (In Householder 1972 : 258-72).

RICCILLO, S. C. et M. C. LEIBIG. 1977. Language, Speech and communication : a functional relationship. (1ᵉʳ programme du vice-président sur ' Speech as the focus of our discipline ', Speech Communication Association, Washington, D.C.)

RICHARDS, Jack C. et Richard SCHMIDT (eds.). 1983. *Communicative competence*. London : Longman.

RIVERS, Wilga. 1973. From linguistic competence to communicative competence. *TESOL Quartely* 7 : 25-34.

ROMAINE, Suzanne. 1980. What is a speech community ? *Belfast Working Papers in Language and Linguistics* 4 : 41-70.

- 1981. The status of variable rules in sociolinguistic theory. *Journal of Linguistics* 17 : 93-119.
- 1982 a. What is a speech community ? In Romaine (1982 c), 13-24.
- 1982 b. *Socio-historical linguistics. Its status and methodology*. Cambridge : Cambridge University Press.
- (ed.). 1982 c. *Sociolinguistic variation in speech communities*. London : Edward Arnold.

ROMAINE, Suzanne et Elizabeth TRAUGOTT. 1981 m.s. The problem of style in sociolinguistics. Présenté en partie à la Linguistic Society of America, Colloque d'hiver, New York.

ROSEN, H. 1972. *Language and class : A critical look at the theories of Basil Bernstein*. Bristol : Falling Wall Press.

ROSS, Haj (John). 1981. Human linguistics. Ms. distribué à la Language Awareness Conference, Rhode Island Institute for the Deaf, Providence, March 8.

ROULET, E. et H. HOLEC (éds.). 1976. *L'enseignement de la compétence de communication en langues secondes*. Neuchatel.

RUBIN, Joan. 1972. Acquisition and proficiency. In Pride et Holmes (1972), 350-366. (Extraits de Rubin, *National bilingualism in Paraguay* (La Hague : Mouton, 1968).)

RUBINSTEIN, Robert A. 1981. Toward the anthropological study of cognitive performance. *Human Relations* 34(8) : 677-703.

RUSSELL, Joan. 1981. *Communicative competence in a minority group. A sociolinguistic study of the Swahili-speaking community in Old Town, Mombasa*. Leiden : E. J. Brill.

SAMPSON, Gloria Paulli. 1982. Converging evidence for a dialectical model of function and form in second language learning. *Applied Linguistics* 3(1) : 1-28.

SANKOFF, Gillian. 1972. Language use in multilingual societies : Some alternative approaches. In Pride et Holmes (1972), 33-51.

- A quantitative paradigm for the study of communicative competence. In J. Sherzer, and R. Bauman (eds.), *The ethnography of speaking*, New York : Cambridge University Press.

SAPIR, E. 1909. *Wishram texts*. (Publications of the American Ethnological Society, 2). Leiden : Brill.
- 1921. *Language*. New York : Holt.
- 1925. Sound patterns in language. *Language* 1 : 37-51. (In S.W.E.S. 35-45).
- 1927. The unconscious patterning of behavior in society. In E. Dummer (ed.), *The unconscious : a symposium*, 114-142. New York : Knopf. (In D. G. Mandelbaum (ed.), *Selected writings of Edward Sapir*, 544-559. Berkeley et Los Angeles : University of California Press, 1949.)
- 1929. The status of linguistics as a science. *Language* 5 : 207-14. (S.W.E.S. 160-6).
- 1931. Communication. *Encyclopedia of the social sciences* 4 : 78-81. (S.W.E.S. 104-9).
- 1934. The emergence of the concept of personality in a study of culture. *Journal of Social Psychology* 5 : 408-440. (S.W.E.S. 578-89).
- 1938. Why cultural anthropology needs the psychiatrist. *Psychiatry* 1 : 7-12.
- 1939. Psychiatric and cultural pitfalls in the business of getting a living. *Mental Health* 237-44. (S.W.E.S. 578-89).
- 1949. *Selected writings of Edward Sapir*, ed. by D. Mandelbaum. Berkeley and Los Angeles : University of California Press. (S.W.E.S.).

SAPIR, J. David et J. Christopher CROCKER (eds.). 1977. *The social use of metaphor. Essays on the anthropology of rhetoric*. Philadelphia : University of Pennsylvania Press.

SAVIC, Svenka. 1980. *How twins learn to talk. A study of the speech development of twins from 1 to 3*. London, New York : Academic Press.

SAVIGNON, S. J. 1972. *Communicative competence : an experiment in foreign-language teaching*. Philadelphia : Center for Curriculum Development.

SAVILLE-TROIKE, Muriel (ed.). 1977. *Linguistics and anthropology*. (Georgetown University Round Table on Languages and Linguistics, 1977.) Washington, D.C. : Georgetown University Press.
- 1982. *The ethnography of communication. An introduction*. Oxford ; Basil Blackwell ; Baltimore : University Park Press.

SCARR, Sandra. 1981. Testing *for* children. Assessment and the many determinants of intellectual competence. *American Psychologist* 36(10) : 1159-1166.

SCHIEFELBUSH, R. L. et J. PICKAR (eds.). 1982. *Communicative competence : acquisition and intervention*. Baltimore : University Park Press.

SCHIEFFELIN, B. B. 1979. Getting it together : An ethnographic approach to communicative competence. In Ochs et Schieffelin, *Developmental pragmatics*, 73-108.

SCHIEFFELIN, B. B. et A. EISENBERG. 1982. Cultural variation in children's conversations. In Schiefelbush et Pickar (eds.), *Communicative competence* .

SCHLESINGER, I. M. 1971. On linguistic competence. In Y. Bar-Hillel (ed.), *Pragmatics of natural languages*, 150-172. Dordrecht : D. Reidel.

SCHMIDT, Richard W. et Jack C. RICHARDS. 1980. Speech acts and second language learning. *Applied Linguistics* 1(2) : 129-157.

SCHMIDT, S. J. 1973. *Text Theorie*. Munich : Fink.

SCHWARTZ, Ronald D. 1981. Habermas and the politics of discourse. *Canadian Journal of Political and Social Theory* 5(1-2) : 45-68.

SEARLE, J. 1967. Human communication theory and the philosophy of language : some remarks. In F.X.W. Dance (ed.), *Human communication theory*, 116-129. New York : Holt, Rinehart and Winston.

SEBEOK, T. 1959. Folksong viewed as code and message. *Anthropos* 54 : 141-53.

SEILER, H. J. 1962. On the syntactic role of word order and prosodic features. *Word* 18 : 121-31.

SEITEL, Peter. 1974. Haya metaphors for speech. *Language in Society* 3 : 51-67.

SHAMES, Carl. 1981. The scientific humanism of Lucien Seve. *Science and Society* 45 : 19-23.

SHATZ, Marilyn et Rachel GELMAN. 1973. The development of communication skills : Modifications in the speech of young children as a function of listener. (Monographs of the Society for Research in Child Development, 38(5).) Chicago.

SHAW, William. 1978. *Marx' theory of history.* Stanford : Stanford University Press.

SHERZER, J. 1973. A problem in Cuna phonology. (Texas Working Papers in Sociolinguistics, 13). Austin : University of Texas, Department of Anthropology.
- 1977. The ethnography of speaking : a critical appraisal. In Muriel Saville-Troike, *Linguistics and anthropology*, 43-47.
- 1983. *Tule Ikala : An ethnography of speaking of the San Blas Kuna.* Austin : University of Texas Press.

SHERZER, J. et DARNELL, R. 1972. Outline guide for the ethnographic study of speech use. In Gumperz and Hymes 1972 : 548-54.

SHIELDS, M. M. 1979. Dialogue, monologue and egocentric speech by children in nursery, school. In Garnica et King, *Language, children and society*, 249-269.

SILVERSTEIN, Michael. 1977. Cultural prerequisites to grammatical analysis. In M. Saville-Troike (ed.), *Linguistics and anthropology*, 139-151.
- 1978. Deixis and deducibility in a Wasco-Wishram passive of evidence. In J. J. Jaeger, A. C. Woodbury, et al. (eds.), *Proceedings of the Fourth annual meeting of the Berkeley Linguistics Society* (1978), 238-252.

SIMON, H. A. 1982. Unity of the arts and sciences : The psychology of thought and discovery. *Bulletin,* The American Academy of Arts and Sciences, 35(6) : 26-53. Cambridge.

SINCLAIR, John. 1971. The integration of language and literature in the English curriculum. *Educational Review* 23(3) : 220-234.

SINGER, M. 1955. The cultural pattern of Indian civilization : a preliminary report of a methodological field study. *Far Eastern Quartely* 15 : 223-36.

SLOBIN, Dan (ed.). 1967. *A field manual for the cross-cultural study of the acquisition of communicative competence.* Berkeley, California : Language-Behavior Laboratory, University of California.

SMITH, M. Brewster. 1965. Socialization for competence. *Items* 19(2) : 17-23. New York : Social Science Research Council.

SMITH, N. V. (ed.). 1982. *Mutual knowledge.* London and New York : Academic Press.

SORNIG, Karl. 1977. Disagreement and contradiction as communicative acts. *Journal of Pragmatics* 1 : 347-374.

SPERBER, Dan et Deirdre WILSON. 1981. Irony and the use-mention distinction. In Peter Cole (ed.), *Radical pragmatics*, 295-318. New York, London : Academic Press.

SPOLSKY, Bernard. 1978. *Educational linguistics : An introduction.* Rowley, Mass. : Newbury House.

STANKIEWICZ, E. 1954. Expressive derivation of substantives in contemporary Russian and Polish. *Word* 10 : 457-68.
- 1964. Problems of emotive language. In T. A. Sebeok, A. S. Hayes, and M. C. Bateson (eds.), *Aspects of semiotics*, 239-64. The Hague : Mouton.

STEINBERG, Danny D. 1975. Chomsky : from formalism to mentalism and psychological invalidity. *Glossa* 9(2) : 218-252.

STEINMANN, Martin, Jr. 1982. Speech-act theory and writing. In Martin Nystrand (ed.), *What writers know. The language, process and structure of written discourse*, 291-324. New York : Academic Press.

STEWART, W. 1965. Urban Negro speech : sociolinguistic factors affecting English teaching. In R. W. Shuy (ed.), *Social dialects and language learning*, Champaign, Illinois : National Council of Teachers of English.

STOFFAN-ROTH, Michele. 1984. *Communicative competence and social rule learning*. Norwood, New Jersey : Ablex. *(As announced)*. A paraître.

STRAIGHT, H. S. 1976. Comprehension versus production in linguistic theory. *Foundations of Language*, 14 : 525-540.

SWADESH, M. 1948. On linguistic mechanism. *Science and Society* 12 : 254-9. S.W.E.S. = Mandelbaum 1949 = Sapir 1949.

TANNEN, Deborah (ed.). 1982. *Analyzing discourse : Text and talk*. (Georgetown University Round Table on Languages and Linguistics 1981.) Washington, D.C. : Georgetown University Press.

TANNER, N. 1967. Speech and society among the Indonesian elite : a case study of a multilingual community. *Anthropological Linguistics* 9(3) : 15-40.

TEDLOCK, D. (traducteur). 1972. *Finding the center*. Narrative poetry of the Zuni Indians. From performances by Andrew Peynetsa and Walter Sanchez. New York : Dial.

TEETER, K. V. 1970. Review of L. Bloomfield, The Menomini language. *Language* 46 : 524-33.

TODOROV Tzvetan. 1967. Connaissance de la parole. *Word* 23(1-2-3) : 500-517. (Linguistic Studies presented to André Martinet, Part One, General Linguistics, ed. by Alphonse Juilland.)

TROIKE, R. 1969. In J. Alatis (ed.), Report of the 20th annual round table meeting on linguistics and language studies, 63-75. Washington, D.C. : Georgetown University Press.

TRUDGILL, Peter. 1978. Introduction : Sociolinguistics and sociolinguistics. In Trudgill (ed.), *Sociolinguistic patterns in British English*, 1-18. London : Edward Arnold.

TYLER, S. A. 1972. Context and alternation in Koya kinship terminology. In Gumperz and Hymes 1972 : 251-69.

ULLMAN, S. 1953. Descriptive semantics and linguistic typology. *Word* 9 : 225-40.

VAN HOLK, A. 1962. Referential and attitudinal constructions. *Lingua* 11 : 165-81.

VALDMAN, Albert. 1980. Communicative ability and syllabus design for global foreign language courses. *Studies in Second Language Acquisition* 3(1) : 91-96.
– 1981. Sociolinguistic aspects of foreigner talk. *International Journal of Sociology of Language* 28 : 41-52. ['Foreigner talk', ed. Michael G. Clyne.]

VALIAN, V. 1979. The wherefores and therefores of the competence/ performance distinction. In W. Cooper and E. Walker (eds.), *Sentence processing : Psycholinguistic studies presented to Merrill Garrett*. New York : John Wiley (Hillsdale : Earlbaum).

VAN de CRAEN, Pete. 1980a. Developmental communicative competence and attitudes in education. *Bulletin C.I.L.A.* 31 : 34-48.
– 1980b. Social linguistics and the failure of theories. In K. Deprez (ed.), *Sociolinguistic studies from the Netherlandic language area*. Ghent : Story Scientia.

VAN DIJK, Teun A. 1981. Discourse studies and education, *Applied Linguistics* 2(1) : 1-26.

VAN VALIN, Jr., Robert D. et William A. FOLEY. 1980. Role and reference grammar. *Syntax and Semantics 13 : Current approaches to syntax*, 329-352. New York : Academic Press.

VETTER, H. J. et R. W. HOWELL. 1971. Theories of language acquisition. *Journal of Psycholinguistic Research* 1(1) : 31-64.

VOLOSHINOV, V. N. 1973. *Marxism and the philosophy of language*. Trad. par L. Matejka et I. R. Titunik. New York and London ; Seminar Press. Publié sous le titre as *Marksizm i filosofij a jazyka* (Leningrad, 1930). [On pense maintenant que c'est là l'œuvre de M. Bakhtine.]

WALLACE, A. F. C. 1961 a. On being just complicated enough. *Proceedings of the National Academy of Sciences* 47 : 438-64.

WALTERS, Joel. 1981. Introduction. *International Journal of the Sociology of Language* 27 : 7-9. [Numéro : The sociolinguistics of deference and politeness.]

– 1982. Sampling, elicitation and scoring problems in the assessment of communicative competence.

WATERHOUSE, V. 1963. Independent and dependent sentences. *International Journal of American Linguistics* 29 : 45-54. (In Householder 1972 : 66-81).

WATT, W. C. 1970. On two hypotheses concerning psycholinguistics. In J. R. Hayes (ed.), *Cognition and the development of language*, 137-220. New York : John Wiley.

– 1972. Competing economy criteria. (Social sciences working papers, 5). Irvine : University of California, Irvine, School of Social Sciences. (repris in J. Mehler (ed.), *Current problems in psycholinguistics* (Paris : Centre National de la Recherche Scientifique).

WAX, M. L. ; GEARING, F. ; DIAMOND, S. A. (eds.). 1971. *Anthropological perspectives on education*. New York : Basic Books.

WEINREICH, U. 1953. *Languages in contact*. New York : Linguistic Circle of New York.

WEINREICH, U. ; LABOV, W. ; HERZOG, M. I. 1968. Empirical foundations for a theory of language change. In W. Lehmann and Y. Malkiel (eds.), *Directions for historical linguistics* 97-195. Austin : University of Texas Press.

WELLS, Gordon. 1981. *Learning through interaction. The study of language development*. (Language at Home and at School, 1.) Cambridge, New York : Cambridge University Press.

WERNER, O. 1966. Pragmatics and ethnoscience. *Anthropological Linguistics* 8(8) : 42-65.

WHITE, R. 1974. Communicative competence, registers and second language teaching. *IRAL* 12 : 127-41.

WHITE, Robert W. 1959. Motivation reconsidered : The concept of competence. *Psychological Review* 66 : 297-333.

WHORF, B. L. 1941. The relation of habitual thought and behavior to language. In L. Spier, A. I. Hallowell, and S. S. Newman (eds.), 75-93. Menasha : Banta. (Reprinted, Salt Lake City : University of Utah Press, 1960).

WIDDOWSON, H. G. 1978. *Teaching language as communication*. Oxford : Oxford University Press.

WIEMANN, J. M. 1977. Explication and test of a model of communicative competence. *Human Communication Research* 3 : 196-213.

WIEMANN, J. M. ; Clifford W. KELLY. 1981. Pragmatics of interpersonal competence. In Mott et Weakland, 283-297.

WIENER, Morton, Robert SHILKRET, Shannon DEVOE. 1980. 'Acquisition' of communication competence : Is language enough ? In Mary Ritchie Key (ed.), *The relation of verbal and nonverbal communication*. The Hague : Mouton.

WILKINSON, Louise Cherry. 1981. Analysis of teacher-student interaction-expectations communicated by conversational structure. In Green et Wallat, 1981, 253-268.

WILLIAMS, A. 1955. Pope's *Dunciad*; a study of its meaning. London : Methuen.

WILLIAMS, R. 1961. *The long revolution*. London : Chatto and Windus. (Pelican, 1965).

WILLIAMS, W. C. 1962. *Pictures from Brueghel and other poems*. New York : New Directions (Paperbook 118).

– 1963. *Paterson*. New York : New Directions (Paperbook 152).

– (ed.). *Communicating in the classroom*. New York : Academic Press.

WOLFRAM, Walt et Ralph W. FASOLD. 1974. *The study of social dialects in American English*. Englewood Cliffs, N.J. : Prentice-hall.

WUNDERLICH, D. 1968. Pragmatik, Sprechsituation, Deixis. *Lehrstuhl für Linguistik*, Communication n°. 9. Stuttgart.

– *Studien zur Sprechakttheorie*. (Suhrkamp Taschenbuch Wissenschaft 172). Frankfurt am Main : Suhrkamp. (c.r. in Karin Aijmer, Journal of Pragmatics 4 : 51-60 (1980)).

ZIFONUN, Gisella. 1975. Eine Kritik der 'Theorie der Kommunikativen Kompetenz'. *Linguistische Berichte* 35 : 57-70.

collection LAL
« langues et apprentissage des langues »

collection dirigée par H. BESSE et E. PAPO (Ecole Normale Supérieure de Saint-Cloud-CREDIF)

— LAL, collection destinée aux enseignants et futurs enseignants de langues, est centrée sur les différents aspects théoriques et méthodologiques de l'enseignement et de l'apprentissage des langues.
— LAL, instrument d'information à jour et accessible, est aussi un lieu de confrontation d'idées et de propositions utiles pour l'enseignement.
— LAL s'inscrit dans le mouvement contemporain : communication, nouvelles approches des textes, évolution de la didactique.
— LAL, une ouverture :
  • Sur les différentes disciplines intéressant le langage (linguistique, psychologie, sociologie, sémiotique...).
  • Sur les différents courants didactiques actuels.
  • Sur les recherches et expériences d'origines internationales très diverses.

La communication et l'apprentissage de la communication...

Langue maternelle et langues secondes. Vers une pédagogie intégrée. E. ROULET

Développer la compétence de communication par une extension active et réfléchie des capacités langagières : une approche intégrée qui met en cause les cloisonnements habituels entre pédagogie de la langue maternelle et pédagogie des langues secondes.

Langage et communications sociales. C. BACHMANN • J. LINDENFELD • J. SIMONIN, préface de J.-C. CHEVALIER

Une introduction systématique et critique aux travaux récents sur la place du langage dans les communications sociales (Hymes, Goffman, Labov, Bernstein, etc.).

Analyse socio-linguistique de la communication et didactique. Application à un cours de langue : DE VIVE VOIX. G. GSCHWIND-HOLTZER

Quelle place l'enseignement des langues fait-il aux diverses composantes de la communication ? Une description sociolinguistique des situations et dialogues d'un cours audio-visuel.

Une approche communicative de l'enseignement des langues. *H.G. WIDDOWSON, traduit de l'anglais et annoté par K. et G. BLAMONT*

Ouvrage considéré comme un « classique » dès sa parution originale en anglais. Rigoureux et didactique, il fait des propositions concrètes pour une « approche communicative » qui prenne pleinement en compte le linguistique.

Vers la compétence de communication. *Dell H. HYMES (traduction de F. MUGLER)*

Deux inédits (à un chapitre près) de celui qui est considéré comme « l'inventeur » de la notion de compétence de communication. Il y critique le modèle Chomskyen et son propre modèle (*speaking*) en en proposant une actualisation.

Interaction et discours dans la classe de langue. *Claire KRAMSCH*

Une synthèse très actualisée des travaux et expériences portant sur la communication et les interactions en classe de langue, et illustrée par de multiples pratiques et exercices interactifs en anglais allemand et français.

Pour un apprentissage interactif des langues. *Ludger SCHIFFLER (traduction de J.-P. COLIN)*

A partir d'une analyse socio-psychologique du rôle de l'interaction sociale dans l'acquisition des langues, cet ouvrage propose une approche de l'enseignement/apprentissage, en contexte scolaire, centrée sur l'apprenant et les interactions dans le groupe-classe.

Le retour aux textes...

Linguistique textuelle et enseignement du français. *H. RUCK* (traduit de l'allemand et présenté par J.-P. COLIN)

Des éléments d'initiation à la linguistique textuelle et à sa mise en œuvre possible dans divers aspects de la classe de français langue étrangère. Quelques pistes nouvelles pour l'emploi didactique des textes.

Littérature et classe de langue — français langue étrangère. *Sous la direction de J. PEYTARD*

Un livre qui interroge et s'interroge sur la présence insistante des produits littéraires dans le domaine du français langue étrangère. Pourquoi le texte littéraire ? Quelle est sa place et sa fonction ? Comment le situer sémiotiquement sans oublier la didactique ?

L'évolution de la didactique...

Description, présentation et enseignement des langues. *Sous la direction de R. RICHTERICH et H. G. WIDDOWSON*

Rencontre d'anglophones et de francophones pour un colloque de linguistique appliquée sur la description et la présentation pédagogique des langues : progression, manuels, interaction langagière, etc.

D'autres voies pour la didactique des langues étrangères.
Sous la direction de R. GALISSON

Des voies à « rouvrir », des voies à « élargir », des voies à « ouvrir »... De la réhabilitation de la pédagogie en didactique des langues étrangères aux interrogations sur l'informatique et les langages documentaires dans leurs relations possibles à l'enseignement des langues.

Grammaires et didactique des langues. *Henri BESSE et Rémy PORQUIER*

Fait le point sur l'enseignement/apprentissage des régularités morphosyntaxiques et discursives d'une langue étrangère, en traitant, à partir d'observations et d'exemples concrets, de la connaissance grammaticale, des pratiques et des exercices grammaticaux, ainsi que des grammaires d'apprentissage.

Dépôt légal : 10312 - Avril 1988
Imprimé en France par Pollina, 85400 Luçon - n° 10062